두타초

이 책은 2016년도 정부(교육부)의 재원으로 한국고전번역원의 지원을 받아 수행된 '권역별거점연구소협동번역사업'의 결과물임.

This work was supported by Institute for the Translation of Korean Classics - Grant funded by the Korean Government.

한국고전번역원 한국문집번역총서 / 충남대학교 한자문화연구소

두타초 1

頭陀草

이하곤 지음
李夏坤

정만호 이재숙
오승준 옮김

일러두기

1. 이 책의 번역 대본은 한국고전번역원에서 간행한 한국문집총간 191집 소재 《두타초(頭陀草)》로 하였다. 번역 대본의 원문 텍스트와 원문 이미지는 한국고전종합DB(http://db.itkc.or.kr)에서 확인할 수 있다.
2. 내용이 간단한 역주는 간주(間註)로, 긴 역주는 각주(脚註)로 처리하였다.
3. 한자는 필요한 경우 이해를 돕기 위하여 넣었으며, 운문(韻文)은 원문을 병기하였다.
4. 맞춤법과 띄어쓰기는 한글 맞춤법과 표준어 규정을 따랐다.
5. 이 책에서 사용한 부호는 다음과 같다.
   ( ) : 번역문과 음이 같은 한자를 묶는다.
   〔 〕 : 번역문과 뜻은 같으나 음이 다른 한자를 묶는다.
   " " : 대화 등의 인용문을 묶는다.
   ' ' : " " 안의 재인용 또는 강조 문구를 묶는다.
   「 」 : ' ' 안의 재인용을 묶는다.
   『 』 : 「 」 안의 재인용을 묶는다.
   《 》 : 책명 및 각주의 전거(典據)를 묶는다.
   〈 〉 : 책의 편명 및 운문·산문의 제목을 묶는다.

차례

두타초 제1책

시詩

동관록童丱錄

화산록花山錄

해서록海西錄

남곡록南谷錄

남행록南行錄

단금록斷金錄

두타초 제2책

시詩

금담록金潭錄

속리록俗離錄

오정록梧亭錄

심주록沁洲錄

명곡록明谷錄

금담록金潭錄

해제

자적을 지향한 문인 이하곤[1]

정만호 | 충남대학교 한자문화연구소 책임연구원

1. 시작하는 말

이하곤(李夏坤, 1677~1709)은 18세기 전반의 대표 문인이며 서화비평가로 주목을 받는 인물이다. 그의 문집 《두타초》에 수록된 2천 수 이상의 시(詩)와 180여 편의 문(文)은 학계의 관심을 끌기에 충분한 내용과 분량의 자료이다. 이석표는 아버지 이하곤에 대해, "①서적을 대단히 좋아하여 만여 권의 각종 서적을 구비하고, ②화려함과 영예에 마음을 두지 않고, 오직 문장과 산수를 좋아하고, ③문장은 기를 중시하여 호탕하고 생기 넘쳐서 의취가 농후하였으며, 시도 실제적인 표현에 힘써서 호방하고 활달하며 심오하고 굳건하였다."[2]라고 하였다. 이하곤 스스로도 "나는 비록 글씨를 잘 쓰지 못하지만 옛사람의 이름난 필적 모으는 것을 좋아한다."라고 하였고, "완위각의 일만 권 책〔宛委閣中萬卷書〕"이라고 하였으니, 서화 수집에 관심을 가져

1 이 글은 대동한문학회의 《대동한문학》 56집에 게재된 〈이하곤의 시문에 표출된 상반된 심리 고찰〉을 일부 수정한 것이다.

2 이석표, 〈先父君行狀〉, 《先稿》 信, 8-11면, "①獨酷愛書籍, 見人有鬻書者, 至捐衣買之, 所蓄幾至萬卷, 上自經史子集, 下至稗官小說醫卜釋老之書, 靡不畢具.……②公顧於世間一切芬華榮利, 泊然不留情, 所好者惟文章與山水耳.……③爲文章, 常主於氣, 不屑色澤彫琢, 淡蕩活動, 意趣濃至, 詩亦不事新巧, 專務鍊實, 恢宕放肆, 沈拔奇健."

다량의 장서를 소유하였음을 알 수 있다. 또 "평생 오악의 유람을 바랐다.〔平生五嶽願〕"라고 하여 산수 유람에 벽(癖)이 있음을 부인하지 않았다. 뿐만 아니라 정선(鄭敾)과 친분이 두터울 만큼 서화에도 조예가 있어 남긴 제발문(題跋文)이 적지 않다.

한편 이하곤은 입덕(立德)과 입언(立言)에 종사(從事)하고 싶다고 밝힐 만큼 큰 포부가 있었다. 하지만 그는 끝내 과거에 합격하지 못하고 일생을 마쳤다. 그러나 이하곤은 자신의 불우함에 좌절하지 않고, 초야에서 유유자적하는 삶을 살고자 하였다. 이로 인해 《두타초》에는 이하곤의 상반된 심리가 공존한다. 이에 대한 분석은 이하곤과 그의 문집 《두타초》를 이해하는 데 매우 중요하다.

2. 공명심(功名心)과 은거 지향

이하곤은 대대로 관직에 진출한 명문가의 자제이다. 증조 이시발(李時發, 1569~1626)은 형조 판서, 조부 이경억(李慶億, 1620~1673)은 좌의정, 부친 이인엽(李寅燁, 1656~1710)은 이조 판서를 역임하였다. 하지만 이하곤은 소과(小科)에 급제하였으나 대과(大科)에 급제하지 못하였다. 《두타초》에 "이때 내가 분원에 가서 지석을 굽게 되었는데, 홍여관과 함께 갔다.〔時余往分院燔誌, 與洪偕行.〕"라고 하였고, "나는 이미 여러 번 세마교관을 사양했으나 감조관을 사양하지 않았는데 이것은 세마교관은 오래 머물러 있는 것이 싫고, 감조관은 빨리 옮기기에 유리하기 때문이다.〔我旣累辭於洗馬教官, 而不辭於監造官, 是則薄彼之久滯, 而利此之速遷也.〕"라고 한 것으로 보아 관직에 나간 일이 전무한 것은 아니지만 거의 없었다. 그렇다고 해서 그가 세상에 관심을 끊고 은거로 일관한 것도 아니다.

> 내가 어려서부터 가만히 보니 옛사람들은 입덕과 입언처럼 사라지지 않는 일에 마음을 기울여서 오직 과거와 이록만 목표로 하는 지금 사람들과는 같지 않았네. 내가 비록 어리석고 노둔하여 밝게 아는 것이 없지만 일찍이 이 두 가지에 종사하여 이택을 당대에 끼치고 명성을 후세에 드리우고자 하였으니, 이것이 나의 바람이었네.[3]

이하곤이 24세에 쓴 글인데, 입덕과 입언에 종사하여 당대의 사람들을 이롭게 하고 후세에 이름이 남기는 것이 자신의 소원이라고 천명하였다. 이에 앞서 21세였던 1697년에도 당대에 공렬(功烈)을 드러내고 후세에 이택을 전하고 싶다는 포부를 밝혔다.[4]

필수 조건은 아니겠지만 관직 진출은 공명 수립을 위한 첩경이다. 이석표의 기록에 의하면 1721년에 과거를 포기했다고 하는데, 이하곤의 나이 45세 때이다. 그의 과거 응시 내력은 자세하지 않다. 그러나 《두타초》를 보면, 〈해주도중유감(海州途中有感)〉에 "당시 낙방하고 부모님을 뵈러 가는 길이었다.〔時下試歸覲〕"라고 하였고, 1723년에 지은 것으로 보이는 〈십이일서회(十二日書懷)〉에 "이날 정시가 있었는데 나

3 〈與趙季禹書文命〉(冊12), "僕自少時, 竊觀古人用心於立德立言不朽之業, 而非如今世人唯事科擧利祿也. 僕雖愚魯無所通曉, 嘗欲從事於二者, 使利澤流當時, 名聲垂後世者, 此僕願也."

4 〈與李華國書尙觀〉(冊12), "嘗自慨然曰, 士生于世, 功烈不著於當時, 利澤不流於後世, 且不遇高行厚義之人, 與之結昆季之親托死生之誼, 則雖享有卿相之尊千金之富, 惡足以稱意哉?

는 금년부터 응시하지 않았다."라고 하였다. 이로 보아 그는 40세 이후까지도 과거를 포기하지 않았음이 분명하다. 흥미로운 점은 1697년 낙방했을 때의 시에 "어찌하면 영상으로 돌아가서 밭 갈고 고기 낚으며 살아갈까.〔何當歸潁上, 耕釣托吾生.〕"라고 하였는데, 응시하지 않기로 결심한 1723년 시에도 "감히 꼿꼿한 몸으로 세상을 경시하며 깊은 산에서 평생 누워 지내고자 하노라.〔敢將傲骨輕當世, 欲向深山臥百年.〕"라고 읊었다는 사실이다. 꾸준히 과거에 응시하면서도 은거의 마음 또한 변함없었던 것이다.

공명 수립을 소원한 이하곤은 작품에서도 그 의지를 숨기지 않았다. "오래전부터 연연산에 성명 새기려 했는데 헝클어진 백발만 머리에 가득하네.",[5] "젊어서는 기린각에 초상 그릴 뜻 있었지만 만사 어긋나고 머리만 어느새 세었구나.",[6] "큰 뜻 품어 예전에 공명 세우려 했는데 헝클어진 흰머리만 머리에 가득하네."[7] 등은 그가 공명에 뜻이 있었음을 자인한 내용이며,[8] 다음의 시는 내세에라도 공명을 이루고자 희망하였다.

5 〈閒居雜絶句〉(冊8), "久擬燕然勒姓名, 蕭蕭白髮滿頭生."

6 〈君則寄示除夕歎一篇和韻答之〉(冊8), "少年有志畫麒麟, 萬事濩落頭已白."

7 〈雨中感懷〉(冊7), "壯心舊欲勒燕然, 白髮蕭蕭已滿顚."

8 이하곤이 출사(出仕)를 통해 이루고자 한 모습은 "아, 가령 내가 낭묘와 대각 위에 있게 된다면 어린 군주를 보필하여 새로운 정사를 도우며, 임금의 마음을 바로잡고 조정을 높이며, 사악한 이를 내치고 어진 인재를 등용하며, 기강을 바로잡아 나라를 반석에 올려놓고 백성을 편안한 자리에 올려놓아 대행대왕의 훌륭한 덕과 위대한 공렬이 천만세에 드러나도록 할 것이다.〔噫, 使我處廊廟臺閣之上, 輔少主贊新政, 正君心尊朝廷, 黜邪登賢, 整治綱紀, 措國勢於磐石, 奠民生於衽席, 以表揚大行之盛德偉烈於千萬世.〕"라고 한 내용에 잘 나타난다. 〈喩惑〉(冊15)

평소에 어찌 산에서 늙어갈 마음 있었으랴　　素心寧欲作山臞
백발로 전원에 돌아와 송아지와 함께하네　　白首歸田一犢俱
천하 사람들은 이미 명나라 잊었고　　天下已忘大明國
중원에는 작은 오랑캐가 들어섰네　　中原又立小單于
오늘은 오두막에 살지만　　蝸廬今日堪容我
내세에는 기린각에 내 모습 그릴 수 있을까　　麟閣他生倘畫吾
취해서 격렬한 소리로 슬피 노래하니　　醉後悲歌聲激烈
솔가지에 자던 학도 놀라 우는구나　　松梢宿鶴亦驚呼

〈次杓兒韻〉, 冊11

1723년에 지은 것으로 추정되는 작품이다. 당시 6년 동안의 한양 생활을 마치고 다시 진천에서 생활하였다. 그런데 수련(首聯)에서 이미 산에서 늙어가는 것이 평소의 뜻이 아니었음을 말하며 백발의 몸으로 전원에 돌아온 자신의 처지에 회한을 느끼고 있다. 함련(頷聯)은 명(明)의 멸망과 청(淸)의 중원 차지를 읊었는데, 그의 존명배청(尊明排淸) 의식은 곳곳에 보인다.[9] 경련(頸聯)에서 이하곤은 오두막에서 늙어가는 신세지만 내세에는 공훈을 세워 기린각에 화상이 걸리기를 희망하였다. 연연산에 성명을 새기려 했다는 말과 같은 맥락이다.

이처럼 공명 수립의 의지를 보이는 이하곤이지만 반대로 공명과 부귀영화는 덧없는 것이라며 은거하려는 마음도 지속적으로 표출하였

9 명(明)을 존중한 마음은 "우리나라는 본래 명나라의 신하이니 신종께서 다시 세워준 날이 아직도 떠오르네. 시종 황은이 뼈에 깊이 사무쳤는데 창망한 세상일에 한 번 수건 적시네.〔東韓元是大明臣, 尙想神宗再造辰. 終始皇恩深浹骨, 蒼茫世事一沾巾.〕(〈送姜書狀履相赴燕〉, 冊1)", 청(淸)을 배척하는 마음은 "오늘 신주가 좌임에 빠졌으니 언제 참된 군주가 먼지와 비린내 쓸어낼까.〔今日神州淪左衽, 何時眞主掃腥塵.〕"(〈感懷, 冊4〉)와 같은 내용이 대표적이다.

다. 심지어 산수(山水)를 좋아하여 여덟아홉 살 때부터 산에 살고자 하였다 하니,[10] 입덕과 입언을 소원한 사람의 말이 맞나 싶다. 1698년 22세에 지은 〈과영상(過穎上)〉에서 "소손이 장차 은거하려는 곳 할아버지께서 독서하시던 산이라네."[11]라고 하고, 마지막 구에서 "올해 작은 집 지을 계획이니 어찌 번거롭게 자주 오가랴."[12]라고 하였으니, 낙향을 위한 구체적 준비가 당시에 이미 진행되었던 듯하다. 세월이 흘러 금계(金溪)로 낙향하여 생활할 때 지은 시에서는 다음과 같이 읊었다.

평생 조용한 삶 좋아하여	平生愛端居
십 년 동안 외진 산에 누웠노라	十載臥窮山
흐르는 물에 절로 배고픔 잊고	流水自忘飢
흰 구름과 함께 한가롭네	白雲相與閑
물고기와 새들은 시기하지 않아	魚鳥不嫌猜
서로 만나면 반가운 기색이네	相見亦怡顔
소박한 즐거움 참으로 이와 같으니	微尙固如此
길이 이 속에서 늙으리라	永擬老此間

〈閑居述懷〉, 冊8

1718년 이후의 작품인데, 수련(首聯)의 내용으로 볼 때 그가 진천의 금계에서 생활한 지 이미 10년이 되었음을 알 수 있다. 그런데도 여전히 소박한 즐거움 속에서 늙어가겠다는 의지를 피력하였다. 또 금계를

10 〈息影亭記〉(冊16), "余素性甚迂, 無他嗜好, 獨好山水, 自八九歲時, 已有山棲之志."

11 〈過穎上〉(冊1)"小孫將隱處, 吾祖讀書山."

12 위와 같은 글, "小築今年計, 何煩數往還."

떠나 거처를 사담으로 옮겼을 때 지었을 것으로 추정되는 〈제사담신문(祭沙潭神文)〉과 〈제검단산문(祭儉丹山文)〉에서 "제가 이곳에 집을 지으려고 한 것이 이제 20년이 되었습니다."[13]라고 한 것으로 보아 20대의 나이에 계획을 수립하였는데, 그 계획이 이루어진 뒤에는 기쁜 마음을 다음과 같이 읊었다.

사담의 물 맑아 밑바닥 보이고　　潭影淸無底
외로운 누대는 우뚝 솟았는데　　樓孤自百尋
오늘 밤 누워보니　　聊成今夜臥
이십 년 꿈 이루었네　　穩遂廿年心
문으로 들어오는 샘물 소리 멀리서 들리고　　入戶泉聲遠
덩굴 뚫고 달빛이 깊숙이 비추네　　通蘿月色深
이내 인생 살 곳을 얻었으니　　吾生爰得所
이제부터 운림에서 늙어가야지　　從此老雲林

〈喜水月樓落成〉, 冊7

20년의 숙원을 성취하여 살 곳을 마련했으니 이곳에서 삶을 마치겠다는 의지에 변함이 없다. 이하곤이 금계에서 소금산의 사담으로 거처를 옮길 때 지은 시에서 평생 산수를 좋아하여 그 마음이 늙을수록 더 간절했다고 전제하고, 금계의 산수가 마음에 들긴 하지만 깊지 못해 세상과 단절할 수 없는데, 아스라이 깊은 소금산은 시끄러운 세상과 멀어서 좋다고 말한 바 있다.[14] 그 정도로 그는 속세와 단절 가능한

13 〈祭沙潭神文〉(冊14)"夏坤謀置屋于玆地者, 二十年于斯矣."; "謀築一畒之宮, 以爲偃仰之所者, 二十有餘年矣."

14 〈發金溪〉(冊3), "平生嗜山水, 將老意轉切. 瞻言此金溪, 林泉豈不悅. 所處尙嫌淺, 未能與世絶. 迢迢小金山, 邈爾遠塵聒."

공간으로의 은거를 지향했다. 그러나 같은 기간 동안 공명 수립의 의지도 표출하였고, 과거 응시도 지속했으니, 어느 것이 본심인지 판단하기 어렵다.

만일 이하곤이 진정으로 은거에 뜻을 둔 사람이라면 세상에 진출하려는 뜻도 없었어야 하고, 과거에 낙방하거나 세상에 쓰이지 못하는 상황에 대해서도 아쉬움이 없어야 한다. 하지만 그는 자신을 알아주지 않는 세상을 향해 준마를 경시한다고 전제하고, 천리마를 알아보는 백락처럼 자신을 알아봐줄 인물이 없음을 탄식하였다.[15] 낙방의 감회를 서술한 〈유감(有感)〉에서는 글자도 모르는 명문가의 자제들은 지푸라기 줍듯 급제한다고 하면서 옥석(玉石)조차 구분 못하는 세상 사람들의 안목을 지적하기도 하였다.[16] 대과(大科) 급제자만을 중용하는 문제점,[17] 사륙변려(四六騈儷)로 인재를 선발하기 때문에 재주와 학식이 있는 사람이라도 한 사람의 평가자 안목에 들지 못하면 종신토록 불우한 신세가 되는 문제점 등을 지적한 것도[18] 경륜을 펼칠 기회를

15 〈山木〉(冊4), "驊騮騏驥世看輕. 含悲伏櫪心怦怦, 駑駘騰躍競長鳴. 世無伯樂可奈何. 且莫咄嗟空傷情."

16 〈有感〉(冊6)"可笑朱門紈綺子, 生平不識書一字. 俯取高第如拾芥, 吁嗟此事眞可怪. 但貴魚目賤明珠, 世人無目何其愚."

17 〈送金士寬南歸序〉(冊13), "國家試士之法, 有大小科焉. 大科謂之及第, 小科謂之進士, 而用人專以科第爲重. 士由科第而進者, 雖頑頓僙詬闒茸之流, 躋淸要躡崇顯, 若拾芥然, 至老死富貴烜爀. 非由科第而進者, 雖瓌琦卓偉絶人之才, 終身不見用, 往往槁死岩穴. 故爲士者, 亦自幼少時, 不過剽窃經史, 撏撦字句, 習爲俳偶騈儷之文, 徒欲決科第取名聲, 以榮其身顯父母而已."

18 〈尹文伯敬龜哀辭〉(冊15), "然窃念國家試士之灋, 至近時益弊, 專以四六騈侶之文, 以進退當世之士. 故其間雖有高才飽學者, 其或不中一夫之目, 至終身不偶, 白首抱恨而

얻지 못한 현실에 대한 문제 제기이다. 뿐만 아니라 한가와 자적을 최고의 가치로 여기며 은거의 의지를 밝힌 이하곤이지만 그의 작품 곳곳에는 은거 생활의 외로움도 나타난다. 다음 장에서는 이러한 작품을 통해 이하곤의 상반된 심리를 계속 살펴보기로 한다.

3. 자적(自適)의 추구와 외로움

인생에서 귀중한 것은 자적이라고 이하곤은 말한다. 배경과 원인이 무엇이든 이하곤은 관직에 진출하지 못한 채 야인으로 살았는데, 다음 시는 야인으로서 그의 일상을 잘 대변하는 듯하다.

늙은이의 유별난 성격 한가한 생활 좋아해	老夫僻性愛閑居
사립문에 수북한 눈을 쓸지도 않노라	深雪柴門不掃除
소장한 그림을 때때로 손님과 감상하고	藏畫有時同客賞
읊조린 시들을 날마다 아이에게 쓰게 하네	哦詩每日遣兒書
시골로 돌아오니 일신의 도모 졸렬하지만	歸農自覺謀身拙
녹봉을 사양하니 세상과 멀어졌네	辭祿方知與世疏
곤한 잠에서 깨어 한 번 웃노니	倦睡起來成一笑
흰 구름이 멋대로 뭉쳤다 흩어졌다 하는구나	白雲隨意卷還舒
	〈卽事書懷〉, 冊11

한가한 생활을 좋아한다지만 사립문의 눈조차 쓸지 않는다니 나태함까지 느껴진다. 완위각에서 손님들과 함께 서화를 감상하고 시를

死者, 前後甚多."

읊으며 소일(消日)하는 삶, 게다가 시골로 돌아와 녹봉도 사양했으니 세상과의 거리는 더욱 소원해졌다. 그런 자신의 모습이 자유자재로 형태가 변하는 흰 구름처럼 느껴졌으리라.

이처럼 이하곤은 한가한 생활을 사랑했는데, 이는 바로 '자적'이라 할 것이다. 그는 인생에서 중요한 것은 자적이라며 세상에서 겪는 부침 따위는 안타까워하지 말라고 역설하였다.[19] 뿐만 아니라 스스로도 "인생살이 무엇보다 자적이 중요하니 마침내 산림에서 늙으리라.",[20] "부귀와 영화는 무슨 물건인가, 세상만사 자유로움이 제일이라네."[21]라고 하여 자적과 자유의 삶을 지향하였다. 그가 추구한 자적의 모습을 분명하게 보여주는 작품은 1715년경에 지었을 것으로 추정되는 다음의 시이다.

가을 산 날마다 고와지고	秋山日以佳
서리 이슬 날마다 차가워지네	霜露日以寒
하늘이 화가처럼	天公如畫手
온 숲을 울긋불긋 물들였네	千林變黃丹
내가 제때 찾아와서	我來不後時
이런 풍광 실컷 보네	得此飽眼看
아침에는 다벽동 유람하고	朝遊多碧洞
저녁에는 소금산 마주하네	暮對小金山
귀와 눈 다른 데 끌리지 않아	耳目無外撓
산과 물 사이에 머무네	不離水石間
게다가 마음 맞는 사람과	況有同心人

19 〈次錫裕朋字〉(冊7), "人生貴自適, 且莫歎沈升."

20 〈金梁途中〉(冊9), "人生貴自適, 終欲老山林."

21 〈錦江行〉(冊11), "富貴榮華亦何物, 萬事莫如得自由."

손잡고 날마다 노니네	携手日盤桓
인생 만사 자적이 제일이니	萬事莫如適
천금으로도 한가함 사지 못하지	千金難買閑
장차 초가집 짓고서	行當築茅茨
길이 〈고반〉을 노래하리라	永矢歌考槃
	〈秋山〉, 冊6

하늘이 화가처럼 솜씨를 발휘하여 곱게 물들여 놓은 가을 단풍 속에서 황홀경에 빠져든 이하곤의 모습이 눈에 선하다. 그 속에서 그의 관심은 산수에 집중될 뿐 속세를 돌아볼 여유가 없다. 게다가 마음 맞는 사람과 날마다 함께 할 수 있다면 더 바랄 것이 있겠는가. 천금으로 살 수 없는 이런 삶을 이하곤은 종신토록 누리고 싶다고 했는데, 이것이 바로 그가 추구했던 자적의 삶이리라.

반면에 그의 작품에는 은자의 한가와 자적이라고 하기에는 지나칠 정도의 외로움이 묻어나기도 한다. 최수일(崔守一)에게 보낸 답장에서 그는 수년 동안 외진 산에서 지내며 만나는 사람이라고는 산야(山野)의 노인들뿐이고, 나눈 이야기는 잠업(蠶業)과 농업(農業)에 관한 것이었다며 스스로의 삶에 비탄을 느낀다고 술회하였다.[22] 교통과 통신이 발달한 현대 사회에서도 벽지의 생활이 낭만적일 수만은 없는데, 이하곤이 살던 시대에 산골에서 지내는 지성인(知性人)의 삶이 한가와 자적으로만 일관되었을 리 없을 것이다. 다음 두 시는 상반된 그의 심리를 잘 보여준다.

22 〈答崔君 守一 書〉(冊14), "數年來屛蟄窮山, 所與往還者, 不過山叟野老, 而所與談說者, 又不過桑麻耕稼之事. 是以耳目日益昏瞶, 志氣日益墮落, 竊自悲歎於窮廬之中."

외진 마을에 봄과 함께 사람은 오지 않지만　　人不如春到僻村
봄기운에 맞춰 혼자 술동이 여노라　　爲酬春意獨開樽
봄은 속세 싫어하는 내 마음 알아　　春能知我嫌塵俗
일부러 버들 드리워 문 가렸네　　故遣垂楊掩却門

〈又用門字韻效誠齋〉, 冊4

종일 작은 창문 사이로　　終日小牕間
푸른 산만 마주하고 있노라　　但對靑山色
문 앞의 풀을 보라　　試看門前草
어찌 사람 온 흔적 있으랴　　那有人來跡

〈溪居終日之間……〉, 冊7

외진 마을에도 봄은 돌아왔지만 오는 사람이 없어 혼자 술을 마시는 첫 번째 시와 문 앞에 풀이 무성할 정도로 인적조차 없는 두 번째 시, 두 작품 모두 찾아오는 사람이 없는 가운데 홀로 지내는 모습은 같다. 그러나 첫 번째 시에서는 하늘하늘 늘어진 버들가지가 속세를 싫어하는 자신의 마음을 알아 문을 가려준 것 같다고 하여, 속세와의 단절을 긍정적으로 인식한 반면, 두 번째 시는 "홀로 앉아 손님이 없어서〔獨坐無客〕"라는 자주(自註)에서 볼 수 있듯이 인적이 없어 무성하게 자란 문 앞의 풀이 결코 달갑게 느껴지지 않는다. 스스로 좋아한다고 했던 푸른 산을 종일 마주하고 있는데도 한가와 자적보다는 외로움이 더 짙게 느껴진다.

다시 비슷한 분위기의 두 시를 비교해 보기로 한다.

해 저물어도 사립문 닫지 않은 채　　日暮柴扉不用關
쓸쓸히 눈보라 내리는 빈 산에 누웠노라　　蕭蕭風雪臥空山
몸 들어갈 정도라도 새 집 좋기만 한데　　却憐新屋堪容膝

멋진 모습의 산봉우리까지 있구나　　遂有孤峰亦好顔
달빛 아래 지팡이 짚고 높은 벼랑에 오르고　　步月杖臨危壁上
글 읽는 등불 소나무 숲 사이에 있네　　讀書燈在亂松間
알겠다 조물주가 나를 궁하게 한 것이 아니라　　始知造物非窮我
늘그막에 한가롭게 하려는 줄을　　要乞殘年一味閑

〈齋居卽事〉, 冊7

해는 저물고 눈보라도 치는 겨울 산, 그 속에 있는 작은 집은 겨우 자기 한 몸 들어갈 정도이지만 더없이 마음에 들고, 평소 좋아했던 산까지 있으니 금상첨화라 하겠다. 달빛 밝은 밤 주위를 산보하고 고요한 밤 등불 아래 독서하는 생활, 스스로도 곤궁하다 느껴지지만 한가롭게 하려는 조물주의 배려로 받아들였다. 그가 추구했던 자적의 삶이라 하겠다.

빈 산에서 세모 맞으니 절로 서글픈데　　空山歲暮自生哀
함께 탁주 마실 사람도 없구나　　濁酒無人共把杯
나뭇잎 다 떨어졌는데 바람마저 세차고　　木葉全稀風更急
매화 피려는데 눈이 내리네　　梅花欲動雪初來
만년의 사귐 청산이 있어 어여쁘지만　　獨憐晩契靑山在
흰머리 늘어가는 늙은 모습 견딜 수 있으랴　　可耐衰容白髮催
하늘 밖 기러기 떼 아득히 날아오니　　天外亂鴻來杳杳
쓸쓸함 견딜 수 없어 다시 대에 오르노라　　不堪蕭瑟更登臺

〈空山〉, 冊7

쓸쓸한 세모에 함께 술 마실 사람도 없는 신세, 잎이 모두 떨어진 겨울 산은 처량하기만 한데 바람마저 세차게 불고, 기다리던 매화가 피려는데 눈이 내려 방해하니 안타깝기 그지없다. 평소 좋아하던 산에 살고 있지만 백발만 늘어가고, 외로운 기러기 소리를 들으며 견딜 수 없는 쓸쓸함에 대에 오른다고 하였다. 달빛 아래 산보하던 모습과는 전혀 다른 느낌이다. 왔던 손님들이 돌아가고 빈 집에 홀로 남아 부슬부슬 내리는 가을비 속에 귀뚜라미 소리를 들으며 시름겨워하고,[23] 오는 손님도 없는데 말벗이 되어주던 승려마저 떠남을 안타까워하는[24] 모습에서 더 이상 한가와 자적의 고상한 흥취는 찾을 수 없고, 견디기 어려운 외로움만 느껴진다.

이상 살펴본 바와 같이 이하곤은 자적(自適)이야말로 인생의 귀중한 가치라는 인식 아래 한가와 여유를 추구하였다. 이는 그가 지향했던 은거 생활의 바람직한 모습이었을 것이다. 그러나 지성인으로서 자신을 알아주지 않는 세상, 경사(經史)와 시문(詩文)을 토론하고 시사(時事)를 논할 사람이 없는 산골에서의 생활이 한가와 자적으로 일관될 수만은 없었을 것이다. 한양에서 생활할 때도 어울릴 사람이 없는[25] 외로움을 표출하였으니, 그의 외로움은 경향(京鄕)에 따라 달랐다고 하기도 어렵다. 자적을 추구했으면서도 외로움을 느꼈다는 것은 공명심을 지니고 있으면서도 은거를 지향했던 모습의 연장선상에 있다고 할 수 있는데, 그렇다면 그의 진심은 무엇이었는지 다음 장에서 살펴보기로 한다.

23 〈聖望輩歸後……〉(冊7), "客散空齋夜已遙, 不堪秋雨更蕭蕭. 燈前只有寒蛩語, 似向愁人慰寂寥."

24 〈閑來〉(冊7), "漠漠雲深無客到, 寥寥僧去更誰同."

25 〈閒居雜絶句〉(冊8), "秋草蕭然晝掩門, 迢迢虛室更誰群."

4. 자기 위안에 드러난 진심

지금까지 살펴본 바와 같이 이하곤은 공명심을 가졌으면서도 은거를 지향했고, 은거를 통한 자적을 추구하면서도 외로움에 시달렸다. 그렇다면 그의 시문에 이처럼 상반된 심리가 공존하는 이유는 무엇일까? 결론부터 말하자면 이하곤은 진정한 은자(隱者)라기보다는 불우자(不遇者)에 가깝기 때문이다. 만일 그가 진정한 은자의 삶을 추구했다면 과거에 응시하지도, 출처를 고민하지도[26] 않았을 것이고, 민생고를 염려하거나[27] 현실 정치를 걱정하지도[28] 않았을 것이다. 제위(帝位)를 맡기려 하자 더러운 말을 들었다며 귀를 씻었던 허유(許由)와 허유가 귀를 씻은 물을 소에게 먹일 수 없다며 상류로 올라가 물을 먹였던 소보(巢父), 천자의 친구이지만 부름에 응하지 않은 채 부춘산에 은거했던 엄광(嚴光) 등과 같은 은자의 수준을 기대하는 것은 아니다. 그러나 적어도 "오직 더 깊은 산으로 들어가지 못할까 걱정해야 세상 피해 살면서 근심 없다 이를 만하네."[29]라고 말한 수준에는 이르러야 하지 않을까. 오히려 본래의 뜻과 달리 끝없는 세상사에 30

26 〈次士復寒字韻〉(冊2), "秋深轉覺龍鍾甚, 世亂方知出處難."; 〈曉起書懷〉, "老去茫茫迷出處, 秋來鬱鬱尙風塵."; 〈空林寺〉(冊3), "顧慚鈍劣根, 出處不自料. 浮沈塵土間, 至今尙蓬飄."

27 〈道多餓莩者見之憫然〉(冊1), "未有發倉議, 誰怜塡壑徒. 骨枯唯淺草, 肉盡且飢烏. 夭札元天運, 蒸黎幾日蘇. 野塘聞潑刺, 立馬羡魚欨."

28 〈感懷〉(冊4), "誰把明廷作戰場, 百年傾奪血玄黃. 西南已矣元分戶, 老少胡爲又鬩墻. 莫道及廚能佐漢, 從聞牛李竟亡唐. 狂瀾砥柱猶當勉, 皇極箕疇更合詳."

29 〈息影亭上梁文〉(冊14), "唯恐入山之不深, 可謂遯世而無悶."

년 세월을 분주하게 지내며 속박을 벗어나지 못하였다고[30] 하였으니, 그를 진정한 은자라고 인정할지 망설여진다.

이하곤은 출사(出仕)하지 않고 은거한 이유를 다음과 같이 말하였다.

> 대개 저는 저 스스로를 잘 알고 있습니다. 몸은 꼿꼿해서 본래 아첨하는 태도가 부족하고 말은 솔직해서 이따금 사람들이 꺼리는 일을 범하기도 하니, 진실로 지금의 세상에 용납될 수 없습니다.[31]

꼿꼿한 성격의 소유자인데다가 직설적이고 아첨을 싫어하기 때문에 세상 사람들과 어울리기 어렵다는 말이다. 이어서 과거는 계륵(鷄肋)과 같다며 생계와 처자식을 위해 관직 진출을 꾀한다면 실성할 것이라고 피력하였다.[32] 1723년에 지은 것으로 보이는 〈서회(書懷)〉에서도 "꼿꼿한 몸 끝내 세속과 맞지 않으니 헛된 명성은 본디 사람을 그르치네."[33]라고 하였고, 같은 해에 지었을 것으로 보이는 작품에서도 "문장이 이미 지금 세상과 맞지 않으니 낚시에 이내 삶 의탁해야지."[34]라고 하였다. 이로 보면 그의 꼿꼿한 성격〔傲骨〕과 그가 추구했던 문장이

30 〈月夜書懷〉(冊8), "此意竟濩落, 世故莽相仍. 擾擾三十載, 猶未脫樊熷."

31 〈答聘丈玉吾齋書〉(冊13), "蓋夏坤之自量者亦審矣. 骨體骯髒, 素乏媚嫵之態, 言語拙直, 往往觸犯忌諱, 固不可取容於今之世."

32 위와 같은 글. "科擧一着, 雖有未盡擺脫者, 此亦與阿瞞鷄肋相類矣. 今若徒爲口腹妻孥之計, 屈首下氣, 縛冒束帶, 隨衆逐逐, 則譬猶縶猿狙而襲之以衣冠之飾, 鎩鴻鵠而困之以樊籠之養, 幾何不至於狂惑而失性也?"

33 〈書懷〉(冊9), "傲骨終妨俗, 浮名本誤人."

34 〈過龍仁縣〉(冊9), "文章已識妨今俗, 漁釣惟應托此生."

당시와 맞지 않았던 듯하다. 그가 응시를 포기했다고 밝힌 시점이 1723년임을 감안할 때, 당시까지도 이하곤은 비록 계륵처럼 여겨 간절하지는 않았더라도 과거 합격을 위해 노력했던 인물이다. 또한 시대를 구제할 작은 대책도 없는 자신을 어리석은 선비라고 자책하고,[35] 세상이 알아주지 않아도 상심할 필요 없다고 했지만[36] 그 이면에는 스스로의 불우를 안타까워하는 마음이 있었다. 산수를 좋아하여 은거하고, 은거 속에서 자적의 삶을 귀중하게 생각했지만 끊임없이 외로움을 느껴야 했던 이유도 이러한 마음 때문이리라. 이러한 사실은 자신의 불우와 외로움을 달래며 스스로를 위로하는 내용의 작품들 속에 은연중 드러난다.

초가에서도 생애 보낼 만하니	茆茨亦足送生涯
이 한 몸 사는 데 어찌 화려한 집 필요하랴	容膝何須結構華
바위 벼랑 살펴서 오솔길 내고	鑒得巖厓通小徑
연못 물 나누어 이웃집 적셔주네	分來池水潤隣家
경서 공부하는 문 밖에 서대초 자라고	研經戶外生書帶
약으로 팔려고 산 앞에 살구나무 심었네	賣藥山前種杏花
자고로 뛰어난 사람은 불우한 이 많았으니	自古奇才多落拓
정평도 일찍이 참과에 곤욕 당했지	正平曾亦困參撾

〈次聖輝砥谷新舍韻〉, 冊7

이 시는 1716년경의 작품으로, 작은 초가집에서 독서하며 한가롭게

35 〈歎息〉(冊1), "時危無寸策, 身世愧迂儒."

36 〈山木〉(冊4), "非僧非道又非狂. 三年高臥陀山陽, 世不我知亦何傷. 有酒卽醉醉卽歌, 此外萬事徒茫茫."

생활하는 자신의 모습을 먼저 말하고, 조조에게 굽히지 않았다가 26세의 나이에 죽임을 당한 정평 즉 후한(後漢) 예형(禰衡)의 고사를 들어 자고로 불우한 사람이 많았음을 말하였다.[37] 자신도 불우한 신세지만 예부터 뛰어난 사람들은 불우한 경우가 많았다는 말로 스스로를 위로한 것이다. 1713년경 서울에서 지내다가 낙향하며 지은 다음의 시에서도 자신의 불우를 위로하는 모습이 보인다.

가을날 풍경 참 쓸쓸한데	高秋風物正蕭然
오랜 나그네 돌아가니 신선 같아라	久客言歸便若仙
성패는 본래 정해진 운수 있으니	得失元應關定數
출처는 천명 따르는 것이 맞다네	行藏只合聽皇天
주살 피하는 기러기 짝할 만하고	鴻猶避弋眞堪侶
서리 견디는 국화도 어여쁘다	菊自凌霜亦可憐
산속 집에 짧은 등잔대 있으리니	遙想山齋短檠在
《주역》 읽으며 여생 보내리라	要須讀易送殘年
	〈出城有感〉, 冊4

낙향하는 자신을 신선에 비유하고, 성패와 출처는 운수와 천명에 달렸다고 읊었다. 이러한 내용을 보면 그가 출사(出仕)에 전혀 마음이 없었다고 보기는 어려울 것이다. 경련의 주살 피하는 기러기는 높이 날아 화살 맞을 위험을 피하는 기러기라는 말로, 관직 생활이나 교류의 과정에서 직면할 수 있는 비방과 모함으로부터 벗어나게 된 자신의 모습을 비유한 것이다. 서리에도 끄떡없는 국화를 말한 것도 자신이

37 〈月夜感懷〉(冊8), "卽今廊廟尋戈戟, 自古英雄困草萊."; 〈金梁途中〉(冊8), "自古英豪輩, 寥寥臥石林." 등의 내용도 같은 의미를 담고 있다.

지조를 꺾지 않았다는 말임에 분명하다.[38] 그러면서 고향으로 돌아가 《주역》 읽으며 삶을 마치겠다고 하였다. 좌절하거나 상심할 수 있는 상황임에도 독서라는 새로운 계획을 통해 자신의 불우를 스스로 위로하였다.

만사를 아득히 하늘에 맡기고	萬事悠悠付上天
남은 인생 보잘것없이 머리만 세었네	餘生碌碌只華顚
등불 의지해 밤 지새고	相依燈火堪終夜
매화와 함께 한 해를 보내노라	獨與梅花又送年
몸은 늙었어도 밥 잘 먹고	身老猶能誇健飯
마음 한가로워 단잠 자노라	心閒長得業酣眠
보태고 빼는 조물주의 뜻을 자세히 보니	細看造物升除意
임천에 눕게 한 것은 우연 아니네	使臥林泉不偶然
	〈次杓兒韻〉, 冊11

1723년에 지은 것으로 보이는 이 시는 만사를 하늘에 맡긴다는 말처럼 운명에 순응하는 모습을 보인다. 미련에서 조물주의 승제(乘除)를 언급했는데, 함련과 경련에서 말하고 있는 내용이 승(乘)에 해당한다. 자적의 삶이 승(乘)이라면 세상에서 이루고자 했던 것을 성취하지 못한 것은 제(除)이며, 그것은 공명(功名)이었을 것이다. 성취하지 못한 것이 있지만 얻은 것도 있다는 말로 자기 위안을 삼고 운명에 순응하는 자세를 취하였다. 물을 마시며 글 짓는 생활도 즐거우니 덧없는 영화에 미련 없다거나[39] 한가한 집에서 글이나 지을 뿐 다시 바랄 것이 없다거

38 〈秋盡〉(冊7), "국화 시들었어도 비할 바 없는 줄 아노니 이 늙은이처럼 티끌에 물들지 않는구나.〔寒花憔悴知無比, 不染塵埃似此翁.〕"와 같이 이하곤은 세속에 물들지 않은 자신의 모습을 국화에 비유하곤 하였다.

나[40] 고요함을 즐기는 성격이라 숲에서 늙음을 후회하지 않는다거나[41] 산과 동산에 상수리와 밤 풍부하니 스스로 만족한다거나[42] 한가한 생활이 제일이니 도롱이를 비단 도포와 바꾸지 않겠다거나[43] 구름 보고 샘물 마시는 것이 자신의 분수라며 다시는 바쁘게 살지 않겠다고[44] 읊은 것도 자신의 불우에 대해 스스로를 위로한 것이다. 공명 수립이 소원이라고 했지만 만년에는 공명과 부귀는 물론 생사조차 망각했다고 밝힌[45] 이하곤은 다음과 같이 읊기도 하였다.

(전략)
지금 세상에 곧은 도 지키기 어려운 줄 아노니 已知直道難今世
술 마시며 일생 마치리라 欲把深杯了一生
훈업도 문장도 모두 외물일 뿐 勳業文章俱外物
대장부는 본래 덧없는 명성 바라지 않노라 丈夫元不要浮名
〈十月四日夜〉, 冊6

외물로 치부하고 있는 훈업과 문장, 그것은 바로 이하곤이 소원했던 입덕과 입언의 다른 말이 아니겠는가. 하지만 이제는 덧없는 명성이라며 바라지 않는다고 하였다. 이유는 곧은 도를 지키기 어려운 세상이기

39 〈晚來雨益急……〉(冊9), "飮水著書差足樂, 更無餘念及浮榮."

40 〈早夏閑居〉(冊7), "閑戶著書差有味, 殘生此外復何求."

41 〈晚霽閑坐〉(冊7), "僻性元來耽索寞, 淸時不悔老林丘."

42 〈晚望〉(冊7), "山園饒橡栗, 吾自足生涯."

43 〈新歸有感〉(冊6), "人生莫若閑居好, 那用簑衣換錦袍."

44 〈復用前韻〉(冊8), "看雲飮水元吾分, 莫向風塵更着忙."

45 〈自笑〉(冊4), "功名富貴何須問? 生死于今了已忘."

때문이라고 하였다. 자신이 추구하는 가치를 지키기 위해 평소 소원했던 훈업과 문장을 덧없는 외물에 불과하다고 한 사실을 볼 때 이하곤의 진정으로 바랐던 것이 무엇이었는지, 그의 진심이 무엇이었는지 알 수 있다.

5. 맺는 말

지금까지 이하곤의 시문에 표출된 상반된 심리에 대해 살펴보았다. 이하곤은 산수를 사랑하여 은거한 인물로 평가되곤 하였다. 그러나 《두타초》를 살펴보면 이하곤을 은거한 인물로만 보아서는 이해할 수 없는 내용들이 등장한다. 이에 이하곤의 시문을 통해 그의 진심이 무엇이었는지 고찰하였는데, 내용을 정리하면 다음과 같다.

첫째, 이하곤은 관직에 진출하지 않고 야인으로 평생을 살았으며 은거를 지향하는 시문을 남겼다. 그러나 그는 입덕과 입언을 통해 공렬과 명성을 수립하고자 소원한 인물이다. 그의 시문에 공명심과 은거 지향의 심리가 동시에 나타나는 이유는 이 때문이다.

둘째, 대과(大科)에 급제하지 못하고 관직에 진출하지 못한 이하곤은 한양에 머물기도 했지만 상당 기간을 진천에서 보냈다. 자적을 최고 가치로 설정한 이하곤은 완위각에 소장한 서화를 감상하거나 시를 읊으며 한가한 삶을 보내기도 했으나, 한편으로는 외로움에 시달려야만 했다. 그 외로움은 벽지에서 교유할 인물이 없었다는 데서 기인하기도 했지만 실상은 그가 진정으로 은거를 지향한 인물이 아니었기 때문이다.

셋째, 위의 두 고찰을 통해 볼 때 이하곤은 은자라기보다는 불우자에 가까운 인물이다. 그의 시문 곳곳에는 불우한 신세를 위안하는 내용이 나타나는데, 이는 결국 그의 진심이 입덕과 입언을 통한 공렬과 명성의 수립에 있었음을 의미한다.

두타초

제1책

詩시

번서의 이른 가을 갑자년(1684, 숙종10)

樊墅秋早 甲子

늦은 매미가 높은 나무에서 우니	晩蟬鳴高樹
전원에 어느덧 초가을 찾아왔네	田園已早秋
연기 이는 곳 찾아가려는데	欲尋烟起處
푸른 숲에 길은 갈수록 깊어지네	靑林路轉幽

봄날 2수○정묘년(1687, 숙종13)

春日 二首○丁卯

도성에 어느덧 봄 저무는데	帝城春已暮
작은 동산에 꽃이 가지마다 가득하네	小園花滿枝
수양버들 푸른 가지 한들거리고	垂楊綠嫋嫋
그 위에 노란 꾀꼬리 있구나	其上有黃鸝

옛 성에 올랐더니	步登古城上
지는 해가 들판 비추네	落日眺平野
여기저기 봄새들 울어대고	處處春鳥鳴
꽃가지 꺾고 싶도록 어여쁘네	花枝正堪把

채련곡

採蓮曲

열여섯 살 시냇가 아가씨	十六越溪女
아침 햇살에 붉은 단장 곱구나	朝日紅粧鮮
푸른 버들 언덕에 배 잡아매고	維舟綠楊岸
고운 소리로 노래하며 홀로 연밥 따누나	嬌歌獨采蓮

궁궐의 봄날. 한림 김시걸[1]이 운자를 불렀다 기사년(1689, 숙종15)

禁中春日 金翰林 時傑 呼韻 己巳

구름이 창룡궐 감싸고	雲擁蒼龍闕
연기가 단봉의 연못에 짙구나[2]	烟深丹鳳池
봄바람이 대궐문에 일어나고	春風閶闔起
푸른 실이 버들가지에 얽혔네	綠絲綴柳枝

1 김시걸(金時傑) : 1653～1701. 본관은 안동(安東), 자는 사흥(士興), 호는 난곡(蘭谷)이다. 《竹泉集 卷34 守全羅道觀察使金士興墓誌銘 幷序》

2 구름이……짙구나 : 구름이 끼고 안개가 덮인 대궐의 봄날 풍경을 읊은 것이다. 창룡궐(蒼龍闕)은 본래 서한(西漢) 미앙궁(未央宮)의 동궐(東闕) 이름인데, 여기서는 봄날이기 때문에 이 말로 궁궐을 표현한 것이다. 단봉(丹鳳)은 황제의 도성이나 조정을 비유할 때 사용하는 표현이다.

화폭에 쓰다 경오년(1690, 숙종16)

題畫 庚午

어둠이 아득히 먼 물가에 일어나고	暝色蒼茫起遠汀
연기와 안개 걷히자 산봉우리들 푸르구나	烟霏斂盡亂山青
고깃배가 저물녘 가을 강가에 정박하고	漁舟晚泊秋江渚
길게 울리는 피리소리에 술 깨네	長笛一聲殘酒醒

경성으로 가는 통판 김덕기[3]를 전송하다

送金通判之鏡城 德基

관북으로 가는 그대 보내노니	送君出關北
이 이별에 마음 어떠할까	此別意如何
기러기는 가을 지나 오지 않고	候鴈經秋盡
뜬 구름만 변방에 많아라	浮雲近塞多
곤궁한 길에 멀리 이별하는 사람마저 많으니	窮途多遠別
전별 자리에 서글픈 노래만 울리네	餞席一悲歌
가다가 푸른 바닷가에서	去矣臨青海
모름지기 세검정[4] 지나시리	應須洗劍過

3 김덕기(金德基) : 1654~1719. 본관은 선산(善山), 자는 재이(載而)이다. 《승정원일기》 숙종 16년 9월 15일 기사에 경성 판관(鏡城判官) 김덕기가 하직했다는 기록이 보인다.

4 세검정(洗劍亭) : 동일한 정자 이름이 여러 곳 있으나, 여기서는 경성 판관으로 가는 김덕기를 전송하며 지은 시이므로, 함경도에 있는 세검정을 가리키는 것으로 보인다. 《신증동국여지승람(新增東國輿地勝覽)》 〈함경도(咸鏡道) 삼수군(三水郡)〉 기사에 세검정이 소개되어 있다.

평구역[5]에서 간성으로 가시는 중부[6]님을 전송하다 신미년 (1691, 숙종17)

平丘驛 拜送仲父向杆城 辛未

꾀꼴꾀꼴 꾀꼬리 울다가 날아가고	間關黃鳥語還飛
무성한 방초 사이로 홀로 돌아오네	芳草萋萋獨自歸
이별하고 그리운 마음에 조각달만 바라보는데	別後相思唯片月
역참의 안개 낀 숲에서 꿈도 희미하네	驛亭烟樹夢依依

5 평구역(平丘驛) : 경기도 양주시에 있던 역이다.

6 중부(仲父) : 이하곤의 조부(祖父) 이경억(李慶億)이 슬하에 이인소(李寅熽), 이인병(李寅炳), 이인엽(李寅燁)을 두었으므로, 이하곤의 중부는 이인병을 가리킨다. 백부(伯父) 이인소가 1691년(숙종17)에 간성 군수(杆城郡守)에 임명된 사실이 있으므로, 당시 이인병이 형님의 임소에 갔던 것으로 보인다. 《西溪集 卷12 左議政李公墓碑銘》《承政院日記 肅宗 17年 2月 12日》

강남곡
江南曲

봄바람이 한강에 불어	春風吹漢水
한강물 넘실넘실 흐르는데	漢水流浩浩
위에는 버들이 있고	上有楊柳樹
아래에는 푸른 마름 있구나	下有青青藻
저녁 비는 어찌 늦게야 내리는가	暮雨來何遲
강남에 봄빛 일찍 찾아왔네	江南春色早
왕손이 머물 만하니	王孫可淹留
물가에 방초 많아라	汀洲多芳艸

봄날의 한가한 생활

春日閑居

조용한 삶 오는 손님도 없으니	端居無來客
그윽한 사람 마음 더욱 적적해	幽人心更寂
술 마주하고 꾀꼬리 소리 듣노라니	對酒聽黃鸝
술잔에 꽃잎 하나 떨어지네	尊中一花落
돌아가는 구름 무심히 바라보며	悠然望歸雲
홀로 저녁 산에 앉았노라	獨坐山光夕

임금께서 남쪽 교외에서 기우제를 올리셨다는 소식을 삼가 들으니, 마음에 감회가 있어 문득 송을 짓다 서문이 있음

伏聞上祈雨南郊 於心有感 率爾著頌 有序

하늘이 너무도 뜨거워 비가 내리지 않으니, 안타깝게도 우리 백성들이 장차 생업을 잃게 되었다. 임금께서 대단히 염려하여 백성들에게 명령하기를 "하늘이 이처럼 재앙을 내리시니 그 죄가 나에게 있다." 라고 하고, 이에 남쪽 교외에서 하늘에 제사를 올리셨다. 또 명령하여 말씀하기를 "나의 허물 때문에 재앙이 백성들에게 미쳤다. 내가 가엾게 여기는 마음이 있어 유사(有司)로 하여금 백성들의 세금을 덜어 주게 하노라. 너희 모든 집사(執事)들아, 너희들에게 제사를 돕게 하노니 조심스러운 마음으로 엄숙하게 행할 것이요, 감히 혹시라도 안일하게 해서 하늘의 꾸짖음이 더 심하게 하지 말지어다."라고 하셨다. 다음 날 아침 임금께서 남쪽 교외로 나가셔서 정성스럽게 기도를 올리니, 영험한 응답이 곧바로 나타나 단비가 주룩주룩 내렸다. 아아, 우리 임금의 덕이 순수하여 능히 하늘의 마음과 합치되어 이처럼 상서로운 일이 있게 하였으니, 비록 성탕(成湯)이 상림(桑林)에서 기도한 일이라도 어찌 이보다 더 나을 것이 있겠는가.[7] 내가 대단히 감

7 비록……있겠는가 : 숙종(肅宗)이 기우제(祈雨祭)를 지낸 정성이 은(殷)나라 탕(湯) 임금의 정성에 비견된다는 말이다. 7년 동안 큰 가뭄이 지속되자 탕 임금이 상림(桑林)에서 기우제를 올리면서 "정치에 절도가 없는가? 백성들을 고통 받게 하였는가? 궁궐을 사치스럽게 꾸몄는가? 아녀자의 입김이 너무 드센가? 뇌물이 횡행하는가? 참소하는 자들이 창성하는가?"라고 하며 자책하자 곧바로 비가 내렸다고 한다. 《呂氏春秋 順民》

격스러워 8장의 시를 지어 백성들의 기리는 마음을 펼친다.

아아 농부여　嗟哉農夫
오직 먹는 것에 삶을 의탁하니　託生維食
평생 수고하며　終歲勞苦
부지런히 농사짓네　勤茲稼穡

하늘이 비를 주지 않아　維天不雨
백성들에게 재앙 내렸지만　降災于民
하늘은 대단히 어지니　天乎孔仁
어찌 백성들 불쌍히 여기지 않으시랴　胡不恤人

내가 들에 나가니　我行于野
푸른빛을 찾아볼 수 없구나　不見其青
애달프다 이 백성들　哀此小民
장차 거둘 것이 없겠구나　將歲無成

우리 임금께서 부지런히 정사를 돌보시며[8]　吾王旰食
그 죄를 당신께 돌려　肆罪厥躬
남쪽들에 나가서　駕言南郊
저 푸른 하늘에 아뢰시네　啓彼蒼穹

8 우리……돌보시며 : 숙종(肅宗)이 새벽부터 밤늦게까지 정사에 힘쓴다는 말이다. 간식(旰食)은 소의간식(宵衣旰食)과 같은 말로, 임금이 새벽에 일어나고 밤늦게 먹으면서 부지런히 정사를 돌본다는 의미이다.

빽빽한 구름이 이에 퍼지더니　密雲乃析
사방 들판에 비가 내리네　雨我四郊
비가 기름처럼 윤택하여　維雨如膏
저 새싹들을 적셔 주네　潤彼新苗

우리 임금의 정성 아니면　吾王不虔
하늘이 어찌 감격하며　天何以格
우리 임금께서 돌보지 않으시면　吾王不恤
백성들이 어떻게 먹을까　民何以食

오직 이 단비는　維此甘霈
진실로 임금께서 주신 것이네　寔王之賜
백성을 자식처럼 돌보시니[9]　保民如子
백성들이 모이도다　民之攸萃

하늘이 밝고 밝아　上天昭昭
이 세상을 살피시네　鑒臨下土
임금께서 덕을 부지런히 힘쓰시니　王勤于德
하늘이 큰 복을 내리셨네　錫之休祜

9 백성을 자식처럼 돌보시니 : 숙종이 백성들을 자식처럼 아낀다는 말이다. 《서경》 〈강고(康誥)〉에 "마치 갓난아이를 보호하듯이 하면 백성들이 편안히 다스려질 것이다. 〔若保赤子, 惟民其康乂.〕"라고 하였다.

단오 상첩

端午祥帖

아버지를 대신해서 짓다.

금궁에 아름다운 기운 얽히고	金宮佳氣繞
단궐에 오색구름 열렸네[10]	丹闕五雲開
다행히 거울 단련한 날 만나	幸逢鍊鏡日
축수의 술잔을 절하고 올리네[11]	拜獻萬年盃

10 금궁(金宮)에……열렸네 : 단옷날 궁궐의 모습을 묘사한 것이다. 금궁은 본래 금으로 만든 집이라는 뜻으로 신선의 거처를 가리키는데, 여기서는 임금이 있는 궁궐을 상징한다. 단궐(丹闕)도 붉은 궁궐이라는 뜻으로, 궁궐을 의미한다.

11 다행히……올리네 : 단옷날을 맞아 축수(祝壽)의 술잔을 올린다는 말이다. 연경일(鍊鏡日)은 단옷날을 의미한다. 백련경(百鍊鏡)이라는 좋은 거울을 단옷날에 주조했다고 한다. 백거이(白居易)의 시에 "강물 한복판 배에서 주조하니, 오월 오일 정오 때라네.〔江上波心舟中鑄, 五月五日日午時.〕"라고 하였다.《白香山詩集 卷4 百鍊鏡》

도장 홍세태[12]가 소장한 〈조설도〉에 쓰다. 수찬 박태순[13]의 운자에 맞춰 짓다

題洪道長 世泰 所藏釣雪圖 次朴修撰 泰淳 韻

긴 물결이 흰 절벽 사이로 달려가니	長波走素壁
당 위에 갑자기 추운 겨울 찾아왔네	堂上遽冬威
함박눈이 목란의 노에 흩뿌리고	密雪颭蘭棹
차가운 바람이 풀 옷에 불어오네	寒風吹草衣
강호에 일찍이 약속 있었기에	江湖曾有約
물고기 낚시 어기지 않는구나	漁釣定無違
혼탁한 세상에 번복하는 이 많으니	濁世多翻覆
초연하게 그대와 함께 돌아가리	超然共爾歸

12 홍세태(洪世泰) : 1653~1725. 본관은 남양(南陽), 자는 도장(道長), 호는 창랑(滄浪) · 유하(柳下)이다. 《浣巖集 卷4 滄浪洪公墓誌銘》

13 박태순(朴泰淳) : 1653~1704. 본관은 반남(潘南), 자는 여후(汝厚), 호는 동계(東溪)이다.

풍악가. 종대부 고성 군수 윤평[14]을 전송하다

楓岳歌 送別從大父尹高城 坪

그대 듣지 못했나 삼신산이 동해에 있는데　君不聞三神之山在東海
세상에는 풍악산이 봉래산이라 전해지지[15]　世傳楓岳是蓬萊
동남쪽에 옥부용처럼 우뚝 솟았으니　東南削出玉芙蓉
구불구불 멀리 말갈에서 뻗어 왔네　逶迤遠自靺鞨來
뿌리를 귀허에 꽂아 큰 자라 엎드렸고[16]　根揷歸墟巨鰲伏
정상은 하늘에 닿아 구름 뚫었네　頂摩九天絶雲埃
만이천봉 다 우뚝한데 비로봉 가장 높아　萬二千峰皆崔嵬毗盧峰勢最高
오르면 팔방을 볼 수 있지　登臨可以觀八垓
위에는 청학의 둥지가 있고[17]　上有青鶴之巢

14　윤평(尹坪) : 인적사항은 미상이다. 《승정원일기》 숙종 17년 5월 14일 기사에 윤평을 고성 군수(高城郡守)에 임명한 기록이 있고, 6월 25일 기사에 윤평이 하직했다는 기록이 있다.

15　삼신산(三神山)이……전해지지 : 전설에 의하면 동해에 봉래(蓬萊), 영주(瀛州), 방장(方丈) 등 이른바 삼신산이 있다고 하는데, 세상 사람들은 금강산이 바로 삼신산의 하나인 봉래라고 한다는 말이다.

16　뿌리를……엎드렸고 : 금강산의 위치를 설명한 것이다. 귀허(歸墟)는 귀허(歸虛)라고도 하는데, 동해 바다 속에 있다고 하는 깊이를 알 수 없는 큰 골짜기 이름이다. 《列子 湯問》 전설에 의하면 삼신산을 자라가 떠받치고 있다고 한다.

17　위에는……있고 : 윤휴(尹鑴)의 《백호전서(白湖全書)》 권34 〈풍악록(楓岳錄)〉에 "그곳 중에게 여기에 학소암(鶴巢巖)이 있다는데 왜 학소암이라고 하느냐고 물었더니,

아래에는 백옥의 대가 있다네 下有白玉之臺
동안의 검은 머리 선인이[18] 童顏綠髮之仙人
긴 바람 타고 배회하며 御長風而徘徊
자란의 생황을 불고[19] 吹紫鸞之笙
푸른 옥 술잔에 술 마신다네 飮碧瑤之杯
붉은 벼랑과 비췻빛 절벽 비단처럼 찬란하고 丹厓翠壁燦若綺
일만 폭포 공중에 매달려 희고 희네 萬瀑懸空白皚皚
수십 리 골짜기에 뿜어내니 噴壑數十里
대낮에도 바람과 우레가 싸우는 듯 白日鬪風雷
고성은 그 동쪽에 있으니 高城在其東
풍경이 가장 아름답다네 景物最佳哉
고성 태수는 도기가 풍부하여 高城太守多道氣
부석이 멀리 신선의 고장으로 날아가네[20] 鳧舃遠飛神仙鄉

옛날에는 학이 여기에 둥지를 틀고 살았으나, 세월이 오래되어 바위가 이지러지자 둥지도 기울어져 학이 날아간 뒤에 다시 오지 않는다고 하였다."라는 말이 있다.

18 동안(童顏)에……선인(仙人)이 : 어린아이와 같은 고운 얼굴에 검고 윤기 나는 머리카락을 지닌 신선을 가리킨다. 이백(李白)의 시에 "우연히 선동을 만났는데, 두 귀밑 검은 머리를 틀어 올렸네.〔偶然値青童, 綠髮雙雲鬟.〕"라고 하였다. 《李太白文集 卷16 遊泰山》

19 자란(紫鸞)의 생황(笙篁)을 불고 : 신선이 부는 생황을 자란생(紫鸞笙)이라고 한다. 이백의 시에 "학을 탄 한 선객이 날고 날아 하늘로 올라가더니, 구름 속에서 소리 높이 외치기를 내가 바로 안기생이라고 하네. 좌우에는 백옥 같은 동자가 있어, 나란히 자란생을 불어 대누나.〔客有鶴上仙, 飛飛凌太淸. 揚言碧雲裏, 自道安期名. 兩兩白玉童, 雙吹紫鸞笙.〕"라고 하였다. 《李太白文集 卷1 古風》

20 고성 태수(高城太守)는……날아가네 : 윤평이 고성 군수(高城郡守)로 부임한다

단약 빚어 응당 장생술 얻을 테고	鍊丹應得長生術
구름과 난새 타고 영랑을 따르겠지[21]	駕雲驂鸞從永郎
기꺼이 〈풍악가〉 지어	好爲楓岳歌
종대부 위해 한 곡 부르네	爲君唱一曲
갈바람 불기를 기다려 나막신 신고 가리니	稍待秋風理雙屐
날 위해 달 뜨는 해산정을 쓸어 주오[22]	爲余掃洒海山亭上月

는 말이다. 부석(鳧舃)은 오리 신발이라는 말인데, 일반적으로 지방관을 비유한다. 후한(後漢)의 왕교(王喬)가 섭 현령(葉縣令)으로 있으면서 매월 삭망(朔望) 때마다 수레도 타지 않고 먼 길을 와서 조회에 참석하였다. 그것을 괴이하게 여긴 임금이 내막을 알아보게 하였더니, 그가 올 때마다 오리 두 마리가 동남쪽에서 날아왔다. 그물을 쳐서 그 오리를 잡아놓고 보니 바로 왕교의 신이더라는 고사가 전한다. 《後漢書 卷112 方術列傳 王喬》

21 단약(丹藥)……따르겠지 : 윤평이 금강산과 가까운 고성의 군수로 부임하여 신선처럼 생활할 것이라는 말이다. 영랑(永郎)은 신라 효소왕(孝昭王) 때의 화랑으로, 술랑(述郎), 남랑(南郎), 안상(安詳)과 더불어 사선(四仙)으로 일컬어진다. 이들이 고성의 삼일포(三日浦) 경관에 취하여 3일 동안 놀았다고 하는데, 포구의 암벽에 '영랑도남석행(永郎徒南石行)'이라는 여섯 글자가 붉게 새겨져 있다.

22 갈바람……주오 : 가을에 윤평을 찾아가겠다는 말이다. 해산정(海山亭)은 고성의 삼일포 부근에 있는 정자이다.

가을밤 산재에서

秋夜山齋

어둠이 화려한 누각에 어리는데	暝色凝華閣
떠가는 구름이 밝은 달 토해내네	流雲吐月明
돌아가는 기러기는 울며 떠나가고	歸鴻鳴且去
깃든 새들 자다가 놀라네	栖鳥宿還驚
집집마다 다듬이 소리 요란하고	萬戶杵砧亂
외로운 성에 북두성 비껴 걸렸네	孤城星斗橫
바람 앞에 서자 낙엽 소리 들리니	臨風聽落木
빈 골짝은 밤에 소리 많구나	空谷夜多聲

서둘러 지어서 신창으로 가는 사후 박필중을 전송하다

임신년(1692, 숙종18)

走筆送朴士厚 弼重 之新昌 壬申

호서의 신창현[23]	湖西新昌縣
벗이 멀리 그곳으로 가네	故人此遠遊
손잡고 이별하는 정자에 올라	携手上離亭
서글픈 마음에 오래도록 배회하네	惻愴久夷猶
땅거미가 나그네에게 얽혀	暝色帶行客
지는 해에 먼 시름 일어나네	落日生遠愁
관아 매화에 봄빛 일찍 오리니	遙知官梅春色早
모름지기 서울의 달 밝은 누대로 보내 주게[24]	須寄長安明月樓

23 신창현(新昌縣) : 현재의 충청남도 아산시 신창면 일대이다.

24 관아……주게 : 신창현에 가거든 소식을 전해 달라는 말이다. 관매(官梅)는 관청 뜰에 심은 매화를 가리킨다. 양(梁)나라 하손(何遜)이 일찍이 양주 자사(揚州刺史)의 기실 참군(記室參軍)으로 있을 때, 관아의 매화가 활짝 핀 것을 보고 〈영조매(詠早梅)〉라는 시를 지었는데, 두보(杜甫)가 그 고사를 인용하여 "동각의 관매가 시흥을 발동시키니, 도리어 하손이 양주에 있을 때 같구나.〔東閣官梅動詩興, 還如何遜在揚州.〕"라고 하였다. 《杜少陵集 卷9 和裴迪登蜀州東亭送客逢早梅相憶見寄》

임원군[25] 댁에서 제군들과 함께 짓는데 귀 자를 얻었다

林原君宅 同諸君賦 得歸字

공자 댁 방문하려	言尋公子宅
지팡이 짚고 구름 뚫고 왔네	杖策穿雲飛
난간에 기대서니 산이 누각을 에워싸고	倚檻山圍閣
주렴 여니 비췻빛이 옷에 물드네	開簾翠滴衣
연기와 노을이 승경 만들고	烟霞仍勝地
물고기와 새 구경하느라 돌아가기를 잊네	魚鳥卽忘歸
다시 높은 누대에서 바라보니	更向高樓望
집집마다 석양빛이 엷게 물들었네	千家淡夕暉

25 임원군(林原君) : 이표(李杓, 1654~1724)로, 본관은 전주(全州), 자는 건중(建中), 호는 매헌(梅軒)이다.

그윽한 집

幽居

한가롭게 살며 그윽한 기풍 기르니	閒居養幽姿
외물에 속지 않노라	而無外物欺
흥이 일어나면 한 번 취할 것을 생각하고	興來思一醉
술이 있으면 따라 마시노라	有酒斟酌之
저녁 비에 선선한 바람 일어나고	暮雨扇微涼
멋진 나무는 녹음 드리우네	嘉木綠陰垂
술동이 열고 우거진 숲 마주하니	開尊面長林
새들이 높은 가지에서 우는구나	有鳥鳴高枝
이곳에 깊은 정취 많으니	此間多深趣
나만 홀로 아노라	於焉獨自知
호탕하게 노래하며 밝은 달 기다리느라	浩歌待明月
누워서 돌아갈 줄 모르노라	頹臥不知歸

신탄진[26]을 건너다

渡新灘

강남에 봄꽃 시드니	江南春芳歇
노니는 사람 떠나려 하네	游子欲言去
뜬 구름에 고향 희미하여	浮雲迷舊國
바라보며 오랫동안 우두커니 서 있네	望望久延佇
뱃전 두드리며 긴 모래톱 따라 내려가니	叩枻下長洲
지는 해가 희미하게 아른거리네	落日澹容與
흰 갈매기는 알지 못해	白鷗不相識
나를 보더니 훌쩍 날아가려 하네	見我欲輕擧

26 신탄진(新灘津) : 현재의 대전광역시 대덕구 신탄진동에 있던 나루이다.

전의[27]로 가는 길에

全義途中

푸른 숲이 외로운 마을을 두르고　青林帶孤村
석양 속에 찬 연기 피어나네　落日寒烟起
긴 물가에 가을빛 멀리까지 물들었는데　長洲秋色遠
말 타고 외로이 물을 건너네　征馬孤渡水
흰 갈매기 백사장 가에 서 있을 뿐　白鷗立沙際
높이 날아가지 않는구나　且莫起高飛
나도 마음을 씻은 사람이라　余亦洗心者
오래도록 기심 잊었노라[28]　於焉久忘機

27 전의(全義) : 현재의 세종특별자치시 전의면 일대이다.

28 흰……잊었노라 : 이하곤이 기심이 없어서 갈매기도 경계하지 않는 모습을 읊은 것이다. 이 부분은 이백(李白)의 시에 "물장구치는 한 쌍의 백구, 창강 물 위를 울며 나는구나. 마땅히 해상인과 친할 터, 어찌 저 운학과 짝하랴. 형체 부쳐 백사장 달빛 아래 자고, 꽃을 따라 봄 물가에 즐겨 노니네. 나도 마음 깨끗이 씻었으니, 기심 잊고 너를 따라서 노닐련다.〔搖裔雙白鷗, 鳴飛滄江流. 宜與海人狎, 豈伊雲鶴儔. 寄形宿沙月, 沿芳戲春洲. 吾亦洗心者, 忘機從爾遊.〕"라는 내용과 시상이 유사하다. 《李太白集 卷1 古風》

가을밤에 군양 윤사찬이 들러 준 것을 기뻐하며 함께 지었는데 광 자를 얻었다

秋夜 喜尹君襄 思贊 見過 同賦 得光字

꽃다운 성에 초승달 나오고	芳城吐微月
가을 숲은 저물녘 선선한 기운 머금었네	秋樹含夕涼
서로 만나 반가움에 한 번 웃고	相逢開一笑
그대 맞아 중당에 앉았네	延君坐中堂
그대 보니 속태 없어	看君無俗態
청광한 나를 아껴주네	愛我頗清狂
지극한 도의 요체 일찍이 들어	夙聞至道要
입을 막고 그 빛 부드럽게 하네[29]	塞兌和其光
남산의 소나무와 계수나무	南山有松桂
세한에도 홀로 푸르구나[30]	歲寒獨蒼蒼
앞으로도 그윽하고 곧음 지켜	逝將保幽貞
마음에 잊지 않기를 힘쓰시게	勗哉心不忘

29 지극한……하네 : 윤사찬(尹思贊)이 지도(至道)의 요체를 알아 외물에 대한 욕망을 끊고 자신의 재주를 드러내지도 않는다는 말이다. 색태(塞兌)는 입을 막는다는 뜻인데, 외물에 대한 관심을 끊음을 의미한다. 《노자(老子)》 제52장에 "입을 막고 문을 닫으면, 종신토록 수고롭지 않게 된다.〔塞其兌, 閉其門, 終身不勤.〕"라고 하였다. 또 제4장에 "그 빛을 부드럽게 하여 세속과 어울리는 것을 현동이라 한다.〔和其光, 同其塵, 謂之玄同.〕"라고 하였다.

30 남산의……푸르구나 : 윤사찬의 절개를 기린 말이다. 《논어》 〈자한(子罕)〉에 "날씨가 추워진 뒤에야 소나무와 측백나무가 뒤늦게 시듦을 알 수 있다."라고 하였다.

장차 동협으로 가려고 동문을 나서니 감회가 있었다

將向東峽 出靑門有感

석양빛이 평야에 퍼지고	落日浮平野
산들이 저물녘에 맑아지네	千山變夕晴
높은 하늘에 외로운 새 날아가고	天長獨鳥去
먼 숲에 가을 기운 맴도네	樹遠秋陰生
다듬이 소리 울리는 외로운 마을에 날 저물고	砧杵孤村暮
풍광이 양쪽 언덕에 맑게 펼쳐지네	風烟兩岸淸
누가 〈오희가〉[31] 애달파하랴	誰怜五噫賦
서글픈 마음으로 동쪽 성 나서노라	怊悵出東城

31 오희가(五噫歌) : 후한(後漢) 양홍(梁鴻)이 은거하러 가는 길에 낙양(洛陽)을 지나며 부른 노래인데, 다섯 마디로 된 마디 끝마다 噫 자를 붙였으므로 〈오희가〉라 한다. 그 내용은 화려한 생활을 누리는 지배층에 대비하여 끝없이 고생하는 백성의 삶을 한탄한 것이다. 《後漢書 卷113 逸民列傳 梁鴻》

밤에 월계를 지나다

夜過月溪

가을 강에 달이 막 떠오를 제	秋江月初生
나그네 배가 옛 나루 떠나가네	客舟移古渡
긴 모래톱에 저녁 안개 다 걷혀	長洲夕烟盡
검푸르게 월협의 숲 나타나네	蒼蒼月峽樹
뱃사공이 뱃노래 불러	舟子發棹謳
맑은 창랑물에 발 씻으라 하네[32]	濯足滄浪淸
단풍 떨어져 강 빛 차갑고	楓落江色寒
서리 내린 물가에 기러기 우네	霜渚一鴈鳴
뱃전 두드리며 푸른 하늘 바라보니	叩枻視靑天
별들이 여기저기 빛나네	星河縱復橫
출렁이는 물결에 맑은 빛 아롱지니	蕩漾弄淸輝
노니는 사람 담담하게 속세의 마음 잊노라	游子澹忘情

32 뱃사공이……하네 : 춘추 시대에 어떤 아이가 "창랑의 물이 맑으면 내 갓끈을 빨고, 창랑의 물이 흐리면 내 발을 씻겠다.〔滄浪之水淸兮, 可以濯我纓. 滄浪之水濁兮, 可以濯我足.〕"라고 했다는 고사가 있으므로 인용한 것이다. 《孟子 離婁上》

새벽에 용진을 건너다 2수

曉渡龍津 二首

삐거덕 삐거덕 급히 노 저어	伊戛鳴櫓急
창망한 새벽에 강기슭 지나가네	蒼茫歷岸賖
맑은 강에 옅은 안개 머물고	淸江留薄霧
지는 달[33]이 차가운 백사장 비추네	落月映寒沙
감히 뗏목에 오를 뜻 있으랴	敢有乘桴志
부질없이 한양 떠나는 탄식만 품었어라[34]	空懷去國嗟
시 읊조리며 마음 달래는데	吟詩寬意緒
모자가 제멋대로 기우네	烏帢任欹斜

강물 빛깔은 차갑게 넘실거리고	江光寒泱漭
산 기운은 새벽에 왕성하네	峽氣曉氤氳
안개 흩어지자 외로운 배 출발하는데	霧散孤舟出
종소리 성글게 먼 절에서 들려오네	鍾疎遠寺聞
나그네살이 장차 병이야 없겠지만	羈栖將病毋
사원에서 군현들과의 교유 막히겠지	詞苑阻賢群

33 지는 달 : 저본(底本)에는 落日로 되어 있는데, 의미를 고려하여 수정하였다.

34 감히……품었어라 : 서울을 떠나면서 도(道)가 행해지지 않는 것을 안타까워하는 마음을 역설적으로 말한 것이다. 공자(孔子)께서 "도가 행해지지 않는다. 뗏목을 타고 바다를 항해하려 한다.〔道不行, 乘桴, 浮于海.〕"라고 하셨다.《論語 公冶長》

말머리는 천 봉우리 밖으로 향하는데 馬首千峰外

부질없이 한강 북쪽 구름 바라보네 空瞻漢北雲

홍천으로 가는 길에

洪川途中

날마다 가을 골짜기로 가니	日日向秋峽
골짜기 깊고 시냇물 굽이져 흐르네	峽深溪水斜
벼랑에 짙은 새벽이슬 방울지고	厓濃滴曉露
바위틈에 찬 꽃 드리웠네	石坼垂寒花
가는 말 언제나 그칠까	征馬幾時歇
푸른 산은 갈수록 멀기만 하네	青山從此賒
궁도에 먼 길 가는 일 많으니	窮途多遠役
귀밑털 셀까 두렵구나	只恐鬢毛華

마뇌역을 지나며

過馬腦驛

일명 만의(萬義)라고도 한다.

마뇌는 산으로 겹겹이 싸여 있고	馬腦山重合
인제는 물줄기가 어지러이 나뉘네	麟蹄水亂分
여울 소리는 새벽 비에 거세지고	灘聲生曉雨
골짝 숲은 가을 구름에 막혔네	峽樹斷秋雲
맥땅의 민가들 삼 캐서 세금 내고	貊戶蔘輸稅
산골 사람들 사슴과 무리지어 사는구나	山氓鹿作群
초가집 짓고 노년 보내려니	誅茅吾欲老
민심 순박하단 말 이미 들었노라	淳朴已曾聞

영월루[35]에 오르다

登詠月樓

나그네 오늘 화협에 묵으며	旅泊今花峽
이 고을의 누대에 올라보니	登臨此郡樓
천지가 바다에 떠 있고	乾坤浮積水
해와 달이 높은 가을에 맑아라	日月肅高秋
세상살이 떠도는 도경과 같으니[36]	世路同漂梗
이내 인생 낚싯배에 부치리라	吾生寄釣舟
삼산이 시야에 들어오는 듯하니	三山如在眼
장차 영랑을 따라 노닐리라[37]	將逐永郎遊

35 영월루(詠月樓) : 강원도 간성(杆城)의 객관(客館) 동쪽에 있는 누대이다.

36 세상살이……같으니 : 정처 없이 떠도는 인생을 비유적으로 읊은 것이다. 표경(漂梗)은 복숭아나무를 깎아서 만든 도경(桃梗)으로, 정처 없는 신세를 비유한다. 전국시대에 소진(蘇秦)이 일찍이 맹상군(孟嘗君)에게 말하기를 "지금 신이 오면서 치수(淄水) 가를 지나다가 토우인(土偶人)과 목우인(木偶人)이 말하는 소리를 들으니, 목우인이 토우인에게 '그대는 서안(西岸)의 흙으로 만들어진 사람이라, 8월경에 비가 내려 치수가 불면 그대는 이지러지고 말 것이다.' 하자, 토우인이 목우인에게 '그렇지 않다. 나는 서안의 흙이라서 흙은 또 서안에 있지만, 지금 그대는 동국(東國)의 복숭아나무로 만들어진 사람이니, 비가 내려 치수가 불어 그대를 띄우고 흘러가 버리면 둥둥 뜬 그대는 장차 어찌되겠는가.' 하였습니다."라고 한 데서 온 말이다. 《史記》《戰國策 齊策》

37 삼산(三山)이……노닐리라 : 강원도 일대를 돌아보겠다는 말이다. 삼산은 봉래(蓬萊), 방장(方丈), 영주(瀛州) 등 삼신산(三神山)으로, 자라의 등 위에 얹혀서 바다에 떠 있다는 전설이 전한다. 영랑(永郎)은 신라 때 네 선인(仙人) 중의 한 사람으로 술랑(述郎), 남랑(南郎), 안상(安詳)과 함께 네 선인이 고성(固城)에서 놀며 3일 동안이나 돌아가지 않았고 한다.

보림굴. 안 장로를 방문하다

寶林窟 訪眼長老

절에 들르려고 흐르는 물 따라	過寺隨流水
지팡이 짚고 흰 구름 속으로 들어가네	移笻入白雲
옷 벗어 소나무에 걸어둔 채	解衣挂松樹
내키는 대로 이끼에 앉았더니	隨意坐苔文
꽃비가 낮에도 떨어지고	花雨晝猶墮
종소리 때때로 들려오네	鍾聲時自聞
고승을 조용히 마주하니	高僧澹相對
속세 벗어난 줄을 새삼 느끼네	更覺出塵氛

장차 홍천으로 돌아가려고 택경[38]의 시에 차운하여 제군들과 이별하다

將歸洪川 次澤卿韻 留別諸君

당시 간성(杆城)에 있었다.

외로운 성에 달이 막 지는데	孤城月初落
기러기 한 마리 돌아가며 우네	一鴈有歸聲
취해서 보검을 주니[39]	醉把寶刀贈
갈바람 속에 나그네의 마음이라네	秋風游子情

38 택경(澤卿) : 이하곤의 재종형(再從兄)이다. 《頭陀草 冊12 遊普門庵記》

39 취해서 보검을 주니 : 이별할 때 귀중한 검을 선물로 준 것이다. 이백(李白)의 시에 "소년 시절에 장검을 벗어서, 선뜻 주고 즉시 이별하였지.〔少年解長劍, 投贈卽分離.〕"라고 했다. 《李太白文集 卷9 贈易秀才》

마뇌역에 도착하여 시 한 수를 지어 중형 재방[40]에게 삼가 부치다

到馬腦驛 得一詩 奉寄仲兄載方

낙엽이 우수수 떨어지고	落木蕭蕭下
쓸쓸한 마을에 석양이 희미하네	孤村夕照微
서풍 불어 나그네 마음 괴로운데	西風客意苦
필마 타고 화산으로 돌아가네	匹馬花山歸
관외에 벗이 적은데	關外故人少
가을에 기러기마저 드물구나	秋來征鴈稀
오늘 밤 꿈속 연못에는	池塘今夜夢
봄풀이 절로 향기롭겠지[41]	春草自芳菲

40 재방(載方) : 이형곤(李衡坤)으로, 본관은 경주(慶州), 자는 재방, 호는 위헌(韋軒)이다. 이하곤의 백부(伯父) 이인소(李寅熽)의 둘째 아들이다.

41 꿈속……향기롭겠지 : 꿈에서라도 이형곤을 만나기 바란다는 말로, 간절한 그리움을 표현한 것이다. 남조 송(南朝宋)의 사영운(謝靈運)이 시상이 떠오르지 않아 고민하다가 꿈에 족제(族弟)인 사혜련(謝惠連)을 만나보고 "연못에 봄풀이 돋아나네.〔池塘生春草〕"라는 명구를 얻은 뒤에 "이 시구는 신령이 도운 덕분에 나온 것이지 내 말이 아니다.〔此語有神功, 非吾語也.〕"라고 술회한 고사가 전한다.《南史 卷19 謝方明列傳 謝惠連》

용강으로 부임하는 조대수[42] 어른을 전송하다

送趙丈 大壽 之任龍岡

오마[43]가 용강으로 떠나는데	五馬龍岡去
요즈음 길 험한 때라네	如今行路難
궁도에 멀리 떠나는 이 자주 전송하니	窮途頻送遠
어디에서 다시 즐거울 수 있을까	何處更追歡
저물녘에 눈 내려 관문 어둡고	暮雪關門暗
봄에도 바닷가 숲은 차가우리	春天海樹寒
예미의 의미 마침내 알겠으니	終知曳尾意
조대수 어른의 정자 이름이 예미(曳尾)이다.	
응당 하관을 저버리지 않으리[44]	應不負荷冠

42 조대수(趙大壽) : 1655~1721. 본관은 풍양(豐壤), 자는 덕이(德而)이다. 1693년(숙종19) 11월에 용강 현령(龍岡縣令)으로 부임하였다. 《鶴巖集 冊5 叔父舍人公墓表》

43 오마(五馬) : 다섯 필의 말이라는 말로, 한(漢)나라 때 태수(太守)가 다섯 필의 말이 끄는 수레를 탔던 데서 유래하여 고을 수령의 별칭으로 사용된다.

44 예미(曳尾)의……않으리 : 조대수가 세상의 헛된 명예를 버리고 전원으로 돌아와 천성대로 살고자 한다는 말이다. 전국 시대 초(楚)나라에서 죽은 지 3천 년 되는 신령스러운 거북의 껍데기를 묘당(廟堂)에 모셔 놓았는데, 장자(莊子)가 이를 두고 "죽어서 껍데기로 남아 귀하게 되려 했겠습니까. 아니면 살아서 흙탕물 속에 꼬리를 끌고 싶어 했겠습니까.〔寧其死爲留骨而貴乎, 寧其生而曳尾於塗中乎.〕"라고 하였다. 《莊子 秋水》

장차 골짜기 집으로 돌아가려고 오언율시를 지어 장인 옥오재[45] 선생께 삼가 드리다

將還峽寓 賦短律 奉呈娉丈玉吾先生

우리나라는 산과 시내로 막혀 있는데	東國山川阻
남쪽으로 유람 온 지 오래되었지요	南遊歲月深
만난 기쁨 어젯밤 꿈인 듯한데	歡娛疑昨夢
이별하려니 봄이 되었습니다	離別換春心
향기로운 풀은 돌아갈 때 푸를 테고	芳艸歸時綠
뜬 구름은 해 질 녘에 어둑합니다	浮雲落日陰
창망해라 헤어지는 즈음에	蒼茫去留際
〈백두음〉 읊조립니다[46]	長短白頭吟

45 옥오재(玉吾齋) : 송상기(宋相琦, 1657~1723)로, 본관은 은진(恩津), 자는 옥여(玉汝), 호는 옥오재, 시호는 문정(文貞)이다. 저서로 《옥오재집(玉吾齋集)》이 있다. 이하곤은 송상기의 맏사위이다. 《陶谷集 卷9 吏曹判書玉吾齋宋公神道碑銘》

46 백두음(白頭吟) 읊조립니다 : 이하곤이 송상기와 이별하며 아쉬운 마음이 든다는 말이다. 〈백두음〉은 본디 전한(前漢) 때 사마상여(司馬相如)의 처 탁문군(卓文君)이 지은 오언시이다. 사마상여가 무릉(茂陵) 여인을 집으로 데려오려고 하자, 탁문군이 〈백두음〉을 지어 결별(訣別)의 뜻을 보이니, 사마상여가 그만두었다는 고사가 전한다. 《西京雜記 卷3》 일반적으로 버림받은 여인이 이별을 슬퍼하는 의미로 사용되지만, 두터운 교분을 가까이에서 계속 이어 갈 수 없게 된 것을 슬퍼하는 시를 가리키기도 한다.

나그네 길

客路

작년에 남쪽 고을의 길손 되었다가	昨歲客南縣
올봄에야 북쪽으로 돌아가네	今春始北還
관문에 낙조가 깊숙이 비추고	關門深落照
나그네 길에 청산이 가득하네	客路滿青山
가고 가지만 나의 고장 아니니[47]	去去非吾土
해마다 이별하게 되는구나	年年作別顏
인생은 뒹구는 쑥털과 같으니	人生似蓬轉
누군들 잠시라도 한가로울까	誰得暫時閒

47 나의 고장 아니니 : 후한(後漢) 말기 건안칠자(建安七子)의 한 사람인 왕찬(王粲)이 형주(荊州)에 있을 때 성루(城樓) 위에 올라가 울울한 마음으로 고향을 생각하며 지은 〈등루부(登樓賦)〉에 "참으로 아름답지만 내 땅이 아니니, 어찌 잠시인들 머물 수 있으리오.〔雖信美而非吾土兮, 曾何足以少留.〕"라고 하였다. 《文選 卷11》

여염에서

閭閻

쌍령[48] 북쪽의 마을	閭閻雙嶺北
성읍이 큰 강 사이에 있네	城邑大江間
지리는 양양과 간성 사이로 험하고	地理襄杆險
풍속은 예와 맥처럼 거칠구나	風謠濊貊頑
산삼 캐려 절벽을 사다리 타고 오르고	劚參梯絶壁
곡식 심으려 푸른 산에 화전 일구네	種粟火靑山
나그네는 타지 풍속 편안히 여겨	客性安殊俗
머무르며 끝내 돌아가지 않네	淹留遂未還

48 쌍령(雙嶺) : 저본(底本)에는 雙領으로 되어 있으나 의미를 고려하여 수정하였다. 지명을 나타내는 고유명사일 것으로 추정되나 어디인지 정확하지 않다.

시냇가에서

溪邊

시냇가에 오랫동안 지팡이 짚고 서서	溪邊拄杖久
종일토록 돌아갈 줄 모르네	盡日郎忘歸
멀리까지 봄 경물을 보노라니	遠眼隨春物
산들바람이 나그네 옷깃에 불어오네	微風吹客衣
맑은 강물에 꽃이 비치고	江明花映發
넓은 들녘에 학이 외로이 날아가네	野闊鶴孤飛
한바탕 웃는 촌 늙은이 있으니	一笑村老在
마주보며 시비 따지지 않네	相看無是非

갠 날

晴

초가집이 밤에 적막한데	艸閣夜岑寂
봄 날씨가 갑자기 맑아졌네	春天忽已晴
골짜기 구름이 산굴에서 희게 피어나고	峽雲通岫白
강에 뜬 달이 사람 가까이 밝게 빛나네	江月近人明
못난 분수대로 살 뿐 고요함 탐하는 것 아니고	養拙非耽靜
겸손하게 처신하며 명리를 피하려 하니	居卑欲避名
눈앞에 풍파가 드넓게 펼쳐졌지만	風波眼前闊
이내 신세 한 마리 갈매기처럼 가볍다	身世一鷗輕

남산암에 들르다
過南山庵

깊은 골짜기로 몇 리를 들어가 深谷入數里
봄 산을 말에서 내려 걸어가네 春山捨馬行
단청 바랜 사찰 오래되었고 丹青佛寺古
장삼 입고 신발 신은 승려들 청아하구나 巾屨僧群淸
설법하니 하늘의 꽃이 마구 떨어지고[49] 演法天花亂
현묘함을 말하니 강에 달 떠오르네 談玄江月生
마니보주가 있다면 摩尼寶珠在
내가 무명의 세계를 비춰 보리라[50] 吾欲照無明

49 설법하니……떨어지고 : 불교의 전설에 큰 법사가 설법을 하면 하늘이 감동하여 꽃이 마구 떨어졌다고 한다. 양 무제(梁武帝)는 불교를 무척 숭앙하여 많은 승려를 모시고 있었다. 그 가운데 운광 법사(雲光法師)를 가장 존경하였는데, 그가 강경(講經)을 하면 하늘에서 꽃이 내리고, 하늘나라 음식이 공양으로 내려왔다는 이야기가 전한다. 《六朝事跡編類 樓臺門 第4 雨花臺》《詩律武庫》

50 마니보주(摩尼寶珠)가……보리라 : 자신의 본성을 깨우치고 싶다는 말이다. 마니보주는 마니주(摩尼珠)와 같은 말로 불가의 용어인데, 용왕(龍王)의 뇌 속에서 나온 것이라 한다. 이것을 몸에 지니면 모든 일이 자신의 뜻대로 된다고 하며, 물속에서도 환하게 빛이 난다고 한다. 무명(無明)은 범어(梵語) avidya를 번역한 불교 용어로, 깨달음에 장애가 되는 근원적인 무지(無智)와 미혹(迷惑)을 뜻한다.

술을 따르다

酌酒

농부 불러 술 마시며	酌酒招田父
그대와 푸른 봄날 함께하네	與爾共青春
뽕과 삼은 얼마나 자랐나	幾許桑麻長
하늘이 우로를 새로 내려 주었네	皇天雨露新
미친 듯 노래해도 초나라 봉황 아니지만[51]	狂歌非楚鳳
세상 피함은 진나라 사람과 같구나[52]	避世類秦人
복숭아나무 심지 말지어다	莫種桃花樹
어부의 배가 나루 물을까 두렵네[53]	漁舟恐問津

51 미친……아니지만 : 춘추 시대 초(楚)나라의 접여(接輿)가 공자(孔子)의 수레 곁을 지나면서 "봉이여, 봉이여! 어찌 덕이 쇠하였는가.〔鳳兮鳳兮, 何德之衰.〕"라고 하였다. 봉황은 치세(治世)에 나타나고 난세(亂世)에 숨는 법인데, 난세에도 숨지 않는 공자를 봉황에 비유하여 말한 것이다.《論語 微子》 여기서는 이하곤 자신이 접여처럼 세상에 전혀 관심이 없는 사람은 아니라는 의미이다.

52 세상……같구나 : 진(秦)나라의 난리를 피해 무릉도원(武陵桃源)에 살았던 사람들처럼 자신도 세상을 피해 초야에 살아간다는 말이다. 진(晉)나라 때 무릉(武陵)의 어부가 복사꽃이 흘러 내려오는 물길을 따라 거슬러 올라갔다가 진나라의 난리를 피해 들어온 사람들을 만났는데, 그곳이 워낙 선경(仙境)이라서 바깥세상의 변천과 세월의 흐름도 잊고 살더라는 이야기가 도잠(陶潛)의 〈도화원기(桃花源記)〉에 보인다.

53 복숭아나무……두렵네 : 세상 사람들이 찾아오지 못하도록 하겠다는 말이다. 위의 각주 참조.

아버지께서 고을의 몇 사람과 함께 수타사[54]에 놀러가셨다. 마침 나는 앓아누워 모시고 가지 못했으니 매우 안타까웠다

家大人偕邑中數子 游水墮寺 適病臥未能陪往 殊覺悵然

아버지 모시고 가지 못하고서	未陪杖屨去
배 띄워 돌아왔네	仍作泛舟還
초가집에 앓아누웠지만	病臥茅茨裏
마음은 산수 사이에 노니네	心游水石間
흐드러진 꽃이 옛 절을 가리고	濃花隱古寺
지저귀는 새들 봄 산에 가득하리	啼鳥滿春山
애달프게 연하의 경치 바라보며	悵望烟霞色
아침 내내 홀로 문 닫고 있노라	終朝獨掩關

54 수타사(水墮寺) : 강원도 홍천군 동면 공작산(孔雀山)에 있는 절이다. 현재는 수타사(壽陁寺)로 표기한다.

옥오재[55] 선생께 삼가 부치다 3수

奉寄玉吾先生 三首

그윽한 거처의 승경 묻는다면	問訊幽居勝
흰 구름이 계수나무 숲 덮었네	白雲叢桂林
은거에 참뜻 있으니	冥棲有眞意
외물에 관심 없네	外物不關心
새 우는 고즈넉한 마을 고요하고	啼鳥孤村靜
꽃 지는 오솔길 깊숙하네	落花一逕深
봄날 달밤에 그리워하며	相思春夜月
홀로 앉아 거문고 탑니다	獨坐撫淸琴

숲 속에서 오랫동안 앓아누웠는데	病臥中林久
흩날리는 꽃잎이 사방 이웃에 가득하네	飛花滿四隣
거문고와 책으로 흥을 달래고	琴書惟遣興
물고기와 새들이 절로 친해지네	魚鳥自親人
나그네는 계룡산의 달을 꿈꾸고	客夢鷄山月
어부는 봄날 물놀이를 노래하네	漁歌汎水春
궁달을 누구에게 다시 물으랴	窮通誰復問

55 옥오재(玉吾齋) : 송상기(宋相琦, 1657~1723)로, 본관은 은진(恩津), 자는 옥여(玉汝), 호는 옥오재, 시호는 문정(文貞)이다. 이하곤은 송상기의 맏사위이다. 《陶谷集 卷9 吏曹判書玉吾齋宋公神道碑銘》

날 저물도록 홀로 낚싯줄 드리우네　　日暮獨垂綸

만 리 밖에서 돌아가길 생각하는 나그네　　萬里思歸客
하늘 끝에 병든 몸 머물러 있네　　天涯滯病身
저물녘 깊은 골짜기에 안개 끼었고　　雲烟深峽暮
봄날 큰 강에 꽃과 버들 흩날리네　　花柳大江春
오랜 이별에 방초도 가엽게 보이고　　久別憐芳草
새로운 시름에 흰 마름 원망하네　　新愁怨白蘋
알겠다 달 밝은 밤에　　懸知明月夜
꿈에서나 뵙게 될 줄을　　獨有夢相親

집을 짓다

卜築

맑은 강가에 집 지으니	卜築淸江上
사립문이 푸른 나무 그늘에 있네	柴門綠樹陰
단정한 생활 고요함 즐기고	端居唯好靜
편안히 누워 아무 생각 없노라	高臥亦無心
저물녘에 참새가 서둘러 숲으로 돌아오고	暮雀歸林疾
민가의 연기는 강 건너에 짙어가네	人烟隔水深
바람 맞으며 시름 일어나니	臨風欲愁思
어디에서 다듬이질 소리 나는가	何處送秋砧

'모작(暮雀)' 구절은 '외로운 참새가 저물녘에 숲으로 돌아오네.〔獨雀歸林晩〕'라고도 쓴다.

즉흥시

卽事

지겨운 비 언제 그치려나	陰雨幾時已
먹구름이 저녁까지 머물러 있네	涔雲晩故留
둥지 다투다 까치 떨어지고	爭巢看墜鵲
함께 목욕하며 갈매기 날갯짓하네	對浴有翻鷗
이마 내놓으니 바람이 살랑 불어오는데	露頂風微進
고개 숙이면 땀이 흐르려 하네	低頭汗欲流
한가하게 강가 누각 위에서	悠然江閣上
지난가을 서늘한 기운 떠올리네	涼意憶前秋

홍천 사람들은 거칠어서 서울과 매우 다르다. 자미의 "다른 풍속이 아 괴이하다."[56]라는 구절로 시작하여 장난 삼아 배해체로 짓다

洪之人俗獷悍 與京洛絶異 用子美異俗吁可怪爲起 戲作俳諧體

다른 풍속이 아 괴이하구나　　異俗吁可怪
이 고을에서 오래 지낼 수 없겠네　　斯鄕難久居
푸닥거리하느라 둥둥 북을 치고　　賽神鼓坎坎
범을 막느라 듬성듬성 그물 치네　　防虎網疏疏
판자 장수는 오래도록 물을 타고 가고　　板賈長乘水
포정들은 반이나 전답을 송사하네　　逋丁半訟畬
언제나 그대들을 떠나　　何時別汝去
내 집에서 편안히 누울까　　高枕臥吾廬

56 자미(子美)의……괴이하다 : 자미는 당나라 시인 두보(杜甫, 712~770)의 자이다. 이속우가괴(異俗吁可怪)는 두보가 767년에 지은 〈희작배해체견민(戲作俳諧體遣悶)〉의 첫째 구절이다. 주석에서 "배해는 배우의 해학 같은 것을 말한다.〔俳諧謂如俳優詼諧〕"라고 하였다. 《杜詩詳註 卷20》

돌아갈 것을 생각하다

懷歸

강에 구름 끼더니 갑자기 비 쏟아지고	江雲翻作雨
산의 나무들 온통 바람 불어대네	山木盡呼風
타향 멀리서 앓아누웠으니	臥病他鄕遠
돌아가 좋은 계절 함께하기를 생각하네	懷歸令節同
가는 새 따라가고 싶으니 무슨 마음인가	何心隨去鳥
밤새 외로운 풀벌레 소리 듣노라	竟夕聞孤蟲
가을을 슬퍼하는 마음 많으니	多少悲秋意
내 인생 뒹구는 쑥털과 같구나	吾生一轉蓬

감회가 있어서

有感

까마귀와 솔개가 끝내 무엇을 얻으랴	烏鳶竟何得
승냥이와 범이 더욱 날뛰네	豺虎更縱橫
여러 해 동안 강호에 마음 두었는데	多歲江湖意
늦가을 풍경 맑기도 하구나	暮秋風物淸
농사지어도 흉년 만나고	爲農逢歲儉
앓아누우니 남들이 경시하네	臥病受人輕
강가 성에서 시름겨워하는 저녁	愁絶江城夕
높이 날아가는 외기러기 우는구나	高高一鴈鳴

술을 마시며 이웃의 벗에게 보여 주다

對酒 示隣友

막걸리를 누구와 함께 마실까	濁酒誰共酌
서글픈 가을에 그대와 함께하네	悲秋與爾同
가을벌레는 저녁 대나무에서 울고	寒蟲依暝竹
가랑비는 성긴 오동나무에 떨어지네	細雨落疏桐
한강에 이 몸 어찌 가랴	江漢身何到
풍진세상과 소식도 끊겼어라	風塵信不通
이런 삶도 좋으니	人生亦自好
어찌 곤궁한 신세를 슬퍼하랴	那必泣途窮

타향살이

客居

서울 떠나 여생 마치려는데 去國終吾老
가을이라 감흥도 많아라 兼秋引興長
강가 아담한 초가에서 臨江小茆屋
마음 내키는 대로 의자에 앉았노라 隨意一繩床
이슬 내려 그윽한 꽃 깨끗하고 露氣幽花淨
구름 차가워 널린 바위 빛나네 雲寒亂石光
동쪽 밭에서 벼 수확 바라보며 東畦看穫稻
석양이 질 때까지 지팡이 짚고 섰노라 拄杖到斜陽

오이 시렁을 없애며

除瓜架

낡은 시렁이 가을 풀에 덮이고	廢架埋秋艸
황폐한 밭에 옛 울타리 사라졌네	荒畦失舊圍
시든 꽃도 없고	萎花無復在
병든 잎마저 점차 드물어져	病葉漸多稀
저물녘 참새 자주 와서 묵고	暮雀頻來宿
가을벌레 자연스레 의지하네	寒蟲得自依
지난날 가꾸던 마음 정성스러웠는데	殷勤向來意
쇠락한 지금은 이미 모두 사라졌네	零落已全非

쓸쓸한 가을

悲秋

가을밤의 쓸쓸함 어찌 끝이 있으랴	何限悲秋夕
높은 하늘에 기러기 울며 날아가네	高天鳴鴈過
노란 국화 몇 곳에 피었나	黃花幾處發
차가운 비가 밤새 많이 내렸지	寒雨夜來多
늙어가며 의자가 편안하니	垂老安烏几
평생 찾아오는 이 없었네[57]	全生任雀羅
넘실대는 강물 서쪽으로 흐르니	西流汎江水
풍파가 눈에 가득하다	滿眼亦風波

57 늙어가며……없었네 : 집에 찾아오는 사람이 없어서 쓸쓸한 상황을 읊은 것이다. 오궤(烏几)는 오피궤(烏皮几)의 준말로, 까만 염소 가죽을 덮은 자그마한 궤안(几案)이다. 작라(雀羅)는 참새 잡는 그물을 뜻한다. 한나라 적공(翟公)이 정위(廷尉)로 있을 때에는 빈객이 문전성시(門前成市)를 이루다가, 파직된 뒤에는 한 사람도 찾아오지 않아 문 앞에 참새 잡는 그물을 칠 정도였다. 다시 복관(復官)되자 빈객들이 찾아오기 시작하였는데, 적공이 문에다 큰 글씨로 써서 내걸기를 "한번 죽고 한번 살매 우정을 알 수 있고, 한번 가난하고 한번 부유하매 친구의 태도를 알 수 있으며, 한번 귀하고 한번 천해지매 친구의 속마음이 다 보이도다.〔一死一生, 乃知交情, 一貧一富, 乃知交態, 一貴一賤, 交情乃見.〕"라고 했다는 고사가 전한다. 《史記 卷120 汲鄭列傳 太史公贊》

중양절에 뒷동산에 오르다

九日登後園

쓸쓸한 강가에 가을 기운 애달픈데	蕭瑟江干秋氣哀
날 차갑고 물 솟구칠 제 홀로 대에 올랐네	天寒水湧獨登臺
어지러운 낙엽 바람에 떨어지고	紛紛落木風吹下
쌀쌀한 서리에 기러기가 함께 돌아오네	颯颯清霜鴈帶廻
귀밑머리 백발로 변해가니 근심스럽고	白髮愁從鬢邊改
객지에 핀 국화를 질리게 보았네	黃花厭見客中開
저물녘 뜬구름은 서남쪽으로 떠가는데	浮雲日暮西南去
까마득한 한양은 어느 곳에 있는가	目斷漢陽安在哉

동암에서 우 장로에게 들르다

東庵過雨長老

동암은 천후산(天吼山)[58]에 있다.

구불구불 그윽한 시내가 고목 사이로 흐르는데	詰曲幽泉老木間
종일 걸어가니 마음 한가롭다	經行盡日意多閒
동암에 홀로 왔건만 고승은 떠나고	東庵獨訪高僧去
쓸쓸한 가을비에 낙엽만 산에 가득하네	秋雨蕭蕭葉滿山

58 천후산(天吼山) : 《신증동국여지승람(新增東國輿地勝覽)》 권45 〈강원도(江原道) 간성군(杆城郡)〉 산천(山川) 기사에 천후산이 고을 남쪽 70리에 있다고 기록되어 있다.

이상보[59] 광좌 형과 함께 밤에 여강에서 배를 타다

同李兄尚輔 光佐 夜泛驪江

당시에 거문고를 잘 타는 문언건(文彦建)이 따라왔다.

주인이 멀리서 온 손님을 잡아 主人留遠客
맑은 밤에 다시 배에 올랐네 淸夜復揚舲
강물 멀리 뻗어서 백사장 희고 江逈連沙白
하늘 낮게 드리워 외딴 섬 푸르다 天低絶島靑
갓끈 씻으니 흰 달 일렁이고 濯纓翻素月
고개 드니 유성 지나가네 仰面過飛星
술에 취해 외로운 배에 기대 누우니 醉倚孤篷臥
어부의 노래도 들을 만하구나 漁歌亦可聽

2

아스라이 높은 누각 고을 한편에 있어 飛樓縹緲府城隅
누대 그림자와 강물 빛 함께 어우러지네 樓影江光共有無
마침내 고상한 사람과 거문고를 연주하며 遂與高人揮玉軫
다시 배 저어 가서 맑은 호수 희롱하네 更移仙棹弄晴湖
어룡이 사는 큰 연못에 가을 물 줄어들고 魚龍大澤秋濤落
다듬이질 하는 집들을 밤 달이 외로이 비추네 砧杵千家夜月孤

59 이상보(李尚輔) : 이광좌(李光佐, 1674~1740)로, 본관은 경주(慶州), 자는 상보, 호는 운곡(雲谷)이다.

흥에 겨워 배 가는 대로 두니 興劇縱舟隨所詣
이내 몸이 봉호에 이를 듯하네[60] 直疑身世到蓬壺

3

바위는 높은 말 같고 누각은 떠 있는 듯하니 石如高馬樓如浮
승경을 말할 때 이 누각을 꼽지[61] 形勝如今說此樓
달빛 따라 나그네는 신륵사 지나는데 泝月客過神勒寺
거문고 타는 사람 목란주에 있네 彈琴人在木蘭舟
모래톱에서 자던 기러기 놀라 달아나고 中洲宿鴈驚相失
큰 골짝에 잠긴 이무기 쉬지 않고 춤추네 大壑潛蛟舞不休
가을 옷에 서리 이슬 스미는 줄도 몰랐는데 未覺秋衣霜露入
밤 깊어 고기 잡는 횃불 충주로 올라가네 夜深漁火上忠州

60 흥에……듯하네 : 흥에 겨워 신선 세계로 들어가는 듯한 기분을 읊은 것이다. 봉호(蓬壺)는 봉래(蓬萊), 즉 고대 전설 속에 등장하는 바닷속의 선산(仙山)이다.

61 바위는……꼽지 : 경기도 여주시 신륵사(神勒寺) 경내에 있는 강월헌(江月軒)의 빼어난 경치를 묘사한 것으로 보인다.

눈이 내리는 가운데 자미의 시[62]를 차운하다
雪中 次子美韻

강호에 봄기운 생동하려 하지만	江湖春欲動
눈보라 내리니 집으로 돌아가고파라	風雪憶歸家
고향을 삼 년 동안 꿈꿨는데	故國三秋夢
타향에서 시월의 꽃을 보는구나	他鄉十月花
근심은 멀리 관산 숲에 이어지고	愁連關樹遠
길은 산골짝 깊이 뻗었네	路入峽山賖
날개 잇대고 날아들어 숲에 깃드니	接翅投林盡
나는 너희 까마귀들이 부럽구나	吾生羨爾鴉

2

먹구름[63]이 만 리까지 엉겨	同雲凝萬里
눈 내리려는 듯 수많은 민가 고요하네	雪意靜千家
대나무에 뿌린들 어찌 푸른빛이 사라지랴만	灑竹寧迷翠
매화에 붙으니 꽃인지 눈인지 구별 어렵네	沾梅不辨花
차가운 빛은 햇살에 투명해지고	寒光映日薄

62 자미(子美)의 시(詩) : 자미는 당(唐)나라 시인 두보(杜甫)의 자(字)이다. 이하곤이 차운한 작품은 《두소릉집(杜少陵集)》 권23의 〈대설(對雪)〉이다.

63 먹구름 : 동운(同雲)은 눈이 내리기 전 하늘에 가득 낀 먹구름을 의미한다. 《시경》 〈신남산(信南山)〉에 "하늘에 온통 먹구름이 낀지라, 함박눈이 펄펄 내리네.〔上天同雲, 雨雪雰雰.〕"라고 하였다.

빽빽한 기세 바람 받아 거세지네	密勢受風賒
온 세상이 금세 하얗게 변하니	天地俄同色
저물녘에 돌아오는 한 점 까마귀만 보이네	昏歸一點鴉

밤에 송여성 □□ 어른 댁에서 모여 제군들과 함께 시를 지었는데 등 자를 얻었다

夜會宋丈汝成 □□ 宅 同諸君賦 得燈字

눈이 막 개고　雪色天初霽
산속 누대에 달 뜨려 하네　山樓月欲升
미풍이 불어와 술 깨게 하고　微風吹醒酒
외로운 기러기 걸어놓은 등불 위로 지나가네　孤鴈過張燈
경치 좋은 곳에서 한껏 즐겨야 하는 법　勝地歡須盡
궁한 신세지만 기운 한층 솟아나네　窮途氣益增
끝내 변화를 따라야 하니　終能隨變化
나의 마음은 곤붕에 있노라[64]　吾意在鯤鵬

64 끝내……있노라 : 자신에게 큰 포부가 있음을 밝힌 것이다. 《장자(莊子)》 〈소요유(逍遙遊)〉에 "북쪽 바다에 물고기가 있는데, 그 이름을 곤이라 한다. 곤의 크기는 몇천 리나 되는지 알 수 없다. 곤이 변해서 새가 되면 그 이름을 붕이라 하는데, 붕의 등이 몇천 리나 되는지 알지 못한다.〔北冥有魚, 其名爲鯤, 鯤之大, 不知其幾千里也. 化而爲鳥, 其名爲鵬, 鵬之背, 不知其幾千里也.〕"라고 하였다. 이는 아주 거대한 사물이나 큰 포부를 비유하는 말로 사용된다.

눈을 기뻐하며 삼가 옥오재[65] 선생의 시에 화답하다

喜雪 奉和玉吾先生

갑자기 바람과 구름이 몰려들더니	恍惚風雲合
자욱하게 눈 내리네	冥濛雨雪融
하인에게 춥지 않은지 물었더니	從人問衣薄
내년에 풍년들 징조라네	隔歲驗時豐
제력이 농사일에도 미쳐서	帝力耕農及
온 세상 초목이 온통 희구나	天光草木同
호남의 매화와 버들	湖南梅柳意
하나하나 새 떨기 피우려 하네	一一發新叢

65 옥오재(玉吾齋) : 송상기(宋相琦, 1657~1723)로, 본관은 은진(恩津), 자는 옥여(玉汝), 호는 옥오재, 시호는 문정(文貞)이다. 《陶谷集 卷9 吏曹判書玉吾齋宋公神道碑銘》

선달 그믐날 밤에

除夕

늙어 오랫동안 나그네 되어 　老去長爲客
나이 들어가니 내 자신이 부끄럽네 　年侵愧此身
초반은 옛 풍속을 따르고 　椒盤隨舊俗
백주로 새봄 맞이하네[66] 　柏酒迓新春
술에 취해 긴 밤을 지새우며 　沈醉徂長夜
슬픈 노래로 옛사람 떠올리네 　悲歌憶古人
이내 삶 다시 젊어질 수 없으니 　吾生難再少
즐거움 몇 번이나 새로 맞이할까 　歡樂幾回新

66 초반(椒盤)은……맞이하네 : 새해를 맞이하는 풍속을 말한 것이다. 초반은 산초 열매를 담은 소반이라는 뜻으로, 술에다 이 열매를 타서 새해의 술로 썼던 풍속이 있었다. 백주(柏酒)는 설날에 어른에게 세배를 드리면서 축수(祝壽)하고 사기(邪氣)를 쫓기 위해 마시던 술로, 백엽주(柏葉酒)라고도 한다.

어떤 사람에 대한 만사

挽人

다른 사람을 대신해서 짓다.

뽕나무 활과 대나무 화살에 호피 모자 쓰고	桑弓竹箭虎皮冠
지난달 만났을 때 의기 넘쳤는데	前月相逢意氣寬
다시 매를 불러 봄 초원에서 사냥할 수 없구나	不復呼鷹獵春艸
스산한 눈보라 속에 흰 수레 차가워라	蕭蕭風雪素車寒

봄추위 갑술년(1694, 숙종20)

春寒 甲戌

이월에도 홍천현은	二月洪川縣
봄날 차가워 눈 자주 내리네	春寒雨雪繁
몇몇 봉우리는 원근이 분명한데	數峰明遠近
여러 나무들은 황혼에 보이지 않네	群木失黃昏
병든 까치는 갠 날에도 젖었고	病鵲晴猶濕
가벼운 기러기는 저물녘에 울어대네	輕鷗晚自喧
이웃사람이 때마침 술 보내와	隣人時送酒
문 닫고 지내는 나를 위로하네	慰此閉荊門

이여래 태망 형의 방문을 기뻐하며

喜李兄汝來 泰望 過訪

꽃 핀 곳에서 서로 만났으니 花發相逢地
홍천의 이월이라네 洪川二月時
벗이 멀리서 오느라 故人千里至
저녁 비에 나그네 옷 젖었구나 暮雨濕征衣
밤 잠자리에 여울 소리 가까이 들리고 夜枕灘聲近
봄 숲에서 바라보니 고기잡이 불빛 희미하다 春林漁火微
내일 아침 헤어져 떠날 때 明朝分手去
동쪽 바라보면 흰 구름 날리겠지[67] 東望白雲飛

67 내일……날리겠지 : 이별한 뒤에 그리운 마음이 간절할 것이라는 말이다. 두보(杜甫)가 이백(李白)을 그리워하면서 지은 〈춘일억이백(春日憶李白)〉에 "위수 북쪽엔 봄 하늘에 우뚝 선 나무, 강 동쪽엔 저문 날 구름.〔渭北春天樹, 江東日暮雲.〕"이라고 하였다. 《杜少陵集 卷1》

골짜기를 내려가며

下峽

가랑비 속에 배를 돌려	細雨回舟日
꽃 날릴 때 골짜기 내려가네	飛花下峽時
멀리서 강가의 집 그리워하리니	遙憐江上宅
벽에 걸린 시 자주 읊노라	屢諷壁間詩
운수는 이로부터 멀어지지만[68]	雲樹從玆遠
강산은 이보다 아름다운 곳 없다네	湖山莫此奇
아마도 봄날 풀빛이	只應春草色
고향집 동쪽 울타리에 무성하겠지	蕪沒舊東籬

68 운수(雲樹)는 이로부터 멀어지지만 : 벗들과 헤어진다는 말이다. 운수는 두보(杜甫)의 〈춘일억이백(春日憶李白)〉에서 유래한 말로, 벗을 의미한다.

임진강 배 안에서 이익지[69] 하영 와 함께 시를 짓는데 명 자를 얻었다 정축년(1697, 숙종23)

臨津舟中 同李益之 夏英 賦 得明字 丁丑

배 타고 강기슭을 따라 멀리 가며　　移舟隨岸遠
술잔 잡고 바라보니 맑은 강 좋구나　　把酒愛江清
새 날아가니 외로운 구름 희고　　鳥去孤雲白
무지개 사라져 석양이 밝게 비추네　　虹消返照明
시 잘하는 그대의 뛰어남 어여쁘고　　能詩憐汝俊
폭포 구경 가는 나의 여정 멋지구나　　觀瀑壯吾行
송악산[70] 경치가 눈에 들어오니　　到眼崧山色
황량한 누대[71]에서 옛날을 애도하는 마음이네　　荒臺吊古情

69 이익지(李益之) : 이하영(李夏英, 1674~?)으로, 본관은 전주(全州), 자는 익지이다.

70 송악산 : 개경(開京)의 진산(鎭山)인 송악(松嶽)을 숭산(崧山) 또는 신숭(神嵩)이라고도 불렀다. 《新增東國輿地勝覽 卷4 開城府上》

71 황량한 누대 : 송악산 아래에 있었던 만월대(滿月臺)를 가리키는 것으로 보인다.

화담[72]에서

花潭

고목이 서원에 그늘 드리우고	古木陰書院
맑은 연못에 석문이 비치네	淸潭映石門
선생이 옛날 여기에 은거하여	先生昔隱此
사우가 지금도 남았네	祠宇至今存
학문은 선천의 이치 꿰뚫었고[73]	學貫先天理
마음은 대도의 근원을 깨달았네	心融大道源
물가에 임해 크게 탄식하노니	臨流興浩歎
다시는 미언을 들을 수 없구나[74]	無復聽微言

72 화담(花潭) : 개성(開城) 출신인 서경덕(徐敬德, 1489~1546)이 은거하며 성리학을 강론하던 곳이다. 그의 본관은 당성(唐城), 자는 가구(可久), 호는 복재(復齋)·화담이다.

73 학문은……꿰뚫었고 : 서경덕이 《주역》의 이치를 다 꿰뚫어 알았다는 말이다. 문왕(文王)의 역(易)을 후천(後天)이라 한 데 대하여, 복희씨(伏羲氏)의 역을 선천(先天)이라고 한다.

74 다시는……없구나 : 미언(微言)은 깊고 정미한 뜻이 담긴 성현의 말씀을 말하는데, 여기서는 서경덕의 말씀을 들을 수 없다는 의미이다.

박연[75]에서

朴淵

박연의 깊이 헤아릴 수 없는데	朴淵深不測
고려 때 여기에서 용을 채찍질했다지[76]	麗祖此鞭龍
내부에서 비늘 실어가고	內府輸鱗甲
이끼 낀 벼랑에 핏자국 남았구나	苔厓著血蹤
우레 소리 절벽에서 울리고	雷聲轟絶壁
눈 속에서 푸른 소나무 늠름하네	雪色凜蒼松
종일토록 좋은 경치 바라보니	終日閱光怪
이에 한바탕 가슴이 씻기는구나	玆焉一盪胸

75 박연(朴淵) : 개성의 북쪽 천마산(天摩山)과 성거산(聖居山) 사이에 있다. 박씨 성을 가진 선비가 못 위에서 젓대를 불다가 용녀(龍女)에게 끌리어 못 속으로 들어가 돌아오지 않자, 그 아내가 부르짖으며 울다가 언덕에 떨어져 죽으니, 이로 인해 위를 박연이라 하고 아래를 고모담(姑母潭)이라 하였다고 한다. 《懶齋集 卷1 遊松都錄》

76 고려(高麗)……채찍질했다지 : 채수(蔡壽)의 〈유송도록(遊松都錄)〉에 "고려 문종이 일찍이 돌 위에 오르니 용이 그 돌을 흔들었다. 이영간이 축법으로 용을 채찍질하니 못 물이 온통 붉어졌다.〔高麗文宗, 嘗登石上, 龍振其石, 李靈幹以祝法鞭龍, 淵水盡赤.〕"라는 내용이 있다. 《懶齋集 卷1》

김천[77]으로 가는 길에 최효백[78] 창대 형과 이별하다

金川途中 別崔兄孝伯 昌大

잠깐의 이별에도 오히려 서글퍼	少別猶惆悵
다리 앞에서 그대를 전송하네	橋頭欲送君
관문에 가을빛 저무는데	關門秋色暮
게다가 객지에서 헤어지네	況乃客中分
떠나는 말은 마치 흐르는 물 같아	征馬如流水
고개 돌려 바라보니 흰 구름만 보이네	回頭但白雲
끼륵끼륵 하늘가에서 들리는 기러기 울음소리	嗈嗈天際鴈
시름 깊어 차마 듣지 못하겠네	愁絶不堪聞

77 김천(金川) : 앞의 작품들을 감안할 때 개성(開城) 부근일 가능성이 높다. 개성부(開城府)에는 네 개의 군(郡)과 4개의 현(縣)이 있었는데, 김천현이 그 가운데 하나이다. 《經世遺表 卷3 天官修制 郡縣分隷》

78 최효백(崔孝伯) : 최창대(崔昌大, 1669~1720)로, 본관은 전주(全州), 자는 효백, 호는 곤륜(昆侖)이다.

수종사[79]에서 농암 김 선생의 시[80]에 삼가 차운하다
水鍾寺 奉次農巖金先生韻

탁 트인 강가에 있는 야산의 절	野寺臨江豁
한 달 동안 이곳에 머물렀네	淹留一月蹤
인가의 연기 아랫동네에서 피어오르고	人烟自下界
흰 눈이 먼 산들을 모두 덮었네	雪色盡遙峰
매번 스님과 호랑이를 걱정하는데	每與僧愁虎
부질없이 부처가 용을 굴복시켰다는 말만 듣네[81]	空聞佛伏龍
나그네 마음은 세모를 만나	客心兼歲暮
쓸쓸히 차가운 소나무를 마주하네	蕭瑟對寒松

79 수종사(水鍾寺) : 경기도 남양주시 조안면 송촌리 운길산(雲吉山)에 있다. 봉선사(奉先寺)의 말사이다.

80 농암(農巖) 김 선생의 시 : 농암은 김창협(金昌協, 1651～1708)으로, 본관은 안동(安東), 자는 중화(仲和), 호는 농암·삼주(三洲)이다.《三淵集 卷30 仲氏農巖先生墓表》 이하곤이 차운한 작품은 《농암집(農巖集)》 권5의 〈왕서수종(往棲水鍾)〉이다.

81 부질없이……듣네 : 《수서(隋書)》 권35 〈경적지(經籍志)〉에 "석가모니가 세상에 있으면서 49년 동안 교화를 펼쳤는데, 심지어 용과 귀신이 함께 와서 설법을 들었다.〔釋迦在世, 敎化四十九年, 乃至天龍人鬼, 竝來聽法.〕"라고 하였다.

영상[82]을 지나며 무인년(1698, 숙종24)

過潁上 戊寅

소손이 장차 은거하려는 곳	小孫將隱處
할아버지[83]께서 독서하시던 산이라네	吾祖讀書山
절에 들러 사흘 밤 묵으며	過寺三宵宿
스님과 함께하니 만사 한가롭네	從僧萬事閒
이끼는 마른 채 돌 우물 남았고	苔枯餘石井
눈 다 녹은 곳에 사립문만 있구나	雪盡獨柴關
올해 작은 집 지을 계획이니	小築今年計
자주 오감을 어찌 번거롭게 여기랴	何煩數往還

82 영상(潁上) : 《두타초(頭陀草)》에 여러 차례 등장하는데, 특히 책3에 〈후영리(後潁里)〉라는 시가 있는 것으로 보아, 충청북도 괴산군 청천면 후영리를 가리키는 것으로 보인다.

83 할아버지 : 이하곤의 조부(祖父)는 이경억(李慶億)인데, 여기서는 후영리와의 관계를 고려할 때 그의 증조부 이시발(李時發)과도 무관하지 않은 것으로 보인다. 남구만(南九萬)의 기록에 의하면 "일찍이 청주 후영리에 집을 지었는데, 그곳의 산수를 좋아하여 자호를 후영어은이라 하였다. 문사가 넉넉하여 스스로 일가를 이루었다.〔嘗卜築於淸州後潁里, 樂其山水, 自號後潁漁隱, 文詞贍麗, 自成一家.〕"라고 하였다. 《藥泉集 卷23 刑曹判書李公請諡行狀》

도명암[84]

道明庵

도명암은 낙영산(落影山)에 있다. 승려들이 전하는 말에 의하면 금탑(金塔)이 바위 속에 간직되어 있었는데, 그 그림자가 중원(中原)에 떨어졌으므로 사자(使者)를 보내 바위를 깨고 금탑을 꺼냈으며, 이 일로 인해 낙영산이라 명명했다고 한다.

눈 남은 봄 시냇가 따라 말 타고 가서	馬行春澗雪
고목 사이를 지나 절에 들어가네	老木入山門
금탑 꺼낸 바위에는 이끼만 남았고	塔出餘苔石
황량한 성은 온통 저녁 구름에 덮였구나	城荒盡暮雲
승려는 아직도 그 일 기억하건만	居僧猶有記
멋진 자취는 부질없이 전설로만 전해지네	勝迹只空聞
잠시 부들방석 빌려 머무노라니	暫借蒲團宿
조용히 속세 벗어나네	蕭然出世氛

84 도명암(道明庵) : 다음 시에 공림사(空林寺)가 등장하는 것으로 보아, 도명암은 공림사에 딸린 암자로 추측된다. 공림사는 충청북도 괴산군 청천면 소재의 낙영산에 위치한 절이다. 《신증동국여지승람(新增東國輿地勝覽)》에서는 속리산에 있다고 소개하였다.

영사[85]에게 주다

贈瑛師

밤에 공림사[86]에서 묵고	夜宿空林寺
아침에 원공[87]을 뵈었네	朝來謁遠公
흰 구름이 깊은 골짝에서 피어나고	白雲出幽壑
아침 해가 푸른 솔을 비추네	初日照青松
가만히 앉았노라니 말 울음소리 들려오는데	宴坐聽嘶馬
현묘한 이야기가 늙은 용을 깨우치네	玄談警老龍
염화미소[88]의 뜻을	拈花微笑意
선종의 승려에게 물으려네	吾欲問禪宗

85 영사(瑛師) : 공림사(空林寺)에 거주하는 승려 이름으로 보이는데, 미상이다.

86 공림사 : 충청북도 괴산군 청천면 소재의 낙영산에 위치한 절이다.

87 원공(遠公) : 진(晉)나라의 고승 혜원(慧遠)이 여산(廬山) 동림사(東林寺)에서 백련사(白蓮社)를 결성한 뒤, 산문(山門)을 나서지 않고 명승(名僧), 명유(名儒)들과 교유한 고사에서 유래하여 본래는 혜원을 가리키는 말인데, 여기서는 영사(瑛師)를 의미한다.《蓮社高賢傳 慧遠法師》

88 염화미소(拈花微笑) : 언어와 문자를 떠나 마음과 마음으로만 전할 수 있는 선종(禪宗) 최고의 경지를 뜻하는 말이다. 석가모니가 영취산(靈鷲山)에서 설법할 때 연화(蓮花)를 따서 대중에게 보였더니 대중이 모두 침묵하였는데, 오직 가섭(迦葉)만이 파안미소(破顏微笑)를 지었다. 이에 석가모니가 "나에게 있는 정법안장(正法眼藏)・열반묘심(涅槃妙心)・실상무상(實相無相)・미묘법문(微妙法門)・불립문자(不立文字)・교외별전(敎外別傳)을 마하가섭(摩訶迦葉)에게 부촉하노라."라고 했다는 고사가 전한다.《五燈會元 卷1》

합천으로 가는 윤양직 □□ 을 전송하다

送尹養直 □□ 之陜川

양직이 장차 사군(四郡)[89]으로부터 고개를 넘어 살 곳을 구하려고 하였다. 당시 나도 해서(海西)로 가는 중이었다.[90]

내가 관문 벗어나니 눈발 그쳤는데	我出關門雪盡
그대는 쌀쌀한 봄날 고개 넘어가네	君去嶺樹春寒
깊숙한 동천에 도착하면	行到洞天深處
저절로 유인의 거처 있으리[91]	自有幽人考槃

2

봄 성에 버들가지 비로소 푸른데	春城楊柳綠初齊
그대는 영남 나는 해서로 가는구나	君向嶺南我向西
묻노니 도담[92]의 달 밝은 밤에	借問島潭明月夜

89 사군(四郡) : 조선 시대의 단양·청풍·제천·영춘을 말한다. 현재의 충북 단양과 제천 일대이다.

90 당시……중이었다 : 이하곤의 부친은 이인엽(李寅燁, 1656~1710)으로, 《승정원일기》 숙종 23년 10월 6일 기사에 이인엽을 황해 감사(黃海監司)에 임명한 기록이 보인다. 이로 볼 때 이하곤은 부친의 임지(任地)에 따라 갔던 것으로 추측된다.

91 깊숙한……있으리 : 윤양직이 좋은 집터를 찾게 될 것이라는 말이다. 동천(洞天)은 신선이 사는 곳을 말하는데, 일반적으로 경치가 빼어난 곳을 이른다. 유인(幽人)은 은거하는 사람을 말한다. 고반(考槃)은 《시경》의 편명인데, 그 시에 "고반이 시냇가에 있으니, 석인의 마음이 넉넉하도다.〔考槃在澗, 碩人之寬.〕"라고 한 데서 유래하여 현자(賢者)가 은거하는 집, 또는 은거하는 즐거움을 의미하게 되었다.

자규 소리를 누구와 들으려는가 與誰同聽子規啼

92 도담(島潭) : 단양 팔경의 하나인 도담삼봉(島潭三峰)을 가리킨다.

제천으로 돌아가는 족숙 우경 정하 씨를 전송하다

送族叔禹卿甫 延夏 歸堤川

인생살이 걸핏하면 이별인데　　人生動有別

이별할 때마다 마음 괴롭구나　　每別心惱惱

지금 당신이 또 떠난다며　　今君又告別

제천으로 향해 가니　　去去向堤峽

내 마음 슬프게 하여　　令我意慘悽

손잡고 차마 헤어지지 못하네　　握手不忍訣

게다가 길마저 멀어　　況且道路永

산과 내를 아득히 넘기 어려워라　　山川杳難越

오랜 비 아침에 비로소 개어　　積雨朝始霽

나쁜 기운 조금 사라졌지만　　稍使氛翳豁

아우는 병 낫지 않은 데다　　令季病未快

날은 불볕더위 기승이니　　天時正炎熱

가는 길 조심하소서　　愼哉征途間

혹 잘못될까 걱정입니다　　恐或有所失

혜음령[94]
惠陰嶺

말 몰아 혜음령 넘어가니	驅馬惠陰嶺
올해가 작년과 같구나[95]	今年似昨年
황량하게 궁벽한 골짝의 풍경 펼쳐지고	荒荒窮峽色
쓸쓸하게 두어 고을이 연기에 잠겼네	悄悄數村烟
나물 캐는 여인들 시냇가에 나뉘어 앉았고	菜女分溪坐
계(溪)는 파(坡)로도 쓴다.	
농부는 햇살 받으며 조는구나	田翁抱日眠

93 해서록(海西錄) : 이하곤의 부친은 이인엽(李寅燁, 1656~1710)으로, 1697년 황해 감사(黃海監司)에 임명되었다. 《承政院日記 肅宗 23年 10月 6日》 이때 이하곤이 부친의 임지(任地)에 따라가서 지은 시들을 엮은 것으로 보인다. 124쪽 각주90 참조.

94 혜음령(惠陰嶺) : 경기도 파주시 근처에 있던 고개 이름이다. 저본에는 惠陰領으로 되어 있는데, 본래의 지명으로 수정하였다.

95 올해가 작년과 같구나 : 앞의 〈임진강 배 안에서……(臨津舟中……)〉 등의 작품은 개성(開城)에서 지은 작품인데, 당시에 이곳을 지나갔기에 이 시에서 현재의 모습을 작년과 같다고 읊은 것으로 보인다.

초가집 처마 아래	憐渠茅屋下
한가로운 닭과 개도 어여쁘다	鷄犬亦蕭然

송경으로 가는 길에

松京途中

먼 친정집 너무도 그리워하니	苦憶親庭闊
병든 누이와 헤어지기 어렵네	相離病妹難
그럭저럭 열흘이나 지났건만	遷延已旬日
가는 이도 보내는 이도 근심뿐이네	去住且憂端
말 타고 가려니 푸른 산은 멀기만 한데	鞍馬青山遠
옷을 저녁 비가 차갑게 적시네	衣裳暮雨寒
이런 것에 마음 두지 않노니	關心非在此
나랏일에 감히 편안하기 바라랴	于役敢求安

김천[96]으로 가는 길에 잠시 오천동에서 쉬다가 감회가 있어서

金川途中 少憩五泉洞 感懷

자욱하게 말굽에서 먼지 날리는데	滾滾馬足塵
시원하게 바위에서 샘물 솟아나네	泠泠石上泉
무리지어 가노라니 사람들 쉬 질리는데	群行易厭人
조용히 앉았노라니 신선 같구나	悄坐亦類仙
바위 축축해 푸른 이끼 고색창연하고	石潤蒼蘚古
벼랑 곁에 폭포 떨어지네	壁側瀑流懸
콸콸 뿜어 나와 기세 더욱 격렬하고	噴薄氣彌激
힘껏 쏟아져 거침없이 내달려	勇瀉意無前
상하 백보 사이에	上下百步間
서너 개 맑은 연못 이루었네	三四或澄淵
지형 따라 유속 달리하며	徐疾隨所遇
활발하게 흘러가니 본성 그대로의 모습이네	活潑固自然
맹자는 여울 보는 것에 비유했고[97]	孟軻喩觀瀾

96 김천(金川) : 앞의 작품이 〈송경도중(松京途中)〉이므로, 여기서 김천은 개성부(開城府)에 속한 김천현(金川縣)을 가리키는 것으로 보인다. 119쪽 각주77 참조.

97 맹자(孟子)는……비유했고 : 《맹자》 〈진심 상(盡心上)〉에 "물을 구경함에 방법이 있으니, 반드시 그 여울목을 보아야 한다.〔觀水有術, 必觀其瀾.〕"라고 하였는데, 이에 대해 주희(朱熹)는 "물의 여울목을 보면 그 수원에 근본이 있음을 알 수 있다.〔觀水之瀾, 則知其源之有本矣.〕"라고 설명하였다.

공자는 가는 물에 탄식하셨지[98]	孔尼嘆逝川
은미한 그 말 음미할 만하니	微言庶可味
지극한 이치는 진실로 현학이 아니로다	至理諒非玄
내가 천 년 뒤에 태어나	我生千載下
감탄하며 성현을 떠올리네	感歎懷聖賢

98 공자(孔子)는……탄식하셨지 : 공자께서 시냇가에서 "가는 것이 이와 같구나. 밤낮을 그치지 않도다.〔逝者如斯夫, 不舍晝夜.〕"라고 탄식하신 일이 있다. 《論語 子罕》 이것은 멈추지 않고 흐르는 물에서 천도(天道)의 지성무식(至誠無息)을 본다는 의미이다.

앞길에 예기치 못한 환란이 많을 것이라는 말을 들으니 매우 두려웠다

聞前路頗多竊發之患 令人悸甚

당시 청(淸)나라 조정에 곡식을 요청하자는 논의가 있었다.

마을마다 새벽부터 경계 삼엄할 뿐	村閭嚴曉警
들판에 봄 농사 볼 수 없네	原野闃春耕
조정의 대책 장중을 추존하는데[99]	廟策推臧仲
사람들 근심 갈영에 미치는구나[100]	群憂及葛榮
임금께서 마땅히 백성들 구제하시리니	吾君應濟活
너희들은 멋대로 굴지 말지어다	爾輩莫縱橫
어려운 상황 직접 보니	目擊艱虞際
부질없이 눈물만 갓끈에 가득하네	徒然淚滿纓

99 조정(朝廷)의……추존하는데 : 조정에서 가뭄 극복을 위한 대책을 마련하고 있다는 말이다. 장중(臧仲)은 춘추 시대 노(魯)나라 대부 장손진(臧孫辰)으로, 그의 시호가 문중(文仲)이기 때문에 흔히 장문중(臧文仲)이라 부른다. 노 희공(魯僖公) 21년 여름에 크게 가물자, 희공이 무당을 불태워 죽이려고 하였다. 이에 장문중이 말하기를 "이는 가뭄에 대처하는 조처가 아닙니다. 성곽을 수리하고 먹는 것과 쓰는 것을 줄이고 농사에 힘쓰고 나눠 주는 것을 권하는 것이 가뭄에 대비해서 힘써야 할 일들입니다.〔非旱備也. 脩城郭, 貶食省用, 務穡勸分, 此其務也.〕"라고 말한 고사가 전한다. 《春秋左氏傳 僖公 21年》

100 사람들……미치는구나 : 백성들이 도적과 변란을 염려한다는 말이다. 갈영(葛榮)은 후위(後魏) 때 북쪽 지방에 있던 부족의 추장으로, 천자(天子)를 자칭하여 국호를 제국(齊國)이라 했던 인물이다.

탄식

歎息

백성들 곤궁한 삶 안타까우니 　　歎息民生困
듣자니 온 가족 도망친 집 많다지 　　聞多盡室逋
　문다(聞多)는 다전(多傳)으로도 쓴다.
흉년을 연달아 만난데다 　　飢荒非一歲
도적이 길에서 설쳐대네 　　盜賊梗長途
자책하시는 임금 성스러운데 　　罪己君王聖
무기 들고 일어나는 이놈들 어리석구나 　　興戈此輩愚
위태한 시절에 작은 대책도 없으니 　　時危無寸策
못난 선비에 불과한 내가 부끄럽다 　　身世愧迂儒

새벽에 출발하다

曉發

객지에서 잠들지 못했는데	客牕眠不穩
먼 마을에서 닭 우는구나	村遠一鷄鳴
흉년에 도적마저 창궐하고	歲儉仍群盜
봄날 쌀쌀한데 다시 먼 길 가네	春寒更遠征
새벽 별빛이 큰 칼에 반짝이고	晨星雄劍動
지는 달빛이 해진 안장 밝게 비춘다	落月破鞍明
가면서 마부의 말 들어보니	行聽僕夫語
내일이면 벽성[101]에 도착한다네	明應到碧城

101 벽성(碧城) : 황해도 벽성군(碧城郡)을 가리킨다.

길에 굶어 죽은 송장이 많아 보기에 가여웠다

道多餓莩者 見之憫然

구휼할 논의 없으니	未有發倉議
구렁에 가득한 이들을 누가 불쌍히 여길까	誰怜塡壑徒
백골 말라 풀에 덮였는데	骨枯唯淺草
살점 다 떨어졌어도 주린 까마귀 몰려드네	肉盡且飢烏
불행한 죽음 본래 천운에 달렸지만	夭札元天運
저 백성들 언제나 생기 되찾을까	烝黎幾日蘇
들 연못에서 팔딱대는 소리 들리기에	野塘聞潑剌
말 세우고 거품 불어 주는 물고기 부러워하네[102]	立馬羨魚呴

102 들……부러워하네 : 가뭄으로 물이 마른 속에서도 서로 돕는 물고기의 모습을 보면서 백성들이 구제받지 못하는 상황을 슬퍼한 것이다. 《장자(莊子)》 〈대종사(大宗師)〉에 "샘물이 마르면 물고기들이 뭍에 있으면서 입 안의 습기로써 서로 불어 주고 거품으로써 서로 적셔 주는데, 이것은 강호에서 서로 잊고 사는 것만 못하다.〔泉涸魚相與處於陸, 相呴以濕, 相濡以沫, 不如相忘於江湖.〕"라고 하였다.

허씨의 정자[103]에서 놀다

遊許亭

허씨의 정자 맑은 연못 굽이에 있으니	許家亭子淸潭曲
양쪽 언덕에 꽃 피고 연못 물빛 푸르네	兩岸花開潭水綠
내가 와서 큰 소나무 아래 편히 앉았노라니[104]	我來箕踞長松下
간간히 불어오는 숲 바람 좋구나	却愛林風時斷續

임(林)은 미(微)로도 쓴다.

103 허씨(許氏)의 정자(亭子) : 이 작품에서는 직접 허가정자(許家亭子)라고 하였으므로 여기서 허정(許亭)은 허씨 소유의 정자로 보인다. 그러나 《검재집(儉齋集)》 권30 〈경신쇄록(庚辛瑣錄)〉에 "율곡이 처음에 수양산 아래에 초가집을 지으려고 하였으나 실행하지 못하였고, 다시 허정에 도모하였으나 또한 이루지 못하였다.〔栗谷初欲誅茅於首陽山下不果, 再圖許亭, 亦未就.〕"라고 하였는데, 허정의 아래에 "지명이다. 해주의 바닷가에 있다.〔地名, 在海州海邊.〕"라는 기록이 있는 것으로 보아 허정은 지명임이 분명하다.

104 편히 앉았노라니 : 저본(底本)에는 箕距로 되어 있는데, 의미를 고려하여 수정하였다.

신광사[105]에 들어가다
入神光寺

개나리[106] 피고 새들 지저귈 제	辛夷花發鳥啼頻
구름 시내 지나 봄 찾아온 절에 홀로 들어가네	獨入雲溪古寺春
높은 누대에 올라 사찰의 종 울렸더니	步上高樓鳴佛鍾
노승이 지팡이 짚고 자꾸 꾸짖네	老僧拄杖數相嗔

105 신광사(神光寺) : 황해도 해주(海州)의 북숭산(北嵩山)에 있는 절이다. 《新增東國輿地勝覽 卷43 黃海道 海州牧》

106 개나리 : 일반적으로 신이(辛夷)는 개나리를 가리키는데, 목련꽃을 의미하기도 한다. 《임하필기(林下筆記)》 권35 〈벽려신지(薜荔新志)〉에 "세상 사람들은 모두 개나리인 황만화를 신이라고 하는데, 《본초》에서는 목련인 목필화를 신이라고 하였다.〔世人皆以黃蔓花爲辛夷, 本草木筆花爲辛夷.〕"라고 하였다. 따라서 일반적으로는 개나리를 가리키는 말로 사용되었음을 알 수 있다. 또 《두타초(頭陀草)》 책2 〈영수암(靈水菴)〉에 "다만 개나리 몇 그루만 노랗구나.〔只有辛夷數樹黃〕"라는 표현이 있는 것으로 보아 이하곤은 개나리를 신이라고 했음을 알 수 있다.

양류곡.[107] 김만최에게 주다

楊柳曲 贈金生萬最

지난해 푸르던 버드나무	去歲青青楊柳樹
긴 가지 다 꺾이고 짧은 가지 말랐어라	長枝折盡短枝枯
인생도 이러하니 어찌 오래 가랴	人生如此那能久
누대에서 흠뻑 취함을 주저 마시게	莫惜樓頭醉玉壺

107 양류곡(楊柳曲) : 본래 고대의 악부 가운데 하나로 〈절양류(折楊柳)〉라고 한다. 그 내용은 버들가지를 꺾으면서 이별을 아쉬워하는 것인데, 이 시도 김만최와 이별하면서 지어 준 작품으로 보인다.

이화국 상관 이 올해 문득 아들을 낳았으므로 긴 시로 축하하다

李華國 尙觀 今年忽生子 以長語賀之

북산의 이상관 십 년 동안 병 앓아	北山李子病十年
잣과 꿀만 먹으며 살았지	但啖松子與厓蜜
두 다리 삐쩍 마르고 살갗 검으니	兩脚枯萎形容黑
명의도 의술 펼치기 어려웠네[108]	兪扁亦難施其術
집 가난해 먹을 것 없어도 노친 봉양하고	家貧無食供老親
앓아누워서도 책을 천 질이나 읽었지	病臥讀書窮千秩
한 당 송의 시풍 배우지 않았지만	作詩不學漢唐宋
노련하고도 독특하지	自能老蒼兼奇崛
평소 손님 좋아해 자리에 손님 가득하고	平生愛客客滿座
하나라도 재주 있는 선비라면 벗삼았지	士有一技成膠漆
가슴 가득한 불평 쏟아내지 못해	胸中磈磊澆不得
때때로 크게 노래하면 그 소리 격렬했네	有時高歌聲激烈
올해 자식 낳아 문에 활 거니[109]	今年生子門設弧

108 명의(名醫)도……어려웠네 : 이상관의 병이 심해서 훌륭한 의원도 그의 병을 치료할 수 없었다는 말이다. 유편(兪扁)은 황제(黃帝) 때의 명의인 유부(兪跗)와 전국시대의 명의인 편작(扁鵲)을 병칭(竝稱)한 것이다.

109 올해……거니 : 이상관이 아들을 낳았다는 말이다. 설호(設弧)는 사내아이가 태어났음을 의미한다. 《예기》 〈내칙(內則)〉에 "자식을 낳았을 때 사내아이의 경우 대문 왼쪽에 활을 걸고, 딸아이의 경우 대문 오른쪽에 수건을 건다.〔子生, 男子設弧于門左,

듣는 사람마다 기적이라 외치네　遠近聞者叫奇絶
하늘의 갚아줌이 본래 어긋나지 않으니　皇天報施本不僭
이상관에게 한 점 혈육을 주셨구나　寄與李子一點血
그대 보지 못했나 안회의 집 자주 빈 것을[110]　君不見顏回家屢空
또 보지 못했나 현안이 희귀병 앓았던 것을[111]　又不見玄晏抱奇疾
예부터 현자들 이런 경우 많았으니　古來賢者多如此
인생의 궁달을 어찌 말하랴　人生窮達焉足說
그대는 아들 안고 하나도 걱정 말게　君今抱雛百不憂
내가 그 아이 빨리 성공하기를 빌려네　我祝阿兒速成立
색동옷 차림으로 춤추고 어린아이 우니　斑衣之舞小兒啼
춘부장께서 여생 즐거우시리[112]　却使乃翁娛餘日

女子設帨于門右.〕"라고 하였다.

110 안회(顏回)의……것을 : 안회는 공자(孔子)의 제자로 매우 가난하였다. 《논어》 〈선진(先進)〉에 "안회는 도에 가깝고 자주 끼니를 굶는다.〔回也, 其庶乎, 屢空.〕"라고 하였다. 여기서는 이상관이 식량이 없을 만큼 가난한 생활을 하였기에 인용한 것이다.

111 현안(玄晏)이……것을 : 현안은 진(晉)나라 황보밀(皇甫謐)의 호(號)이다. 그는 오랫동안 풍비(風痺)를 앓아 반신불수의 지경이 되었는데도 주경야독(晝耕夜讀)하며 백가(百家)의 전적에 통효(通曉)하였고, 침정과욕(沈靜寡欲)한 성품으로 고상한 뜻을 지녔던 인물이다. 《晉書 卷51 皇甫謐列傳》 여기서는 이상관이 병을 앓으면서도 많은 책을 읽었기에 인용한 것이다.

112 색동옷……즐거우시리 : 이상관이 극진히 효도하고 아들까지 낳았으니, 이상관의 부친이 즐겁게 여생을 보낼 것이라는 말이다. 반의(斑衣)는 춘추 시대 초(楚)나라의 은사(隱士) 노래자(老萊子)가 칠십의 나이에도 부모님을 기쁘게 해 드리기 위하여 색동옷을 입고 재롱을 떨었다는 고사에서 유래한 말인데, 여기서는 이상관의 효성을 의미한다. 《初學記 卷17 引 孝子傳》

벽란[113]으로부터 달빛을 따라 강서사[114]에 이르다
自碧瀾泝月 至江西寺

노 저어 금세 포구에 다다라 鳴櫓俄浦口
누대 앞에 배 묶네 繫纜卽樓前
너른 강에 조수 처음 올라오고 江闊潮初上
외로운 돛대에 달이 걸리려 하네 檣孤月欲懸
멀리 등불이 물가에 고요히 반짝이고 遙燈臨水靜
맑은 경쇠 소리 숲에서 은은히 울려 나온다 淸磬出林圓
오늘 밤 선방에서 今夜禪房裏
노승과 함께 자겠구나 應同老釋眠

113 벽란(碧瀾) : 황해도 예성강 하류에 있던 벽란도(碧瀾渡)를 가리킨다.

114 강서사(江西寺) : 황해도 배천군에 있던 절로, 견불사(見佛寺)라고도 한다.《新增東國輿地勝覽 黃海道 白川郡》

다시 신광사에 들르다[115]

重過神光寺

서해에 빼어난 이 산 있어	西海玆山秀
고려 때 이 절 지었지	高麗此寺開
부처가 일찍이 꿈에 나타났고[116]	金身曾見夢
보탑은 아직도 재로 남았어라	寶塔尙餘灰
술 싣고 와서 붉은 작약 보는데	載酒看紅藥
시 적힌 곳마다 푸른 이끼 가득하네	題詩滿碧苔
꾀꼬리들 여기저기 울어대니	啼鸎相款曲
돌아가는 말 재촉 말아야지	歸騎莫須催

115 다시 신광사(神光寺)에 들르다 : 신광사는 황해도 해주(海州)의 북숭산(北嵩山)에 있는 절이다. 《新增東國輿地勝覽 卷43 黃海道 海州牧》 앞에 〈입신광사(入神光寺)〉라는 작품이 있었으므로, 이하곤이 신광사에 다시 찾아왔음을 알 수 있다.

116 부처가……나타났고 : 신광사를 지을 때 부처가 꿈에 나타났던 일을 읊은 것으로 보이는데, 고증할 수는 없다.

밤에 서루에 오르다
夜登西樓

누대에 새로 맑은 달빛 들어오니	樓納新晴月
여러 날 흐렸던 하늘 개었어라	天開積日陰
높은 숲에도 아직 더위 남았는데	高林猶暑氣
사방 벽에는 벌써 벌레 울어대네	四壁已蟲音
속절없이 세월 흘러가니	忽忽流年逝
쓸쓸하게 먼 나그네 읊조리는데	凄凄遠客吟
성에서 부는 화각 소리에	城頭吹畫角
고향 그리는 마음 마디마디 끊어진다	寸折望鄉心

부용당[117] 달밤에

芙蓉堂月夜

연못가 버들에 가느다란 달빛 비칠 제	池柳纖纖月
바람이 멀리서 연꽃 향기 실어오네	風荷遠遠香
은하에 별빛 개려 하고	星河光欲霽
안개 낀 숲은 오히려 더 푸르구나	烟樹氣猶蒼
붉은 자두로 남은 더위 식히는데	朱李銷殘暑
오사모에 서늘한 밤기운 밀려오네	烏紗引夜涼
높은 누대에서 가무 마치니	高樓歌舞罷
밝은 촛불이 둥근 연못 비춘다	銀燭映回塘

117 부용당(芙蓉堂) : 황해도 해주의 객관(客館) 서쪽에 있는 누각이다. 《新增東國輿地勝覽 卷43 黃海道 海州牧》

염주 박 사군[118] 태순 이 왔으므로 밤에 부용당에서 잔치를 열다

鹽州朴使君 泰淳 至 夜讌芙蓉堂

높은 누대에 수레 멈추고	高樓淹皁蓋
밤에 잔치 여니 사군이 온 때라네	夜宴使君時
원앙 노니는 연못 물 차갑고	鸂鶒池塘冷
연꽃에는 이슬 흠뻑 내렸어라	芙蓉露氣滋
달은 비파 타는 때에 맞춰 나오고	月邀彈瑟出
술잔은 시 읊노라 더디 건네네	杯度誦詩遲
멋진 만남 본래 이루기 어려우니	勝會元難得
새벽 알리는 종 울리지 마라	晨鍾莫報期

118 염주(鹽州) 박 사군(朴使君) : 염주는 황해도 연안(延安)을 가리킨다. 박 사군은 박태순(朴泰淳, 1653~1704)으로, 본관은 반남(潘南), 자는 여후(汝厚), 호는 동계(東溪)이다. 《승정원일기》 숙종 24년 8월 14일 기사에 박태순을 연안 부사(延安府使)로 임명한 기록이 보인다.

달빛이 매우 고와서 여러 아우들과 부용당에 나가다

月色甚佳 同諸季出芙蓉堂

화려한 누대 동쪽에 달빛 아른대고	畫樓東畔月微微
바람이 연꽃 흔들어 그 향기 옷에 스미네	風動荷花香襲衣
〈장진주〉 한 곡을 맑게 노래하며	一曲清歌將進酒
하늘 가득 찬이슬 내려도 돌아갈 줄 모르네[119]	滿天凉露不知歸

119 장진주(將進酒)……모르네 : 아우들과 달빛 아래 술을 마시면서 밤늦도록 즐기는 모습을 읊은 것이다. 〈장진주〉는 이백(李白)의 작품이다. 《李太白集 卷2 將進酒》

저녁에 임진강을 건너다

晩渡臨津

맑은 강물 쉼 없이 흘러가니	淸江流不息
나그네길 어찌 끝이 있으랴	客路去何窮
석양에 백사장에는 기러기 모이고	返照沙鴻聚
서리 내려 들판 벼 다 수확했네	新霜野稻空
어부의 노랫소리 저물녘 외로운 배에서 들리고	漁歌孤棹晩
가을 풍경 몇몇 집에 완연하네	秋色數家同
선창 아래에서 한 번 웃노니	一笑篷牕底
한가한 마음 낚시꾼이 부럽구나	閒情羨釣翁

해주로 가는 길에 감회가 있어서

海州途中 有感

당시 낙방(落榜)하고 부모님을 뵈러 가는 길이었다.

고죽사[120] 앞길을	孤竹祠前路
올해 일곱 번 지나가네	今年七度行
가을 구름은 날 개어 비로소 희고	秋雲晴始白
들판 물은 멀리서도 밝게 보이네	野水遠猶明
궁달이야 끝내 분수에 달렸으니	窮達終隨分
문장으로 명성 알리지 못한다네	文章不博名
어찌하면 영상[121]으로 돌아가서	何當歸穎上
밭 갈고 고기 낚으며 살아갈까	耕釣托吾生

120 고죽사(孤竹祠) : 황해도 해주 수양산(首陽山)에 있는 청성묘(淸聖廟)를 가리키는 것으로 보인다. 《국조보감(國朝寶鑑)》 권51 숙종 27년 기사에 "상이 친히 수양산 이제묘(夷齊廟)의 이름을 청성묘로 정하고 어필로 써서 정원에 내렸다."라는 기록이 보인다.

121 영상(穎上) : 《두타초(頭陀草)》에 여러 차례 등장하는데, 특히 책3에 〈후영리(後穎里)〉라는 시가 있는 것으로 보아, 충청북도 괴산군 청천면 후영리를 가리키는 것으로 보인다.

누대에서 바라보다

樓望

저물녘에 높은 누대에 올라 바라보니 落景高樓望
날씨 차갑고 바다 기운 밝구나 天寒海氣明
먼 산에 땅거미 먼저 내리고 遙山先暮色
늙은 나무는 쉬 가을 소리 내는구나 老木易秋聲
쓸쓸하게 기러기는 외로이 떠나가고 蕭瑟鴻孤去
훨훨 학들이 나란히 날아가네 聯翩鶴竝行
병든 아내는 소식도 없으니 病妻書未得
날마다 고향 그리는 마음일세 日日念鄕情

눈. 가 자를 얻었다[122] 7수

雪 得佳字 七首

휙휙 바람 소리 문에 울리고	淅淅風鳴戶
희미하게 햇살이 집을 비추네	微微日映齋
첫눈 내리자 흥 일어나니	興從初雪得
허정[123]의 아름답던 경치 떠오르네	境憶許亭佳
-원문 빠짐-	□□□□□
-원문 빠짐-	□□□□□
-원문 빠짐- 한 번 가보려 하는데	□□擬一往
나귀 허약해 빙판길 두렵네	驢弱怯氷街

2

시커멓게 먹구름 몰려오더니	潑墨雲陰駁
꽃잎 나부끼듯 눈발 아름답네	飄花雪態佳
비스듬히 날아 처음에는 골짝에 쌓이더니	斜飛初委壑
어지러이 춤춰 언덕마저 없애려 하는구나	亂舞欲藏厓

122 눈……얻었다 : 저본에는 이 제목 아래에 七首라는 원주(原註)가 있고, 이 시 아래에 다시 동일한 제목과 함께 三首라는 원주가 있다. 또한 其四가 빠져 있다. 이 제목 아래에 있는 동일한 제목을 제외하면 佳 자 운을 사용한 작품이 7수가 되기에 여기서는 두 번째 제목을 삭제하고, 이 제목 아래에 7수를 연달아 배치하였다.

123 허정(許亭) : 이하곤의 〈유허정(遊許亭)〉에 "허씨의 정자〔許家亭子〕"라는 표현이 있으므로 정자로 볼 수도 있지만, 해주의 해변에 있는 마을 이름이기도 하다. 136쪽 각주103 참조.

햇살 받아 차가운 빛 투명하고　　映日寒光薄
바람 따라 빽빽한 기세 더 세차네　　承風密勢排
바라보노라니 갈수록 공활한데　　望中轉空濶
잠시도 서재를 떠나지 않네　　曾不離書齋

3

서찰 보내 좋은 벗 부른 뒤에　　貽書招勝友
지팡이 짚고 관재[124] 나서노라　　扶杖出官齋
학이 춤추니 바람에 대나무 흔들리고　　鶴舞風翻竹
올빼미 울자 눈이 홰나무에서 떨어지네　　鴟鳴雪落槐
시편에 인생 맡기고　　詩篇寄性命
산수에 몸 의지할 것을 생각하네　　山水憶形骸
아전들 너도나도 말하기를　　小吏煩相告
허정은 눈 갠 설경 더욱 좋다 하네　　許亭晴更佳

4

나귀 타고 느지막이 성곽 나서노니　　騎驢晩出郭
맑은 흥취 우리에게 있구나　　淸興屬吾儕
숲 위로 고요히 내리더니　　寂歷初林杪
물가가 어느새 환하게 밝네　　虛明已水涯

124 관재(官齋) : 이하곤의 부친 이인엽(李寅燁, 1656~1710)이 황해 감사(黃海監司)로 나간 일이 있으므로, 이하곤이 감영에서 머물렀던 것으로 보인다. 124쪽 각주90 참조.

찬 구름이 엉겨 짙어지고 寒雲屯更密
저녁 눈 세차게 내려 곱구나 暮雪急還佳
돌아가는 길 어두울 테니 歸路應昏黑
들길 눈에 묻힐까 미리 걱정이네 先愁野逕埋

5

병든 사람이 멀리 바라보며 읊는데 病夫吟望遠
어린 아우 취해 부축하고 가네 少弟醉攜偕
눈 덮인 숲을 안씨 집에서 바라보고 雪樹安家見
바람 부는 소나무에 이묘[125]가 떠오르네 風松二廟懷
찬 시내는 얕아서 건널 만하고 寒溪時渡淺
눈 쌓여 멋진 흰 바위 자주 만나네 白石屢逢佳
함께 노는 이들에게 웃으며 묻노니 笑問同遊子
관아에 누워 있는 것과 비교해 어떠한가 何如臥郡齋

6

이 정자를 초여름에 들렀는데 玆亭初夏過
광석천[126]은 한겨울에도 멋지구나 廣石仲冬佳

125 이묘(二廟) : 본래는 아버지와 할아버지의 사당을 가리키는 말인데, 여기서는 소나무를 보면서 백이(伯夷)와 숙제(叔齊)의 절의(節義)를 떠올린 것으로 보인다. 앞에 청성묘(淸聖廟)를 가리키는 고죽사(孤竹祠)를 언급한 내용도 있었으므로, 백이와 숙제를 모신 사당을 의미하는 것으로 추정된다.

126 광석천(廣石川) : 광석(廣石)은 다음 시의 제목에도 등장하는 것으로 보아 고유명사로 보인다. 《신증동국여지승람(新增東國輿地勝覽)》 권43 〈해주목(海州牧)〉 산천

지난번 푸른 벼랑에 외로이 기댔는데 孤倚曾蒼壁
지금은 눈 쌓인 비탈에서 가만히 읊조리네 微吟此素厓
소나무 바라보다 바람에 모자 떨어지고 看松風落帽
돌길 건노라니 신에 눈 들어오네 步石雪侵鞋
저 막걸리 있기에 賴爾濁醪在
석 잔으로 내 마음 달래노라 三盃慰我懷

7
눈발 잦아들어도 더욱 운치 있고 雪飛疏更韻
술맛 싱거워도 좋아라 酒味薄還佳
심한 추위에 살갗이 꽁꽁 얼고 寒失肌全凍
눈이 부셔 눈을 자주 부비네 光添眼屢揩
늙은 회나무만 홀로 푸를 뿐 孤青老檜得
먼 산의 푸른 봉우리들 눈 속에 묻혔어라 遠翠數峰埋
취해 춤추다가 기운 다하였으니 醉舞渾無力
병든 몸 억지로 움직이지 않네 不須强病骸

(山川) 기사에 광석천이 보이는데, "고을 북쪽 3리에 있다. 동구 안이 깊숙하고 양쪽에 꽃나무들이 무성하고 총총하며, 가운데에 반석(盤石)이 있어 평평하고 넓으며 반듯하여 수십 명이 앉을 만하고, 샘물이 돌을 덮고 흘러 비단필 같다."라고 하였다. 또한 《간재집(艮齋集)》 권13 〈병후만록(病後漫錄)〉에 "계축일. 생부께서 임소인 문화에 계셨다. 모시고 해주에 이르러 선조를 모신 문헌서원과 율곡을 모신 석담서원을 배알하고, 부용당과 광석과 허정과 신광사를 둘러보고 돌아왔다.〔癸丑, 生親在文化任所, 陪行至海州, 拜先祖文憲書院及栗谷石潭書院, 仍歷見芙蓉堂廣石許亭神光寺而還.〕"라고 하였는데, 광석의 아래에 "해주 북문 밖에 있다."라는 기록이 있고, 허정(許亭)을 언급하고 있는 것으로 보아, 이하곤이 말하고 있는 허정도 광석천 부근에 있었던 것으로 보인다.

이튿날 또 광석천[127]에 가서 설경을 감상하다

翌日又往廣石賞雪

흥이 넘쳐 다시 왔더니	興劇吾重到
추운 산에 눈도 내리려 하네	山寒雪又催
눈 뿌려 흰 바위 많고	灑來多白石
녹은 곳에는 반쯤 푸른 이끼 나왔네	融處半蒼苔
맑은 경치에 넋을 잃을 듯하고	淸境心如喪
새로운 시를 남들이 시샘하겠네	新詩物欲猜
앞 숲에 조각달 떴는데	前林有微月
홀로 밤 깊어서야 돌아오네	獨自夜深迴

127 광석천(廣石川) : 해주(海州)에 있는 시내 이름이다. 152쪽 각주126 참조.

십수 일 동안 행호[128]에 있는 송여규 징오 의 정사에 묵으면서 아우들과 책을 읽으니 자못 즐거웠다 기묘년(1699, 숙종25)

十數日出寓杏湖宋汝奎 徵五 亭舍 同諸弟讀書 殊可樂也 己卯

사립문에 눈 남았어도 봄기운 꿈틀대니	柴門殘雪已春生
저물녘 강가를 지팡이 짚고 가노라	向晩臨江曳杖行
멀리 해 지려 하니 포구의 나무에 어둠 내리고	遠日欲沈浦樹黑
찬 백사장 반짝이니 모래톱에 노을 밝아라	寒沙忽閃洲霞明
속세는 어수선하여 원래 일이 많지만	塵中擾擾元多事
호숫가 한가로워 홀로 이 마음 즐기네	湖上悠悠獨此情
과감히 세상 잊은 주인 괴이하게 생각지 마라	莫怪主人忘世果
이 정자가 덧없는 영화를 얕보게 한다네	玆亭能使薄浮榮

128 행호(杏湖) : 경기도 고양시 행주(幸州) 앞으로 흐르는 한강을 가리킨다. 행주(幸州)는 예전에 행주(杏州)와 통용되었다.

호숫가에서 저물녘에 바라보다

湖上晩望

맑은 강 풍경이 눈에 가득 들어오는데	澄江初滿眼
석양이 또 사람을 따라 비추네	返照更隨人
멀리 양천 기슭에는 눈 남았지만	遠岸楊川雪
외로운 배 떠가는 연미[129]에는 봄 찾아왔네	孤帆燕尾春
이내 인생 떠가는 허수아비 같아[130]	吾生同汎梗
세상일에 눈물로 수건 적시네	世事欲沾巾
고개 돌려 산성 바라보니	回首山城在
부질없이 전쟁터의 먼지만 남았구나	空餘戰伐塵

행주(幸州)에 산성(山城)이 있으니, 권율(權慄)[131]이 왜적을 격파한 곳이다.

129 연미(燕尾) : 인천광역시 강화군 강화읍 월곶리에 있는 고려 시대의 누정이다. 한강과 임진강이 합류하는 지점의 물길이 하나는 서해로, 또 하나는 갑곶(甲串)의 앞을 지나 인천 쪽으로 흐르는데, 그 모양이 제비꼬리와 같다 하여 정자 이름을 연미정이라 지었다고 한다. 옛날에는 서해로부터 서울로 오는 배가 이 정자 밑에 닻을 내려 조류(潮流)를 기다렸다가 한강으로 들어갔다고 한다.

130 이내……같아 : 이하곤이 이리저리 떠도는 삶을 살고 있다는 말이다. 경(梗)은 복숭아나무로 만든 인형인데, 정처 없이 떠도는 존재를 말한다. 79쪽 각주36 참조.

131 권율(權慄) : 1537~1599. 본관은 안동(安東), 자는 언신(彥愼), 호는 만취당(晩翠堂)·모악(暮嶽)이다. 1593년(선조26) 2월에 행주산성을 지키며 왜적을 크게 격파하였다.

중부[132]를 따라 안악으로 가는 택경[133]을 전송하다

送澤卿從仲父之安岳

당시 택경(澤卿)은 나를 따라 행호(杏湖)[134]에서 글을 읽고 있었는데 갑자기 이 길을 나서므로 셋째 구에서 언급하였다.

그대가 지금 안악으로 가려 하는데	君今欲向安岳去
바닷가라 동풍에도 눈 개지 않았으리	海國東風雪未晴
호숫가에서 며칠이나 글 읽었던가	湖上讀書能幾日
성 남쪽에서 술 마시며 정이 더욱 깊어졌네	城南携酒更深情
구름 낀 저물녘에 그대 멀리 떠나니	暮雲極目遊人遠
봄풀에도 시름이 곳곳에 생겨나네	芳草連愁到處生
꽃과 버들 멋졌던 지난해 문득 생각나니	忽憶去年花柳好
허정[135]에서 그대 노래하고 나는 춤추었지	爾歌我舞許亭行

안악(安岳)이 해주(海州)와 인접한 곳이라서 말구(末句)에서 언급하였다.

132 중부(仲父) : 이하곤의 조부(祖父) 이경억(李慶億)이 슬하에 이인소(李寅熽), 이인병(李寅炳), 이인엽(李寅燁)을 두었으므로, 이하곤의 중부는 이인병을 가리킨다. 그는 1699년(숙종25)에 안악 군수(安岳郡守)가 되었다. 《西溪集 卷12 左議政李公墓碑銘》《承政院日記 肅宗 25年 1月 29日》

133 택경(澤卿) : 이하곤의 재종형(再從兄)이다. 《頭陀草 冊12 遊普門庵記》

134 행호(杏湖) : 경기도 고양시 행주(幸州) 앞으로 흐르는 한강을 가리킨다. 행주(幸州)는 예전에 행주(杏州)와 통용되었다.

135 허정(許亭) : 이하곤의 〈유허정(遊許亭)〉에 "허씨의 정자〔許家亭子〕"라는 표현이 있으므로 정자이기도 하지만, 해주의 해변에 있는 마을 이름이기도 하다. 136쪽 각주103 참조.

이른 봄에 한가롭게 지내며

早春閑居

늙어서 명아주 지팡이 짚고	老去唯黎杖
외로운 누대와 먼 봉우리 찾아다니네	樓孤更遠峯
집집마다 모두 나무 푸르고	千家皆樹色
만물이 절로 봄 자태 드러내네	萬象自春容
비 올 기미 새들이 먼저 알고	雨意鳥先覺
꽃 피려 하니 바람이 게으르지 않네	花情風不慵
담장 동쪽에서도 세상 피할 만하니[136]	墻東堪避世
내가 자취를 잘 감췄구나	吾得好藏蹤

136 담장……만하니 : 어디서든 은자(隱者)처럼 지낼 수 있다는 말이다. 동한(東漢)의 왕군공(王君公)이 난리 통에도 시내를 떠나지 않고 소를 매매하는 거간꾼 노릇을 하면서 숨어 살자, 사람들이 "담장 동쪽에서 세상 피한 왕군공〔避世牆東王君公〕"이라고 일컬었다는 고사가 전한다. 《後漢書 卷113 逸民列傳 逢萌》

미음[137]으로 가는 길에

漢陰道中

삼월 광릉에 두견새 울고	廣陵三月子規啼
양쪽 기슭에 복사꽃 피어 봄 무르익네	兩岸桃花春欲迷
무수한 돛배들 강 따라 내려가는데	風帆無數下江去
미음의 강물 서쪽 끝까지 바라보네	目斷渼陰江水西

137 미음(渼陰) : 경기도 남양주시 근처에 있는 물 이름이다. 이하곤의 스승인 김창협(金昌協)과 그의 선조들이 대대로 거주한 곳이다.

밤에 기쁘게도 권군 □□ 이 찾아왔다. 김군산[138] 숭겸 과 함께 시를 짓는데 한 자를 얻었다

夜喜權君 □□ 見過 同金君山 崇謙 賦 得寒字

시는 어제 지은 것을 보는데	詩看前日作
얼굴은 몇 년 만에 보네	面作隔年看
절로 가을 회포 쌓였으니	自有秋懷積
어찌 밤새 이야기하지 않으랴	寧辭夜語闌
누대에는 지는 초승달빛이 비끼고	樓橫纖月落
시내에 출렁이는 별빛 차갑네	溪動數星寒
높은 흥취에 잠들지 못하니	不寐元高興
나직이 읊조리며 갈건이 거꾸러졌네	微吟倒葛冠

138 김군산(金君山) : 김숭겸(金崇謙, 1682~1700)으로, 본관은 안동(安東), 자는 군산, 호는 관복암(觀復菴)이다. 농암(農巖) 김창협(金昌協)의 아들로, 벼슬에 뜻을 두지 않고 영평(永平)에서 학문에 몰두하다가 19세로 요절하였다. 산수(山水)를 좋아하여 산천을 두루 유람하였으며 시 수백 편을 남겼다. 저서에 《관복암유고(觀復菴遺稿)》가 있다. 《渼湖集 卷15 先府君墓誌》

석실서원[139]에서 군산[140]과 함께 짓다

石室院 與君山同賦

삼주[141]에 석양이 저 멀리로 지고	三洲夕陽遠
갈대 언덕이 모두 어둑어둑하네	荻岸共蒼蒼
학은 갠 하늘로 날아가고	水鶴翻新霽
매미소리는 서늘함 이끌어 오네	風蟬引早涼
숲 속에 작은 평상 있어서	林中還小榻
속세 밖에서 맑은 술잔 기울이네	世外更清觴
한바탕 웃노라 조각배 있으니	一笑扁舟在
가을날 강에서 흥이 절로 돋는구나	秋江興自長

139 석실서원(石室書院) : 경기도 남양주시 지금동에 있는 서원으로, 김상용(金尙容)과 김상헌(金尙憲)을 기리기 위하여 건립되었다.

140 군산(君山) : 김숭겸(金崇謙, 1682~1700)으로, 본관은 안동(安東), 자는 군산, 호는 관복암(觀復菴)이다. 160쪽 각주138 참조.

141 삼주(三洲) : 경기도 남양주시 지금동에 위치한 석실서원 앞쪽에 있는 세 개의 모래톱을 가리킨다. 김창협(金昌協)의 《농암집(農巖集)》 권36 〈연보 하(年譜下)〉에 “8월에 삼주에 거처를 정했다.〔八月, 定居于三洲.〕”라고 하였는데, 그 아래에 “석실서원의 주변 산수가 깨끗하게 탁 트여 한가로이 거처하며 늘 학문에 힘쓰는 즐거움이 제법 있었기 때문에, 마침내 그곳에 거처를 정한 것이다. 몇 칸짜리 사랑채를 지어 거처하면서 삼산각이라는 편액을 달았으며, 앞에 모래톱 세 개가 있기 때문에 그곳을 또 삼주라고 명명하였다.〔且以石室書院, 江山淸曠, 頗有齋居藏修之樂, 遂定居焉. 作外軒數楹以處焉, 扁曰三山閣. 前有沙渚三, 故又命其地曰三洲.〕”라는 설명이 있어 삼주의 유래를 알 수 있다. 《두타초(頭陀草)》에서는 김숭겸의 거처를 가리키는 말로 사용되었다.

밤에 앉아 있다가 감회가 있어서

夜坐有感

두건 젖혀 쓰고 있노라니 골짜기에 달뜨고	岸巾生峽月
궤안에 기대니 바람에 여울소리 들려오네	隱几落風灘
반딧불 나니 빈 서원 고요하고	螢度空院靜
풀벌레 울어대니 가을밤에 쓸쓸하네	蟲鳴秋夜寒
사람이 완급을 조절하지 못해서인가	人謀乖緩急
하늘이 힘든 때를 주는구나	天意屬艱難
묵묵히 앉아 잠들지 못하는데	默坐還無寐
깊은 시름 만 갈래로 밀려드네	沈憂且萬端

원재의 저녁 풍경. 군산[142]에게 보여 주다

院齋晩望 示君山

모래톱 버들이 서너 줄 늘어서고	沙柳行三四
고기잡이배 몇 쌍이 떠가는구나	漁舠汎幾雙
매미 소리가 서원 가득 울릴 제	蟬聲方滿院
노을빛 홀연히 강물에 비끼누나	霞氣忽橫江
늙은 전나무 아래서 책 펼쳐 읽다가	老檜開書帙
가을 산에서 술병 마주하고 마시노라	秋山對酒缸
그대가 읊조리는 멋진 시구 들으며	聞君誦佳句
미소 머금고 서쪽 창가에 앉았노라	一笑坐西牕

142 군산(君山) : 김숭겸(金崇謙, 1682~1700)으로, 본관은 안동(安東), 자는 군산, 호는 관복암(觀復菴)이다. 160쪽 각주138 참조.

백온[143]을 전송하려고 강가에 나와 암 자를 얻었다

送伯溫至江上 得巖字

백온(伯溫)은 벗 이위(李瑋)의 자이다.

그대를 전송하려 강가에 나오니	送汝至江上
이별의 아쉬움 달래기 어려워라	離情難可芟
가을 백사장은 석양에 투명하고	秋沙明返照
찬 물은 높은 바위에서 떨어지네	寒水落危巖
드넓은 호수에서 헤어지고 나니	湖闊分孤袂
하늘 끝으로 먼 길 가는 배 사라지네	天長隱遠帆
돌아오니 온통 어두워져서	歸來暝色盡
달이 벌써 서원 동쪽 삼나무에 걸렸구나	月已院東杉

143 백온(伯溫) : 이위(李瑋, 1676~1727)로, 본관은 전주(全州), 자는 백온, 호는 두천(斗川)이다. 김창협(金昌協)의 문인이다.

밤에 앞 강물에 배를 띄우다

夜汎前江

가을 강가에 이슬 맑게 내릴 제　秋江白露淨
두건 젖히고 거룻배에 올랐더니　岸幘在輕船
하늘은 아스라이 달빛 빌려주고　天借蒼茫月
사람들은 한만에 노니는 신선인가 하네[144]　人疑汗漫仙
물고기들은 취해 읊조림과 무관하고　魚龍醉吟外
은하수는 술통 앞에 반짝이네　星漢酒尊前
노를 저어 높은 흥취 따라가니　擊汰隨高興
백사장의 갈매기와 함께 잠들지 못하네　沙鷗共不眠

차(借)는 송(送)으로도 쓰고, 전(前)은 변(邊)으로도 쓴다.

144 한만(汗漫)에……하네 : 달밤에 강에서 배를 타고 있는 자신의 모습이 신선에 비견되는 것 같다는 말이다. 한만은 본래 광대무변한 공간을 의미하는데, 신선의 이름으로 쓰이기도 한다. 노오(盧敖)가 북해(北海)에서 노닐다 한 선비를 만났는데, 그가 말하기를 "내가 구해 밖에서 한만과 만나기로 약속했으니, 오래 머무를 수 없다.〔吾與汗漫期於九垓之外, 吾不可以久駐.〕"라고 하였다. 《淮南子 道應訓》

달밤에 앞 강을 바라보니 맑고 탁 트여 좋았다

月夜望前江 淸曠可喜

강산이 멀리까지 보이고　江山隨眼遠
은하수가 사람 향해 비껴 걸렸네　星漢向人斜
달빛 사라지니 벌레는 정원에서 울고　月暗蟲鳴院
맑은 서리 내리는데 해오라기는 백사장에서 자는구나　霜淸鷺宿沙
마을 등불은 연기 낀 언덕 너머에 빛나고　村燈隔烟岸
고기잡이 노래는 갈대꽃 속에서 들려온다　漁唱隱蘆花
잠들지 못한 채 새 시 읊는데　不寢哦新句
서늘한 바람에 모자 떨어지네　涼風墮帽紗

장인께서 충청 감사에 임명되어[145] 임금께 하직인사를 드리려고 하였으므로 밤에 아버지를 모시고 가서 북곡의 집에서 뵈었다. 마침 정랑 조정만도 왔기에 서 자를 얻어 함께 짓다
聘君得湖節 將辭陛 夜陪家大人往會北谷第 時趙正郎 正萬 亦至 得西字同賦

등불 밝히고 술 데워 마시며 취해 어울리니　燈明酒煖醉提携
눈 쌓인 누대 밤에도 희미하지 않네　雪色樓臺夜不迷
이별의 슬픔에 망아지가 한강 북쪽에서 우는데[146]　別意驪駒鳴漢北
임금의 은혜 용 부절로 호서 맡기셨네[147]　主恩龍節付湖西
전아한 인망 의젓한 봉황으로 추앙됨을 아노니[148]　卽知雅望推儀鳳

145 장인께서……임명되어 : 이하곤의 장인은 송상기(宋相琦, 1657~1723)로, 본관은 은진(恩津), 자는 옥여(玉汝), 호는 옥오재(玉吾齋)이다. 1699년(숙종25) 10월에 충청도 관찰사(忠淸道觀察使)에 임명되었다. 《黎湖集 卷31 吏曹判書大提學宋公諡狀》

146 이별의……우는데 : 장인과 이별하는 아쉬움을 읊은 것이다. 여구(驪駒)는 《대대례(大戴禮)》에 나오는 〈여구곡(驪駒曲)〉이라는 일시(逸詩)로, 손님이 떠나려 하면서 이별의 정을 표시하는 노래이다. 손님이 "검정 망아지 문밖에 있고, 마부 모두 대기하오. 검정 망아지 길 위에 있고, 마부 멍에 올리었소.〔驪驅在門, 僕夫具存. 驪驅在路, 僕夫整駕.〕"라고 노래를 부르면, 주인은 "손님이여 돌아가지 마오."라는 뜻의 〈객무용귀곡(客無庸歸曲)〉을 불렀다고 한다. 《漢書 卷88 王式傳 註》

147 임금의……맡기셨네 : 숙종(肅宗)이 송상기를 충청도 관찰사에 임명했다는 말이다. 용절(龍節)은 용의 형상으로 만들어진 부절인데, 옛날 택국(澤國)으로 나가는 사자(使者)에게 이 부절을 주었다고 한다. 《周禮 地官 掌節》

148 전아한……아노니 : 송상기가 조정에서 뛰어난 인재로 인망을 얻고 있다는 말이다. 의봉(儀鳳)은 의젓하게 춤추는 봉황이라는 뜻으로, 《서경》 〈익직(益稷)〉에 "소소를

뛰어난 능력을 닭 잡는 데 시험했었지[149] 曾試高才用割鷄
근래 시종신을 외직으로 많이 보내시니 近輟從臣多外補
은택을 백성들에게 베푸시려는 것이지 要宣霈澤及烝黎

장인께서 충주 목사(忠州牧使)를 역임하셨기에[150] 여섯째 구에서 언급하였다.

아홉 번 연주하자 봉황이 와서 춤을 춥니다.〔簫韶九成, 鳳凰來儀.〕"라고 하였다. 일반적으로 뛰어난 인물의 풍모를 비유하는 말로 사용된다. 소소(簫韶)는 순 임금의 음악이다.

149 뛰어난……시험했었지 : 원주(原註)의 내용처럼 송상기가 충주 목사(忠州牧使)에 임명되어 뛰어난 능력으로 고을을 잘 다스렸다는 말이다. 할계(割鷄)는 닭을 잡는다는 말로, 어떤 일을 해내기에 능력이 넉넉함을 뜻한다. 공자(孔子)의 제자 자유(子游)가 무성(武城)을 다스리고 있을 때 공자께서 가보니, 그곳 백성들이 모두 거문고를 타고 시가를 노래하였다. 공자께서 빙그레 웃으면서 농담으로 말씀하시기를 "닭을 잡는데 어찌 소 잡는 칼을 쓰겠는가.〔割鷄, 焉用牛刀.〕"라고 한 데서 유래하였다. 《論語 陽貨》

150 장인께서……역임하셨기에 : 송상기가 충주 목사에 임명된 기록은 《승정원일기》 숙종 20년 12월 20일 기사에 보인다.

홍여관[151] 유도 군이 신계로 떠날 적에 전별하는 말을 굳이 요구하므로 이 시를 써서 주다

洪君汝寬 裕度 將赴新溪 苦索別語 書此贈之

내가 요즈음 일마다 게을러	嗔我邇來事事慵
가까이 살면서도 몇 달이나 만나지 못했네	同城數月不相從
이렇게 해 넘기는 이별을 하리라 누가 알았으랴	誰知有此經年別
묻노라 이제 다시 어느 날에 만날까	借問從今幾日逢
가을 지나 산하에는 기러기 그림자 없는데	秋盡關河鴈無影
추운 날 골짝 길에는 호랑이 득실대겠지	天寒峽路虎交蹤
독서하러 가는 사람 전송할 때마다	送人每作讀書去
멀리 사담의 눈 덮인 봉우리 떠오르네[152]	遙憶沙潭雪裏峯

당시 여관(汝寬)의 장인이 신계 현령(新溪縣令)이 되었다. 여관이 따뜻한 곳에서 독서할 요량으로 이 길을 떠나게 되었기에 마지막 구에서 언급하였다. 사담(沙潭)은 소금산(小金山) 아래에 있는데, 우리 집안의 별장이다.

2

서울에서 삼 년 동안 먹고 살기 어려워 한탄하고	京洛三年艱食歎
겨울철 시월에 모진 추위 읊조리는데	玄冬十月苦寒吟

151 홍여관(洪汝寬) : 홍유도(洪裕度, 1671~?)로, 본관은 남양(南陽), 자는 여관이다.

152 독서하러……떠오르네 : 자신도 시골로 돌아가 독서하고픈 희망을 말한 것이다. 사담(沙潭)은 현재의 충청북도 괴산군 청천면 사담리 일대이다.

벗이 외로이 신계로 떠나면서	故人牢落新溪去
남쪽 마을을 쓸쓸히 필마로 찾아왔네	南巷蕭條匹馬尋
가는 길에 사나운 짐승들 조심하고	行李須防豺虎鬧
눈서리 견디도록 단단히 입으시게	衣裳可耐雪霜侵
관산에 구름 끼고 골짝에 숲 우거진 머나먼 길로	關雲峽樹千萬里
내일 그대 보내려니 시름 금할 길 없네	明日送君愁不禁

금년

今年

올해 눈 내리지 않아 이상한데 今年無雪已可怪

누런 안개 짙게 끼고 날도 차가워라 黃霧昏昏又寒霄

사람 괴롭히는 여기[153] 겨울에도 가시지 않고 癘氣蒸人冬不寢

증인(蒸人)은 팔주(八州)로도 쓴다.

길 막는 호랑이와 이리 대낮에도 설쳐대네 虎狼攔道晝還驕

난(攔)은 대(大)로도 쓴다.

게다가 숲에는 도적떼 득실댄다 하니 況聞林藪橫群盜

어찌하여 재앙이 성조에 계속되나 何意災殃集聖朝

하늘이 장차 경계를 보이심이니 自是皇天將示警

임금께서 수성하여 외면하지 마셔야지[154] 中宸修省莫寥寥

153 여기(癘氣) : 열병이나 돌림병을 생기게 하는 나쁜 기운으로, 일반적으로 역병(疫病)을 의미한다.

154 임금께서……마셔야지 : 많은 재앙이 발생하는 것은 하늘이 경계의 뜻을 보이는 것이므로, 임금이 덕을 닦고 반성하여 정사에 힘써야 한다는 말이다. 수성(修省)은 천재지변(天災地變) 이 있을 때 왕이 자신을 반성하여 근신(謹愼) 하고 덕을 닦는 것이다. 《주역》 〈진괘(震卦) 상(象)〉에 "우레가 거듭된 것이 진이니, 군자가 보고서 두려워하여 닦고 살피느니라.〔洊雷震, 君子以, 恐懼修省.〕"라고 하였다.

겨울밤에 회포를 쓰다

冬夜書懷

고즈넉한 집에서 가랑눈 소리 들리기에	孤齋聞微雪
일어나 앉았더니 추위 매섭구나	起坐寒懍慄
등 그림자 책장에 드리우고	燈影委書幔
환한 빛이 문에 아른대네	虛白生戶闥
문 열고 밤 풍경 바라보니	開門欲視夜
만물이 모두 황홀경이네	衆色俱怳惚
맑은 달은 서쪽으로 가면서	澹月方西行
옅은 구름에 들어갔다 나왔다 하는구나	微雲與出沒
삭풍이 복건에 불어오니	北風吹幅巾
살갗이 찢어질듯 아리네	我肌慘欲裂
하늘이 사계절의 기후 펼쳐서	上天播四氣
한파가 겨울에 찾아오니	寒沍應冬節
이처럼 혹독하지 않다면	不有此嚴威
어찌 만물을 퇴장시키랴만	奈何揫萬物
애달프다 저 입을 옷 없는 사람들	哀彼無衣徒
무슨 수로 이 겨울 보낼까	歲寒何以卒
행길 옆의 집에 누워 있노라니	委臥岐路側
울부짖는 소리 끊이지 않는구나	啼號聲不絶
가난과 굶주림이 계속 닥쳐오는데	窮餓且相逼
예의염치를 어찌 말하랴	廉恥焉得說

보잘것없는 선비가 백성들 걱정하지만	腐儒憂黎元
너희를 살릴 능력 없구나	無力可爾活
평생 내 한 몸 도모했지만	平生謀一身
모두 졸렬하여 부끄럽기 그지없네	尙且愧百拙
생각에 잠겨 새벽까지 앉았노라니	感念至鷄鳴
서글픈 마음에 오장이 타들어가네	惻惻腸內熱

군산이 보내온 시[155]에 답하다

答君山見寄韻

외진 골목을 누가 들르랴	窮巷誰相過
주린 까마귀만 때때로 뜰에 내리네	飢烏時下庭
쑥대문은 낮에도 항상 닫아 두고	蓬門晝常閉
소나무에 내리는 눈 소리 밤에 듣노라	松雪夜深聽
적막 속에 벗 그리는데	寂寞懷親友
새벽 별처럼 어긋났네[156]	差池若曉星
부끄럽다 그대가 시로 내게 물었는데	愧君詩問我
어느 날에나 호숫가 정자 찾아갈까	幾日訪湖亭

155 군산(君山)이 보내온 시(詩) : 군산은 김숭겸(金崇謙, 1682~1700)으로, 본관은 안동(安東), 자는 군산, 호는 관복암(觀復庵)이다. 160쪽 각주138 참조. 김숭겸의 시는 《관복암시고(觀復菴詩稿)》의 〈구씨정(舅氏亭)〉을 가리킨다.

156 새벽 별처럼 어긋났네 : 김숭겸을 만나고 싶지만 만나지 못하는 안타까운 심정을 읊은 것이다. 효성(曉星)은 새벽별로, 멀리 떨어져 있는 벗에 대한 그리움을 비유한다. 당(唐)나라 시인 유우석(劉禹錫)의 〈송장관부거(送張盥赴擧)〉 서문에 "옛날에 함께 급제했던 벗들과 어울려 노닐 적에는 말고삐를 나란히 하고서 마치 병풍처럼 대로를 휩쓸고 돌아다녔는데, 지금 와서는 마냥 쓸쓸하기가 새벽 별빛이 서로 멀리서 바라보는 것 같다.〔向所謂同年友, 當其盛時, 聯袂齊鑣, 互絶九衢, 若屛風然, 今來落落, 如晨星之相望.〕"라는 내용이 보인다. 《劉賓客文集 卷28》

애달파하며

鳴呼

만사 애달파라 나라가 날로 쇠미하니	萬事鳴呼國日微
존망을 다시 하늘에 맡기노라	存亡且復任天機
황건과 백마가 내달리고[157]	黃巾白馬還奔突
금방의 홍패에 시비가 분분하네[158]	金榜紅牌有是非
조정에 지금 인재가 없으니	廊廟卽今空肉食
임금께서는 언제쯤 편히 쉬실까[159]	九重何日不宵衣

157 황건(黃巾)과 백마(白馬)가 내달리고 : 도적떼가 횡행하고 당쟁이 치열한 시대 상황을 읊은 것으로 보인다. 황건은 후한 말년에 태평도(太平道)의 수령 장각(張角) 등이 거느린 농민군을 말하는데, 그들이 누런 두건을 썼으므로 이렇게 불렀다.《後漢書 卷8 靈帝紀》 백마(白馬)는 백마역(白馬驛)을 가리키는 것으로 보인다. 당(唐)의 마지막 황제인 소선제(昭宣帝) 때 재상 유찬(柳璨)이 주전충(朱全忠)의 뜻에 영합하여 대신(大臣)인 배추(裴樞) 등을 모함하여 활주(滑州)의 백마역에서 죽였다. 당시 과거에 누차 급제하지 못해 불만을 품고 있던 이진(李振)이 주전충의 좌리(佐吏)로 있다가 "이 자들은 스스로 청류라고 말을 하니, 황하에 던져 넣어서 영원히 탁류가 되게 하는 것이 좋겠다.〔此輩自謂淸流, 宜投於黃河, 永爲濁流.〕"라고 하자, 주전충이 웃으면서 허락했다는 고사가 전한다.《舊五代史 卷18 梁書 李振列傳》

158 금방(金榜)의……분분하네 : 과거시험의 부정에 대한 시비가 있었다는 말인데, 정확히 어느 시험을 가리키는지는 미상이다. 금방은 과거시험의 급제자 명단을 말하고, 홍패(紅牌)는 문과 급제자에게 주던 증서이다.

159 조정에……쉬실까 : 언제쯤 훌륭한 인재가 조정에 등용되어 임금의 일을 덜어주겠느냐는 말이다. 육식(肉食)은 후한 녹봉을 받는 벼슬아치들을 낮춰 부르는 말이다. 《춘추좌씨전》 장공(莊公) 10년 기사에 "고기 먹는 자들이 잘 알아서 할 텐데, 또 무엇

슬픈 노래로 세상일 탄식하는 이 누구인가　　悲歌嘆世者誰子
눈 가득 쌓인 고향에 지금도 돌아가지 못했네　　雪滿故山今未歸

때문에 끼어드는가.〔肉食者謀之, 又何間焉.〕"라고 마을 사람이 조귀(曹劌)에게 묻자, 조귀가 "고기 먹는 높은 분들은 식견이 낮아서 멀리 꾀하지 못하기 때문이라네.〔肉食者鄙, 未能遠謀.〕"라고 대답한 내용이 보인다. 소의(宵衣)는 임금이 새벽에 일어나고 밤 늦게 밥을 먹으며 부지런히 정사를 돌본다는 소의간식(宵衣旰食)의 준말이다.

달밤에 회포가 있어
月夜有懷

세모의 풍상에 온갖 생각 일어나	歲暮風霜自百感
별과 달 밝은 누각에서 허공에 기댄 듯하네	樓孤星月若凭虛
사담의 작은 집[160]에 부질없이 눈만 쌓였고	沙潭小築空依雪
미수의 친한 벗[161]은 오랫동안 소식 없구나	渼水親朋久絶書
비록 술동이 있어도 누구와 마실까	縱有酒尊誰共酌
점차 속세와 멀어지려 하노라	漸於塵世欲相疏
언덕 길에 부산히 오가는 거마 관심 끊고	任它東陌珂馬鬧
돌아가 낚시하며 여생 마치리라	已了殘生歸釣漁

160 사담(沙潭)의 작은 집 : 사담은 현재의 충청북도 괴산군 청천면 사담리 일대로, 이하곤 집안의 별업(別業)이 있던 곳이다.

161 미수(渼水)의 친한 벗 : 미수는 경기도 남양주시 근처에 있는 물 이름이다. 이하곤의 스승인 김창협(金昌協)과 그의 선조들이 대대로 거주한 곳이다. 이곳에 김숭겸(金崇謙)이 거주하였으므로, 여기서는 김숭겸을 가리킨다.

그윽한 집

幽居

백악산 아래에서 조용히 사노라니	幽居白岳下
계절은 어느덧 한겨울로 접어드네	節物已深冬
고즈넉한 집 숲 자락에 있어서	孤齋依林樾
홀로 먼 봉우리 바라보네	獨自見遠峰
밤에 가랑눈 내려	夜來有微雪
때때로 처마 앞 소나무에 떨어지네	時落簷前松
쓸쓸한 방 안에	蕭然一室內
마침내 속객의 발자취 끊어졌네	遂絶塵客蹤

12월 24일 밤 꿈에 오명중[162] 진주 과 작은 집에서 만났는데 큰 매화나무에 꽃이 눈처럼 활짝 펴 있었고 그 아래에 앉아 함께 시를 지었다. 곁에 있던 사람의 얼굴은 희미하여 황진군과 비슷하였으나 분명하지 않다. 시를 먼저 완성하자 내가 이어서 읊기를 "종남산에 눈이 겹겹이 쌓였기에, 말없이 누대에 올라 저녁 봉우리 바라보네."라고 하였더니, 명중이 붓을 놓고 감탄하였다. 시를 완성하지 못하고 꿈에서 깨었기에 이어서 짓는다

臘月二十四日夜夢 與吳明仲 晉周 會一小閣子 有大梅樹 花方盛開如雪 坐其下 相對賦詩 旁有人顏面依俙 類黃君滔 而亦不分明 詩先成 余繼吟曰 終南山色雪重重 無語登樓看夕峰 明仲閣筆嗟歎 篇未完而遂覺 仍足成之

종남산에 눈이 겹겹이 쌓였기에	終南山色雪重重
말없이 누대에 올라 저녁 봉우리 바라보네	無語登樓看夕峰
슬프다 차가운 집에서 꿈 깨고 나니	怊悵寒齋魂夢散
매화나무 가지에 달 지고 어느덧 새벽종 울리네	梅梢月落已晨鍾

162 오명중(吳明仲) : 오진주(吳晉周, 1680~?)로, 본관은 해주(海州), 자는 명중, 호는 무위재(無爲齋)이다. 김창협(金昌協)의 《농암집(農巖集)》 권27 〈망녀오씨부묘지명(亡女吳氏婦墓誌銘)〉에 "수양 오진주 명중의 처 안동 김씨는 농암거사의 딸이다.〔首陽吳晉周明仲妻, 安東金氏, 農巖居士女也.〕"라고 하였으므로, 오진주가 김창협의 사위임을 알 수 있다.

심한 추위를 읊은 노래. 김택보 만최 에게 주다

苦寒行 贈金生擇甫 萬最

추운 세모에 삭풍마저 매서워	天寒歲暮北風烈
열흘 간 외출 않고 눈 쌓인 집에 누웠노라	十日不出臥深雪
마루에 거문고 있고 책상에 책 있지만	堂有鳴琴床有書
살 에는 추위에 어찌 도움이 되랴	安能救我肌凍裂
올해는 솜이 없어 옷을 받지 못했는데[163]	今年無絮未授衣
짧은 베옷도 해져서 여기저기 기웠네	短褐不完自百結
인생의 빈부 하늘에 달렸으니	人生貧富本在天
현자가 어찌 궁달을 근심하랴만	賢者豈復憂窮達
나의 굶주림과 가난 지금 이와 같으니	顧我飢困今若是
우습다 생활 계획 늙을수록 더욱 졸렬하네	可笑謀生老轉拙
병든 아내 슬피 울고 어린 종 근심하니	病妻悲啼小婢愁
때때로 양식 떨어져 불 피우지 않네	有時空廚烟火絶
김씨가 신을 끌고 마침 나를 찾아와	金生曳履時過我
나의 새 시 읽더니 훌륭하다 말하지만	讀我新詩叫奇絶
좋은 말로 나를 위로하려는 것뿐이고	但用好語慰我意

163 옷을 받지 못했는데 : 수의(授衣)는 옷을 준다는 뜻으로, 옛날에 9월이 되면 미리 겨울옷을 만들어 주었던 것을 말한다. 《시경》 〈칠월(七月)〉에 "칠월에 대화심성이 서쪽으로 내려가거든, 구월에 옷을 만들어 주느니라.〔七月流火, 九月授衣.〕"라고 한 데서 유래하였다.

다시 눈물을 흘리며 나에게 말하기를[164]	且復垂淚向余曰
노모께서 올해 칠십여 세이니	老母今年七十餘
근력이 쇠하여 병마저 많다오	筋力已衰身多疾
사흘에 한 끼 먹기도 어려운데	三日一食尙云艱
하물며 맛난 음식의 유무를 따지겠소	況論甘旨闕不闕
아침에 나가 쌀을 구해 저녁에 돌아오는데	朝出乞米暮來還
하루 종일 문에 기대 나를 기다리신다오	倚閭望我輒終日
내 안색만 보고도 굶었는지 먹었는지 아시니	以我顏色卜飢飽
비록 구하지 못했어도 어찌 차마 말하겠소	縱無所得安忍說
이렇게 사느니 죽는 것만 못하니	生世如此不如死
하찮은 이 일신이야 돌볼 겨를 있겠습니까 하네	區區一身更暇恤
김씨를 서둘러 말리며 더는 말 마시게	急止金生且莫陳
그대의 말 듣노라니 가슴 찢어지네	我聞君言心如割
인자는 반드시 곤궁하고 부자는 인하지 못하니[165]	仁者必窮富不仁
하늘의 처분 어찌 이리도 어긋났나	天公處分何回遹
그대 보지 못했나 도성의 높다란 저택들	君不見城中甲第高於雲
모두가 김씨 장씨 부귀한 집이라네	盡是金張富貴室
옥쟁반의 맛난 음식 용과 봉을 구웠고	玉盤珍羞炰龍鳳
금 화로에 난사[166]와 수탄[167] 태우네	金鑪蘭麝獸炭爇

164 말하기를 : 다음 구부터 區區一身更暇恤까지가 김생(金生)의 말이다.

165 인자(仁者)는……못하니 : 춘추 시대 노(魯)나라 대부 양호(陽虎)가 "부자가 되려면 인하지 못하고, 인을 하려면 부자가 되지 못한다.〔爲富不仁矣, 爲仁不富矣.〕"라고 말한 사실이 있다. 《孟子 滕文公上》

깊숙한 방에 화려한 휘장 둘러서 봄처럼 따뜻하고 曲房繡幙氣如春
미인 불러 맑은 비파 연주하게 하지 喚出妖姬鼓淸瑟
하늘에 닿을 듯 혁혁한 권세만 자랑할 뿐 但誇薰天勢烜爀
문 앞에 굶어 죽는 사람 걱정하겠는가 肯念門前餓死骨

166 난사(蘭麝) : 난향(蘭香)과 사향(麝香)의 병칭으로, 아주 진귀한 향을 가리킨다.

167 수탄(獸炭) : 석탄을 가루로 만들어 짐승 모양으로 뭉쳐 놓은 것인데, 도성의 호귀가(豪貴家)들이 이것을 가지고 술을 데워 마셨다는 고사가 전한다.《晉書 卷93 外戚列傳 羊琇》

저녁 풍경을 바라보며

晩望

"평생 외진 곳에 살아 사립문도 아득하다.〔百年地僻柴門逈〕"의 문체를 본받다.[168]

황폐한 동산에 까마귀 울고 해도 지려는데 廢苑烏啼日欲沈
사립문에 지팡이 짚고 서니 눈 가득 내리네 柴門拄杖雪陰陰
추운 날 연기 낀 숲 외로운 성은 멀고 天寒烟樹孤城遠

168 평생……본받다 : 이하곤이 인용한 시구는 본래 두보의 《두소릉집(杜少陵集)》 권11 〈엄공중하왕가초당겸휴주찬(嚴公仲夏枉駕草堂兼攜酒饌)〉에 보인다. 이하곤이 이 시구의 문체를 본받는다고 한 것은 《석림시화(石林詩話)》에 보이는 "선종에서 논하기를 운문에 세 종류의 말이 있다. 첫 번째는 '흐르는 물결대로 따라가는〔隨波逐浪〕' 구이니, 사물에 따라 임기응변해서 원칙을 고집하지 않는 것이다. 두 번째는 '여러 물줄기를 잘라내는〔截斷衆流〕' 구이니, 말 밖으로 초연히 벗어나서 지식으로 이룰 수 있는 바가 아닌 것이다. 세 번째는 '건곤을 덮는〔函蓋乾坤〕' 구이니, 흔적 없이 딱 들어맞아 사이가 없어서 그 깊고 낮음을 알 수 없는 것이다.……내가 일찍이 학자들에게 일러 말하기를 두보의 시도 또한 이처럼 세 가지 말이 있는데, 다만 선후가 같지 않다. '물결에 밀린 고미는 검은 구름 잠기고, 찬 이슬 젖은 연방은 분홍이 떨어졌네.〔波漂菰米沈雲黑, 露冷蓮房墜粉紅〕'는 함개건곤의 구에 속한다. '떨어지는 꽃과 흔들리는 가지에 한낮 고요하고 우는 비둘기와 어린 제비로 푸른 봄 깊어가네.〔落花游絲白日靜, 鳴鳩乳燕青春深.〕'는 수파축랑의 구라 하겠다. '평생 외진 곳에 살아 사립문도 아득하고 오월에 강은 깊고 초가집 쓸쓸하다.〔百年地僻柴門逈, 五月江深草閣寒.〕'는 절단중류의 구에 속한다.〔禪宗論雲門有三種語, 其一, 爲隨波逐浪句, 謂隨物應機不主故常. 其二, 爲截斷衆流句, 謂超出言外, 非情識所致. 其三, 爲函蓋乾坤句, 謂泯然皆契無間, 可伺其深淺.……予嘗戲謂學子言, 老杜詩亦有此三種語, 但先後不同. 波漂菰米沈雲黑, 露冷蓮房墜粉紅, 爲函蓋乾坤句. 以落花游絲白日靜, 鳴鳩乳燕青春深, 爲隨波逐浪句. 以百年地僻柴門逈, 五月江深草閣寒, 爲截斷衆流句.〕"라는 내용에서 그 의미를 알 수 있다.

"추운 날 새와 짐승은 숲에 엎드렸네.〔天寒鳥獸千林伏〕"라고도 쓴다.

달 아래 음악소리 마을 깊숙한 데서 울리네　月出歌鍾萬戶深
소식 끊긴 벗들 멀리 떨어졌고　音書寂寞親朋隔
머리털 성근데다 늙고 병들었네　鬢髮蕭疏老病侵
만사가 지금 마음에 들지 않으니　萬事於今不稱意
푸른 산에 돌아가 눕는 것만 못하네　莫如歸臥青山岑

한식날 비가 내리는 가운데 경진년(1700, 숙종26)

寒食雨中 庚辰

좋은 날 누구와 회포 나눌까	誰與佳辰懷抱開
아이 불러 또 술상을 차리라 하네	呼兒且進手中盃
쑥대 문에 어찌 귀한 손님 찾아오랴	蓬門那有高軒至
한식날 공연히 가랑비만 바라보네	寒食空看細雨來
뭉게뭉게 구름 아래 버들 솜 어지러이 날고	雲氣霏霏柳絮亂
고요한 봄 그늘 속에 살구 꽃 피려 하네	春陰寂寂杏花催
이 년 동안 양산에 가지 못했으니[169]	二年不向陽山路
동풍에 눈물 흘리며 온갖 슬픔 이는구나	淚眼東風自百哀

169 이 년……못했으니 : 《두타초(頭陀草)》 책12 〈망아봉석광명(亡兒鳳錫壙銘)〉에 "같은 달 어느 날에 양지 신창리에 있는 어머니 묘소 곁에 묻어서 너의 혼백으로 하여금 의지할 바가 있게 한다.〔以同月某日, 瘞于陽智新倉里先夫人墓傍, 使汝魂魄, 有所依歸也.〕"라고 하였으므로, 이하곤의 어머니 묘소가 양지 신창리에 있었음을 알 수 있다. 양지는 현재의 경기도 용인시의 옛 이름이고, 신창리는 경기도 안성시 고삼면에 있으므로, 양산(陽山)은 용인과 안성 사이임을 알 수 있다. 여기서는 한식인데도 어머니 산소에 가지 못한 심정을 말하고 있는 것이다.

외로운 생활

幽獨

외로이 지내며 세상사 두려워	幽獨畏人事
성곽 북쪽 산으로 이사했네	新移郭北岑
저절로 성시와 멀어지니	自能遠城市
여기도 산속이네	是處亦山林
새소리 들으며 지팡이 짚고 거닐고	倚杖鳥啼外
꽃나무 그늘에서 책도 읽노라	讀書花樹陰
집에 찾아오는 이 없이	門前車馬絶
다만 흰 구름만 깊어라	但有白雲深

봄이 저물다

春晩

쓸쓸히 봄날 저무는데	寥寥春事晩
홀로 사립문 닫고 누웠노라	獨自臥荊扉
햇살 따뜻해 복사꽃 어여쁘고	日暖桃花嫩
산들 바람에 제비가 돌아오네	風輕燕子歸
나고 자라는 사물 바라보니	生成看物化
크든 작든 저마다 천기 있구나	巨細各天機
탁주를 마음껏 마실 수 있으니	濁酒從心在
그윽한 삶 흥겹구나	幽栖興不違

군산[170]과 함께 자다

得君山同宿

미호[171]의 나그네 만나	相逢渼湖客
영평의 시[172]를 들었네	留聽永平詩
속세에서 나는 속박되었는데	塵土吾猶縛
산림에서 너는 얽매이지 않는구나	山林爾不羈
구름 깊은 곳에서 폭포 바라보고	雲深看瀑處
꽃 떨어질 때 스님 찾아 갔구나	花落訪僧時
청령[173]의 달빛 한없이 좋은데	無限淸泠月

170 군산(君山) : 김숭겸(金崇謙, 1682~1700)으로, 본관은 안동(安東), 자는 군산, 호는 관복암(觀復菴)이다. 160쪽 각주138 참조.

171 미호(渼湖) : 경기도 남양주 근처에 있는 미수(渼水)를 가리키는 것으로 보인다. 김숭겸이 미수 근처에서 거주하였다.

172 영평(永平)의 시(詩) : 김숭겸의 《관복암시고(觀復菴詩稿)》에 영평이라는 시어는 모두 세 번 사용되었다. 그 가운데 〈계춘 보름 뒤에 아버지를 모시고 영평에 갔다. 당시 온갖 꽃들이 산에 만발하고……〔季春望後 陪家君往永平 于時百花滿山……〕〉라는 시가 있는 것으로 보아, 영평은 경기도 포천시 영중면・영북면・창수면・일동면・이동면 일대에 있었던 영평현(永平縣)을 가리키는 것으로 보인다. 그러나 여기서 이하곤이 보았다는 작품은 정확히 어떤 작품인지 알 수 없다. 〈조계(曹溪)〉에 스님을 언급한 내용이 보이기는 한다.

173 청령(淸泠) : 원주에 있는 바와 같이 청령뢰(淸泠瀨)라고 하는 여울 이름이다. 김창협(金昌協)의 《농암집(農巖集)》 권36 〈연보 하(年譜下)〉에 "농암에 들어가 청령뢰 가에 정자를 지었다.〔入農巖, 作亭于淸泠瀨上.〕"라고 하였으므로, 청령뢰가 농암에 있음을 알 수 있다.

청령은 여울 이름으로, 동음(洞陰)[174]에 있다.

마음 논할 사람 다시 누가 있는가 論心更是誰

174 동음(洞陰) : 김창협이 집을 짓고 거주하였던 경기도 영평현(永平縣) 응암(鷹巖) 마을의 별칭이다. 《농암집(農巖集)》 권22 〈증유영숙부연서(贈兪寗叔赴燕序)〉에 "왕년에 나는 동음의 백운산 기슭에 살았었다.〔昔年余家洞陰白雲山下〕"라고 하였다.

또 운 자를 얻어 함께 짓다

又得雲字同賦

복사꽃 어느덧 여기저기 피었는데	桃花開已遍
맑은 밤에 그대만 머무르네	淸夜獨留君
거리 조용해 바람이 북소리 전해 오고	街靜風傳鼓
누대 밝아지니 달이 구름에서 나오네	樓明月吐雲
등불 앞에서 자주 칼을 보고[175]	燈前頻看劍
술 마시고 자세히 글 논하네	酒後細論文
경륜에 대해 토론해 보니	語到經綸際
발군의 높은 재주 지녔구나	高才更絶群

2

맑고 넓은 삼주	三洲淸以曠
그대 여기 은거하네[176]	是處隱吾君
즐거운 마음으로 흐르는 물 바라보며	樂意看流水
아득한 정을 흰 구름에 부쳤네[177]	遐情寄白雲

175 등불……보고 : 김숭겸(金崇謙)과 시사(時事)를 이야기 하며 나랏일을 걱정하는 마음을 읊은 것이다. 두보(杜甫)의 시에 "책 보노라니 등불 짧아지고, 칼 보면서 오래 술 마시네.〔檢書燒燭短, 看劍引杯長.〕"라고 하였다. 《杜少陵集 卷1 夜宴左氏莊》

176 맑고……은거하네 : 김숭겸이 삼주(三洲)에 산다는 말이다. 삼주는 경기도 남양주시 지금동에 위치한 석실서원(石室書院) 앞쪽에 있는 세 개의 모래톱을 가리킨다. 161쪽 각주141 참조.

시대 아파하며 얼마나 울었던가 傷時幾危涕
세상 놀라게 할 뛰어난 글 있어라 驚世有高文
훗날 그대의 이웃으로 가서 他日卜隣去
앞강에서 갈매기와 어울리리 前江鷗鷺群

177 즐거운……부쳤네 : 김숭겸이 삼주에서 지내면서 출세의 뜻을 접었다는 말이다. 참고로 백거이(白居易)의 시에 "옛날 품었던 청운의 뜻을, 지금은 바꾸어 백운으로 향했다네.〔昔日青雲意, 今移向白雲.〕"라고 하였다.《白香山詩集 卷16 黃石巖下作》

숲 아래에서

林下

이미 세상일 끊고	已謝寰中事
숲 아래에서 사노라	還從林下居
남은 봄에 꽃들 쓸쓸히 흩날리고	餘春花寂寂
맑은 날에 새들 천천히 날아가네	晴日鳥徐徐

이 두 구는 "꽃 날려 봄날 쓸쓸하고, 새 우는 가운데 날 더디 가네.〔花飛春寂寂, 啼鳥日徐徐.〕"로도 쓴다.

대나무 풍경이 술잔에 비치고	竹色侵尊酒
소나무 그늘이 서가에 내리네	松陰散架書
눈앞에 속세 물건 하나도 없으니	眼前稀俗物
도의 마음 비었음을 알겠구나	自覺道心虛

유실의 산골 집에 들르다

過柳實山居

봄바람 맞으며 가노라니	步屧春風裏
수양버들 드리운 오솔길 비끼었네	垂楊一徑斜
그대에게 신선의 정취 있는 줄 알기에	知君有仙趣
마음 내키는 대로 산골 집에 왔어라	隨意到山家
뜨락에는 친근한 학이 춤추고	庭舞親馴鶴
화분에는 손수 심은 꽃이 피었네	盆開手種花
시 지으며 깊은 대숲에 앉았노라니	題詩坐深竹
그윽한 흥취가 연하에 가득하다	幽興滿烟霞

밤에 삼주[178]에서 묵으며 한 자를 얻어 군산[179]과 함께 짓다
夜宿三洲 得寒字 與君山同賦

강가 누대에서 함께 자려니 여울 소리 들리고	江樓對宿聽風灘
가랑비 내리는 사촌[180]에 등불도 쓸쓸하네	微雨沙村燈火寒
성곽 밖으로 내가 술 들고 왔더니	郭外我能携酒至
담소 사이에 그대 시 꺼내 보이네	談間爾自出詩看
흥취 일어나니 고깃배 저어 가고 싶고	興來只欲橫漁艇
취기 오르자 두건이 떨어지려 하네	醉劇相將倒葛冠
한스럽게도 봄 내내 만나지 못했으니	可恨三春稀見面
그대와 취해서 한껏 즐김을 어찌 마다하랴	寧辭一醉盡君歡

178 삼주(三洲) : 경기도 남양주시 지금동에 위치한 석실서원(石室書院) 앞쪽에 있는 세 개의 모래톱을 가리킨다. 161쪽 각주141 참조.

179 군산(君山) : 김숭겸(金崇謙, 1682~1700)으로, 본관은 안동(安東), 자는 군산, 호는 관복암(觀復菴)이다. 160쪽 각주138 참조.

180 사촌(沙村) : 강가에 있는 마을을 가리키기도 하는데, 김숭겸의 《관복암시고(觀復菴詩稿)》 〈중양절에 비가 그치지 않아 이웃의 벗들이 약속하고도 모두 오지 않았다〔九日江雨不已 隣朋置約皆不到〕〉에도 "가랑비 내리는 사촌에 구름이 울타리로 들어오네.〔寒雨沙村雲入籬〕"라는 구절이 있는 것으로 보아, 고유명사일 가능성을 배제할 수 없다.

또 유 자를 얻었다

又得遊字

성곽 안에서 부질없이 서글피 바라보다가	郭中空悵望
호숫가에서 맑은 유람 함께하니	湖上共淸游
가랑비가 도리어 시를 재촉하고	細雨還催句
맑은 강물에 시름 가시려 하네	澄江欲散愁
돌아가는 배가 옅은 안개를 끌고 가고	歸舟牽薄霧
우는 학이 외로운 모래톱에 내리네	鳴鶴下孤洲
술 깨고 나서 다시 손잡으니	醉罷重携手
숲 속 꾀꼬리 소리 저물녘에 더욱 그윽하다	林鷪晩更幽

밤에 삼주[181]에서 묵으며 유 자를 얻어 군산[182]과 함께 짓다
夜宿三洲 得遊字 與君山同賦

혼탁한 세상에 도가 용납되기 어려우니　道難容濁世
늙어서 다시 창주를 떠올리네[183]　老復憶滄洲
우연히 나귀 타고 가다가　偶爾騎驢去
그대로 성곽 밖에 노니네　仍成出郭遊
맑은 강가에 지팡이 짚고 서서　淸江來拄杖
석양에 돌아가는 배 바라보네　落日見歸舟
앞쪽 언덕에 산수풍경 좋으니　前岸林泉好
그대 따라 집 짓고 살려네　從君卜宅留

181 삼주(三洲) : 김숭겸(金崇謙)의 거처 주변에 있는 세 개의 모래톱이다. 161쪽 각주141 참조.

182 군산(君山) : 김숭겸(1682~1700)으로, 본관은 안동(安東), 자는 군산, 호는 관복암(觀復菴)이다. 160쪽 각주138 참조.

183 혼탁한……떠올리네 : 세상에 나아가 경륜을 펼칠 수 없으므로 은거할 마음이 든다는 말이다. 창주(滄洲)는 맑은 물가라는 뜻인데, 일반적으로 경치 좋은 은자(隱者)의 거처를 가리킨다. 삼국 시대 위(魏)나라 완적(阮籍)의 글에 "창주를 굽어보며 지백에게 사례하고, 기산에 올라가 허유에게 읍한다.〔臨滄洲而謝支伯, 登箕山而揖許由.〕"라고 한 데서 유래하였다. 《文選 卷40 爲鄭沖勸晉王箋》

도중에 막내아우 재창[184]을 전송하고 윤씨 댁의 정자에 오르다
途中送季弟載昌 登尹家亭子

강가에서 이별하고	臨江蹔分手
여흥[185]의 외로운 정자에 올랐어라	汝興已孤亭
말 매어 두니 꽃 떨어지고	繫馬花應落
시 읊조리며 새소리 들을 만하네	吟詩鳥可聽
비탈의 소나무 구불구불 어여쁘고	崖松憐屈曲
시냇물은 청령[186]을 떠오르게 하네	澗水憶淸泠
난간에 기대 서 있던 날 회고하니	回首倚闌日
봄바람이 술을 깨게 하였지	春風吹酒醒

184 재창(載昌) : 이명곤(李明坤)으로, 본관은 경주(慶州), 자는 재창이다. 이하곤에게는 이한곤(李漢坤)과 이명곤 두 아우가 있었다.

185 여흥(汝興) : 미상이다. 윤씨의 정자에 올랐다고 하였으므로, 윤씨의 자(字)로 추측되지만 고증할 수 없다.

186 청령(淸泠) : 청령뢰(淸泠瀨)를 가리킨다. 김창협(金昌協)의 《농암집(農巖集)》 권36 〈연보 하(年譜下)〉에 "농암에 들어가 청령뢰 가에 정자를 지었다.〔入農巖, 作亭于淸泠瀨上.〕"라는 내용이 있다.

돌아오는 길에 서글픈 생각이 끝이 없었다

歸路悵懷未已

미수는 점차 멀어지고	渼水看漸遠
삼봉이 어느새 분명히 보이네[187]	三峰眼忽明
집에 간들 무슨 즐거움 있을까	歸家有何好
벗과 헤어지니 서글픔 가시질 않네	別友悵餘情
초기 -원문 빠짐- 의지했고	樵騎依□□
-원문 빠짐- 곳곳에서 밭 가는구나	□□處處耕
외로이 읊조리며 말 가는대로 두었더니	孤吟行信馬
초승달 어느새 먼 성에 지는구나	纖月已遙城

187 미수(渼水)는……보이네 : 김숭겸(金崇謙)이 있는 남양주에서 단양 쪽으로 가는 것을 읊은 것이다. 미수는 경기도 남양주시에 있는 물 이름이다. 삼봉(三峰)은 단양에 있는 도담삼봉(島潭三峰)을 가리킨다.

둘째아우 재천[188]과 막내아우 재창[189]을 데리고 행호[190] 강가에 있는 송여규[191]의 집을 방문하다

携仲弟載天季弟載昌 訪宋汝奎杏湖江居

저물녘 전원에 말 세우고	歇馬田家夕
푸른 나무 그늘 아래로 상 옮겨 앉았네	移床綠樹陰
맑은 강물에 외로운 달 가까이 뜨고	江明孤月近
멀리 마을에 두어 등불 은은히 빛나네	村遠數燈深
잠시 창주의 은거지에 와서	暫就滄洲隱
속세의 마음 깨끗이 잊노라[192]	頓忘塵土心
국화 필 때 만나	相期菊花節
그대와 탁주 마실 것을 기약하네	濁酒對君斟

188 재천(載天) : 이한곤(李漢坤)으로, 본관은 경주(慶州), 자는 재천이다.

189 재창(載昌) : 이명곤(李明坤)으로, 본관은 경주, 자는 재창이다.

190 행호(杏湖) : 경기도 고양시 행주(幸州) 앞으로 흐르는 한강을 가리킨다. 행주는 예전에 행주(杏州)와 통용되었다.

191 송여규(宋汝奎) : 송징오(宋徵五)로, 본관은 여산(礪山), 자는 여규이다.

192 잠시……잊노라 : 송징오의 집을 방문하니 속세의 생각이 사라진다는 말이다. 창주(滄洲)는 푸른 물가라는 뜻인데, 일반적으로 경치 좋은 은자(隱者)의 거처를 가리키며, 여기서는 송징오의 거처를 뜻한다. 196쪽 각주183 참조.

범허정 벽에 적힌 시[193]를 차운하다 2수

次汎虛亭壁上韻 二首

범허정 아래로 강물 흐르고	汎虛亭下江水流
정자 앞에 달 뜨자 강 안개 걷히네	亭前月出江霧收
몇몇 성긴 등불이 먼 언덕에서 밝게 빛나고	數點疏燈明遠岸
한 무리 기러기가 복판 모래톱에서 날아오르네	一群鳴鴈起中洲
앓다가 성곽 나왔어도 본래 높은 흥 있어	病餘出郭元高興
취해서 배 띄우고 멋지게 즐기노라	醉後橫舟亦勝遊
싱싱한 회와 향기로운 술 그대가 마련한다면	雪膾香醪君可辦
내가 한가한 날마다 찾아오리	吾能暇日輒相求

193 범허정(汎虛亭)……시 : 위의 시에 송징오(宋徵五)가 있는 것으로 보아, 여기서 범허정은 범허정(泛虛亭)을 가리키는 것으로 보인다. 송광연(宋光淵, 1638~1695)의 《범허정집(泛虛亭集)》 권6 〈선비숙부인동래정씨행장(先妣淑夫人東萊鄭氏行狀)〉에 "광연은 판서 이정영의 딸에게 장가들었으나, 아들이 없어서 징오를 후사로 삼았다.〔光淵娶判書李正英女, 無子, 以徵五爲後〕"라고 하였으므로, 송징오는 송광연의 양자임을 알 수 있는데, 송광연의 호가 범허정이다. 최석정(崔錫鼎)의 《명곡집(明谷集)》 권22 〈이조참판송공신도비명(吏曹參判宋公神道碑銘)〉에 "고양의 행호에 집을 짓고 그 정자의 편액을 범허정이라 하였다.〔卜築于高陽之杏湖, 扁其亭曰泛虛.〕"라고 하였으므로, 범허정이 경기도 고양시에 있었음을 알 수 있다. 송광연의 《범허정집》 권2에 수록된 〈시여탈영류귀범허정……(始余脫永纍歸泛虛亭……)〉의 운자가 이하곤의 첫 번째 시의 운자와 일치한다.

너른 강가의 외로운 정자 공중에 뜬 듯한데	孤亭江闊若浮空
앉아서 봄 조수에 오가는 많은 배들 보내네	坐送春潮萬舸通
머문 나그네는 꽃나무 아래에서 시 읊조리고	宿客吟詩花樹裏
어부는 달빛 속에서 그물 거두누나	漁人收網月光中
이웃집에 쑥대 우거진 오솔길 만들게 해서	肯令隣舍開蓬徑
창주에 나아가 낚시꾼 되고 싶네[194]	欲就滄洲作釣翁
선배들의 풍류는 벽 가득 시로 남아	前輩風流詩滿壁
깊은 밤 외로운 촛불이 사롱을 비추네[195]	夜深孤燭照紗籠

194 창주(滄洲)에……싶네 : 범허정 주변에서 은거하는 삶을 살고 싶다는 말이다. 창주는 맑은 물가라는 뜻인데, 일반적으로 경치 좋은 은자(隱者)의 거처를 가리킨다. 196쪽 각주183 참조.

195 선배들의……비추네 : 범허정 벽에 걸린 선배들의 시를 촛불로 비추어 읽고 있는 모습을 읊은 것이다. 사롱(紗籠)은 벽사롱(碧紗籠)의 준말로, 먼지가 묻지 않도록 푸른 깁으로 감싸서 벽에 쓴 시문을 보호하는 것이다. 당(唐)나라 때 왕파(王播)가 어려서 가난하였으므로, 양주(楊州) 혜소사(惠昭寺) 목란원(木蘭院)의 객이 되어 글을 읽으며 승려들을 따라 잿밥〔齋食〕을 얻어먹었는데, 승려들이 그를 홀대하였다. 20여 년이 지난 뒤에 왕파가 높은 지위에 있다가 이 지방에 출진(出鎭)해서 그 절을 찾아갔더니, 지난날 자기가 벽에다 써 놓은 시를 벌써 푸른 비단으로 감싸 놓고 있었으므로, 그 시의 뒤에 "이십 년 동안 먼지를 뒤집어쓰고 있다가, 오늘에야 푸른 깁으로 장식되었구나.〔二十年來塵撲面, 如今始得碧紗籠.〕"라고 써넣었다는 고사가 전한다.《唐摭言 卷7 起自寒苦》

여규[196]와 함께 도이[197] 김시좌 의 관란정에 들르다
同汝奎過道以 金時佐 觀瀾亭

호숫가 외로운 정자 언제 지었나	孤亭湖上幾時成
정자 아래 맑은 물에 갓끈 빨 만하네	亭下淸流來濯纓
흰 벽에 시 쓰며 함께 한바탕 웃고	素壁題詩同一笑
붉은 난간에서 술 마시니 더욱 정겹네	朱欄携酒更深情
건너편 숲의 꾀꼬리 소리 서로 부르는 듯하고	隔林鶯語如相喚
몇 그루 나무에 꽃 피어 부질없이 환하네	數樹花開空自明
남쪽 고을로 간 주인 떠올리며	却憶主人南郡去
하늘 끝으로 머리 돌리니 저녁 구름 피어나네	天涯回首暮雲生

당시 도이가 부친을 따라 담양(潭陽)에 갔다.[198]

196 여규(汝奎) : 송징오(宋徵五)로, 본관은 여산(礪山), 자는 여규이다.

197 도이(道以) : 김시좌(金時佐, 1664~1727)로, 본관은 안동(安東), 자는 도이이다. 김창협(金昌協)의 문인이다.

198 당시……갔다 : 김시좌의 부친은 김성최(金盛最, 1645~1713)인데, 《승정원일기》 숙종 25년 2월 28일 기사에 담양 부사(潭陽府使) 김성최가 하직했다는 기록이 있는 것으로 보아, 김시좌가 부친의 임소(任所)에 갔던 것으로 추측된다. 김성최의 자는 최량(最良)이다. 《三淵集拾遺 卷25 族兄牧使公墓表》

인경궁[199] 옛 터를 지나다

過仁慶宮故址

인경궁 그 이름 오래되었으니	仁慶宮名久
청산만 그 흥폐 보았구나	青山閱廢開
때때로 빨래하는 아낙들 올 뿐	有時浣女至
다시 임금의 수레 오지 않는구나	無復乘輿來
시냇물은 어찌 저리 빨리 흐르는가	澗水流何駛
솔바람 소리 저물녘에 애달프다	松聲暮自哀
누대가 시야에 들어와	樓臺眼中起
올라 바라보니 마음 아련하네	臨眺意悠哉

199 인경궁(仁慶宮) : 광해군(光海君) 때 인왕산 아래에 지었던 궁궐이다. 임진왜란 당시 소실된 창덕궁을 광해군 때 복구하였으나, 광해군은 창덕궁을 불길하게 여겨 이어(移御)를 망설였다. 1616년(광해군8) 인왕산 아래가 명당이라는 승려 성지(性智)의 말에 따라 공사를 시작하였다.

유두일에 백당형 김 태복[200] 치룡 과 광흥창[201] 누대에서 더위를 피하며 운자를 정해 각각 지었다

流頭日 同伯堂兄金太僕 致龍 避暑廣興倉樓 限韻各賦

저물녘에 말 타고 강가 광흥창에 찾아오니	晩來騎馬過江倉
높은 버들에서 매미 울고 날 저물려 하네	高柳鳴蟬欲夕陽
푸른 풀빛 먼 하늘까지 펼쳐져 돛 그림자와 닿고	青草天長連帆影
흰 모래밭 먼 마을까지 뻗어 호수 빛 어른대네	白沙村遠隱湖光
작은 누대에 오르자 상쾌해 좋으니	還憐小閣登時快
산들바람이 취한 뒤에 계속 불어오네	自有微風醉後長
한가한 날 그대가 더위 피해 마시니	暇日君能逃暑飲
병든 나도 이제부터 자주 노닐리라	病夫從此數周章

200 김 태복(金太僕) : 김치룡(金致龍, 1654~1724)으로, 본관은 언양(彦陽), 자는 천용(天用)이다. 《耳溪集 卷27 工曹參判金公墓碣銘 幷序》

201 광흥창(廣興倉) : 현재의 서울특별시 마포구 창전동 일대에 있었는데, 조선 시대 관원들의 녹봉(祿俸)을 보관하고 지급하는 관아와 그 창고가 있었다.

2

아득히 배 타고 광흥창으로 달려가니	漠漠風檣赴太倉
검푸른 연기 숲이 검양[202]에서 나오네	蒼蒼烟樹出黔陽
더위 물러간 높은 누대의 저녁	炎蒸退聽高樓夕
술 마련해서 석양 속에 노니네	樽酒留連落日光
공무 한가한 태복시의 관원 나란히 오니	官閒太僕聯騎至
좋은 명절 유두일이라 흥취도 길어라	節勝流頭乘興長
청광하다며 우리들 멀리 말라	莫以淸狂疏我輩
백 번인들 어찌 체통의 글 마다하랴[203]	何辭百遍遞筒章

202 검양(黔陽) : 현재의 서울특별시 영등포구와 금천구 일대를 가리킨다. 《경수당전고(警修堂全藁)》 책16 〈검지산양봉……(黔芝山兩峯……)〉의 여섯 번째 수(首)에 "시흥현은 옛날 금천현인데, 음은 금과 검이 비슷해도 뜻은 같지 않네.〔始興縣舊衿川縣, 音似衿黔字義非.〕"라고 하였는데, 그 아래에 "시흥현은 옛날 검양현인데 검천으로 고쳤다가 다시 금천으로 고쳤고, 정조 때 지금의 이름으로 고쳤다.〔始興古黔陽縣, 改黔川, 又改衿川, 正廟時改今名.〕"라는 주(註)가 있다. 시흥현은 현재의 서울특별시 영등포구, 관악구, 금천구, 구로구, 동작구, 경기도 안양시, 광명시, 군포시 일대에 있었던 고을이다.

203 백 번인들……마다하랴 : 어울려 유람하면서 시문(詩文) 주고받는 일을 마다하지 않는다는 말이다. 체통(遞筒)은 지은 시문을 말아서 죽통(竹筒)에 넣어 전한다는 뜻으로, 체는 여러 곳에 차례로 전하는 것이고, 통은 종이를 말아서 넣는 죽통이다.

7월 2일 소나기가 내리다

七月二日急雨

동남쪽에 구름이 문득 짙푸르고	東南雲氣忽青蒼
삼각산 정상에 햇살 번뜩이더니	三角峰頭閃日光
소나기 몰려와 먼 숲 검어지고	急雨驅來遙樹黑
우레가 저녁 하늘에 오래도록 울리지만	轟雷輾去暮天長
산발로 책 베고 누워도 무방하고	不妨散髮攤書臥
높은 누대 시원해져 더욱 좋구나	且喜高樓滿意涼
술 마시려 해도 함께할 사람 없어	欲把一尊無伴侶
조각배 타고 미호로 가고픈 마음이네[204]	扁舟興在渼湖旁

204 술……마음이네 : 김숭겸(金崇謙)이 그립다는 말이다. 미호(渼湖)는 경기도 남양주시에 있는 물 이름으로, 미수(渼水)라고도 한다. 이하곤의 스승인 농암(農巖) 김창협(金昌協), 그리고 이하곤과 교유했던 김창협의 아들 김숭겸이 살던 곳이다.

밤
夜

긴긴 가을 밤 잠 못 들고	不寐秋宵永
쓸쓸히 이는 온갖 상념 어지러워라	凄其萬慮紛
시절이 어느덧 유화에 다다르니	天時已流火
세상사는 구름만 바라보네[205]	世事獨看雲
초승달이 숲 사이로 나오고	纖月林間出
찬 벌레 소리 등불 아래 들려오네	寒蟲燈下聞
고향에 돌아가지 못했으니	故園歸未得
북산의 글에 매우 부끄럽다[206]	深愧北山文

205 시절이……바라보네 : 계절이 가을로 접어들면서 고향 생각이 간절하다는 말이다. 유화(流化)는 대화심성(大火心星)이 음력 7월에 서쪽으로 내려가므로, 7월의 초가을이 되었음을 말한다. 《시경》〈칠월(七月)〉에 "칠월에 대화심성이 서쪽으로 내려가면, 구월에는 두터운 옷을 준다.〔七月流火, 九月授衣.〕"라고 하였다. 간운(看雲)은 구름을 바라본다는 말인데, 자식이 타향에서 어버이를 생각한다는 의미이다. 당(唐)나라 적인걸(狄仁傑)이 태항산(太行山)을 넘어가다가 흰 구름이 외로이 떠가는 남쪽 하늘을 바라보면서 "저 구름 아래에 어버이가 계신다.〔吾親所居, 在此雲下.〕"라고 하고, 한참 동안 머물러 있다가 구름이 다른 곳으로 옮겨 간 뒤에 다시 길을 떠났다는 고사가 전한다. 《舊唐書 卷89 狄仁傑列傳》

206 고향에……부끄럽다 : 세상에 나와 지내는 자신의 신세가 부끄럽다는 말이다. 북산문(北山文)은 남조 송(南朝宋)의 공치규(孔稚珪)가 지은 〈북산이문(北山移文)〉을 가리킨다. 이 글에서 공치규는 북산(北山)에서 함께 은자 생활을 하다가 변절하고 벼슬길에 나선 주옹(周顒)을 못마땅하게 여겨, 산신령의 이름을 가탁하여 신랄하게 풍자하면서 다시는 산에 들어오지 말라고 하였다.

쓸쓸함

寥寥

홀로 쓸쓸히 누워 있노라니	獨自寥寥臥
숲 바람이 점점 서늘하게 불어오네	風林稍稍涼
가을 되자 몸이 조금 가뿐해져	逢秋身蹔健
밤 되니 흥을 잊기 어렵구나	入夜興難忘
달빛이 빈 마당에 가득하고	月色空庭得
솔바람 소리가 황폐한 동산에 길게 울리네	松聲廢苑長
서글픈 벌레 울음이 그윽한 읊조림에 화답하니	悲蟲答幽嘯
돌아가고픈 마음 푸른 물결에 일렁인다	歸意動滄浪

밤에 누워 있다가 감회가 있어서
夜臥有感

누워서 솔바람 소리 듣노라니 흥이 넘치고	臥聽松風興有餘
우러러 별과 달 바라보니 허공에 반짝이네	仰看星月當大虛
벌레소리는 가을 들어 많아지고	蟲聲自入新秋急
밤기운은 도리어 태곳적인가 싶어라	夜氣還疑太古初
사방 벽 비었지만 단검 걸렸고	四壁雖空懸短劍
다섯 수레 책은 좋은 글 짓는 데 필요 없네	五車無用著奇書
사랑스럽다 삼주에 있는 나의 벗	獨憐吾友三洲客
날마다 앞쪽 강에서 고기 낚겠지[207]	應向前江日釣魚

207 사랑스럽다……낚겠지 : 김숭겸을 떠올리며 초야에 은거하고 싶은 감회를 읊은 것이다. 삼주(三洲)는 김숭겸의 집 근처에 있는 모래톱이다. 161쪽 각주141 참조.

달

月

밝은 바탕 본래 이지러진 곳 없어　　皓質元無缺
외로운 바퀴 점차 둥글어지네　　孤輪漸欲團
가을에 희게 빛나는 모습 가장 사랑스러워　　最憐秋後白
홀로 한밤에 보노라　　獨向夜深看
토끼는 몸이 깨끗할 테고　　顧兎身應潔
항아는 잠자리 더욱 차가우리[208]　　常娥宿更寒
강호에서 고개 돌려 바라보니　　江湖回首地
맑은 여울에 그림자 아른대네　　影落幾淸灘

208 토끼는……차가우리 : 가을밤에 달을 바라보면서 달과 얽힌 전설을 인용하여 읊은 것이다. 고토(顧兎)는 달에 토끼가 산다는 전설이 있기에 한 말인데, 《초사(楚辭)》 〈천문(天問)〉에 "달에게는 무슨 덕이 있기에 죽었다가 곧 살아나는고. 그 속에는 무슨 이로움이 있기에 돌아보는 토끼가 항상 뱃속에 있는고.〔夜光何德, 死則又育. 厥利維何, 而顧兎在腹.〕"라고 하였다. 항아(常娥)는 항아(嫦娥) 또는 항아(姮娥)로도 쓰는데, 중국 고대 전설에 등장하는 여신으로 달을 상징한다. 전설에 의하면 항아는 본래 활을 잘 쏘는 후예(后羿)의 아내였는데, 남편이 서왕모(西王母)에게서 훔쳐 온 불사약을 몰래 먹었다가 발각되어 달로 도망쳤다고 한다. 《淮南子 卷6 覽冥訓》

군산[209]이 들러 주어 기뻤다

喜君山見過

당시 군산(君山)이 삼주(三洲)[210]에서 배를 타고 서쪽으로 내려가는 길이었다.

나그네가 저물녘에 외진 집 들러 주어	有客晩過窮巷居
매미 소리 들으며 함께 작은 정자에 앉았네	聽蟬同坐小亭虛
온 가족이 미수[211] 향해 외로운 배로 내려가니	全家渼水孤舟下
가을에 아름다운 시 몇 수 남기네	佳句新秋數首餘

209 군산(君山) : 김숭겸(金崇謙, 1682~1700)으로, 본관은 안동(安東), 자는 군산, 호는 관복암(觀復菴)이다. 160쪽 각주138 참조.

210 삼주(三洲) : 경기도 남양주시 지금동에 위치한 김숭겸의 거처 주변에 있는 세 개의 모래톱이다. 161쪽 각주141 참조.

211 미수(渼水) : 경기도 남양주시에 있는 물 이름으로, 김숭겸의 거처 주변에 있다.

문을 닫고서

閉門

쓸쓸히 문 닫은 집 안에서	寥寥閉門裏
홀로 가을 산 바라보네	獨自對秋山
이슬 내려 온갖 벌레 서둘러 울고	露下百蟲急
달 밝아 성긴 나무 한가롭다	月明疏木閑
외로운 심사 세상일 벗어나서	孤懷世事外
국화 사이에서 한바탕 웃노라	一笑菊花間
창주에서 늙고 싶은 마음 간절한데[212]	垂老滄洲思
서풍이 또 나그네 얼굴에 스친다	西風又客顔

212 창주(滄洲)에서……간절한데 : 초야에 은거하고 싶은 마음이 간절하다는 말이다. 창주는 푸른 물가라는 뜻인데, 일반적으로 경치 좋은 은자(隱者)의 거처를 가리킨다. 196쪽 각주183 참조.

새벽에 일어나 감회를 쓰다

曉起書懷

벌레 소리 새벽에도 그치지 않고 蟲聲曉不息
지는 달이 숲 자락에 밝아라 落月林端明
연못가[213] 오래된 초가집에 앉았노라니 潭上舊茅屋
샘물 소리에 마음 이끌리네 風泉牽我情
문장은 말세와 맞지 않고 文章妨末俗
훈업은 평생의 바람 저버렸네 勳業負平生
끝없는 운산 너머에서 無限雲山外
누구와 나란히 밭 갈 수 있을까 何人可耦耕

213 연못가 : 《두타초(頭陀草)》에 담상(潭上)이 자주 등장하는데, 이것은 이하곤이 거주했던 진천의 사담(沙潭) 주위를 가리킨다.

가을밤에 감회가 있어서

秋夜有感

외진 골짝에 어찌 찾아오는 손님 있을까　窮谷何曾有客過
산 바라보며 문 닫아두는 때 많아라　看山只自閉門多
청운의 벼슬길에 다시 나갈 바람 없지만　鶱騰無復靑雲望
슬프다 하얗게 세는 머리 어이할까　感慨將如白髮何
늙은 홰나무 잠깐 스쳐 바람소리 절로 메아리지고　乍挾老槐風自響
높은 버들 중간에 걸린 달빛 은은하게 흐르네　半遮高柳月微波
가을 찾아오니 새 시의 흥을 저버릴 수 있으랴　秋來可負新詩興
지팡이 짚고 울타리 동쪽에서 또 읊조리네　扶策籬東且一哦

진사 연성휘[214] 세화 가 방문했기에 함께 짓다

延進士聖輝 世華 見訪 同賦

이 시는 마땅히 위의 〈춘만(春晩)〉 아래에 있어야 한다.

푸른 봄날 저녁에 편안히 누웠더니	高臥青春晩
그윽한 집에 밝은 해 길어라	幽棲白日長
벗이 찾아 주니	故人相就問
가난한 집에 광채 나는구나	貧舍已輝光
새끼 기르는 새는 깊은 숲으로 옮겨 가고	鳥乳移深樹
밝은 꽃은 먼 담장에서 피어나네	花明出遠墻
이웃 사람이 탁주 들고 와서	隣家過濁酒
석양까지 취하도록 마시네	留醉到斜陽

2

오랫동안 연 진사 만나지 못했는데	不見延生久
봄 따라 초가 정자에 와 주었네	隨春到草亭
살구꽃은 바람결에 떨어지고	杏花風自落
구기자는 비 맞아 더욱 푸르네	枸杞雨新青
술잔 들고 두건 비뚤어질 때까지 마시고[215]	把酒欹烏匼

214 연성휘(延聖輝) : 연세화(延世華)로, 본관은 곡산(谷山), 자는 성휘이다. 1687년(숙종13)에 진사시에 합격하였다.

215 술잔……마시고 : 술을 실컷 마신다는 말이다. 오암(烏匼)은 은자가 쓰는 검은

시 읊조리며 병풍 같은 푸른 산 바라보네 吟詩望翠屛
저물녘에 그윽한 흥취 고조되어 晩來幽興極
마주 앉아 저녁 새 소리 듣네 對坐暝禽聽

3

쇠약한 사담 사람과 潦倒沙潭子
시름겨운 석곶 사람[216] 窮愁石串生
봄 깊어가는 데도 객지에서 지내니 春深猶旅食
늙어가며 어찌 재명 떨칠 수 있으랴 老去豈才名
새 내려와 빈 마당에 서고 鳥下空庭立
꽃 활짝 피어 숲 환하네 花添燭樹明
그윽한 집에 속세의 일 없으니 幽居無俗事
탁주를 그대와 기울이네 濁酒對君傾

두건이다. 두보(杜甫)의 시에 "저녁 바람이 오암에 서늘하니, 지쳤던 근력이 다시 살아난다.〔晩風爽烏匼, 筋力蘇摧折.〕"라고 하였다. 《杜少陵集 卷15 七月三日亭午已後……》

216 쇠약한……사람 : 이하곤 자신과 연세화를 말한다. 사담(沙潭)은 현재의 충청북도 괴산군 청천면 사담리 일대로, 이하곤이 거주하던 곳이다. 석곶(石串)은 한양의 동쪽 교외와 충청남도 홍성군 등에 동일한 지명이 있지만, 정확히 어디를 가리키는지 미상이다. 여기서는 연세화와 함께 시를 짓고 있는 것이므로 그의 집이 석곶이었던 것으로 보인다.

가을밤에 최효백[217] 창대 형의 집에 모여 홍도장[218] 세태 와 함께 산 자로 지어서 북막으로 부임하는 효백을 전송하다

秋夜會崔兄孝伯 昌大 宅 同洪道長 世泰 賦山字 送孝伯赴北幕

가을밤에 함께 자는데　就宿仍秋夜
서로 바라보니 이별 앞둔 얼굴이네　相看是別顔
말 타고 한강 어귀 출발해　乘驄發漢口

북평사 겸 행대(北評事兼行臺)[219]

기러기 소리 들으며 함관 넘겠지　聽鴈度咸關
발걸음은 사막을 다 지날 테니　迹欲窮沙漠

사막(沙漠)은 청해(靑海)로도 쓴다.

시가 마땅히 변방 산에 가득하리　詩應滿塞山

새(塞)는 백(白)으로도 쓴다.

변방 성에 눈이 세 길이나 쌓였을 터　邊城三丈雪
곰 쏘고 돌아오는 모습 떠올리네　想見射熊還

217 최효백(崔孝伯) : 최창대(崔昌大, 1669~1720)로, 본관은 전주(全州), 자는 효백, 호는 곤륜(昆侖)이다. 최명길(崔鳴吉)의 증손이며, 최석정(崔錫鼎)의 아들이다. 《승정원일기》 숙종 26년 8월 22일 기사에 북평사(北評事) 최창대가 하직했다는 기록이 있다.

218 홍도장(洪道長) : 홍세태(洪世泰, 1653~1725)로, 본관은 남양(南陽), 자는 도장, 호는 창랑(滄浪)·유하(柳下)이다. 《浣巖集 卷4 滄浪洪公墓誌銘》

219 북평사 겸 행대(北評事兼行臺) : 최창대의 관직을 말한다. 행대는 행대 어사(行臺御史)를 말하는데, 《승정원일기》 숙종 26년 9월 15일 기사에 의하면 최창대는 북평사로서 개시 어사(開市御史)를 겸했던 것을 알 수 있다.

연경으로 가는 강 서장관[220] 이상 을 전송하다

送姜書狀 履相 赴燕

강이상(姜履相)은 조부, 아들, 손자 삼대가 연이어 서장관이 되었다.[221]

사신이 멀리 심관으로 가니	使節迢迢上瀋關
간신의 풍모 지닌 분 조정을 떠나네	諫臣風采去朝端
백 년 동안 약소국은 폐백 날랐고	百年弱國輸金幣
삼 대 동안 높은 가문 치관을 썼네[222]	三世高門戴豸冠
가을 맑은 서리에 요동은 황량하고	秋後淸霜遼塞肅
바라보면 안개 숲 계문은 차가우리	望中烟樹薊門寒
옛 일 애도하는 시 천 수는 지을 터	詩成吊古應千首
여주 같은 작품 실컷 보리라[223]	準擬驪珠瀾漫看

220 강 서장관(姜書狀官) : 강이상(姜履相, 1657~1719)으로, 본관은 진주(晉州)이다. 1700년(숙종26)에 동지사(冬至使) 서장관으로 청나라에 다녀왔다.

221 강이상(姜履相)은……되었다 : 강이상의 부친 강석창(姜碩昌, 1634~1681)은 1672년(현종13)에, 조부 강여재(姜與載)는 1649년(효종 즉위년)에 서장관으로 청나라에 다녀왔다.

222 백 년……썼네 : 조선이 약소국이라 계속해서 청나라에 폐백을 바치는 실정과 강이상의 조부와 부친 그리고 강이상 자신이 서장관에 임명된 사실을 말한 것이다. 치관(豸冠)은 해치관(獬豸冠)을 가리킨다. 해치는 뿔이 하나인 전설상의 동물로, 사람의 정사(正邪)와 곡직(曲直)을 능히 분변할 줄 알아, 사람들이 다투면 그중 그릇되고 사악한 자를 뿔로 들이받는다고 한다. 고대에 어사대부(御史大夫) 등 집법관(執法官)이 쓰는 관을 해치관이라 하였다. 조선에서는 주로 사헌부(司憲府)의 관원을 뜻하는 말로 사용되는데, 여기서는 서장관을 가리키는 말로 사용된 듯하다.

2

우리나라는 본래 명나라의 신하이니	東韓元是大明臣
신종께서 다시 세워 준 날 아직도 떠오르네[224]	尙想神宗再造辰
시종 황은이 뼈에 깊이 사무쳤는데	終始皇恩深浹骨
창망한 세상일에 한 번 수건 적시네[225]	蒼茫世事一沾巾
폐백 들고 길이 조천 길 갔었는데	金繒長向朝天路
옥같은 용모 바다에 빠졌다는 말 듣지 못하네[226]	玉貌難聞蹈海人

223 옛 일……보리라 : 강이상이 서장관으로 사행(使行)하는 동안 많은 시를 지을 것이니, 그가 돌아온 다음에 그의 시를 실컷 감상하겠다는 말이다. 여주(驪珠)는 검은 용의 턱 밑에 있다는 보주(寶珠)를 이르는데, 이것은 구하기가 매우 어려운 것이므로 뛰어난 시문(詩文)을 비유하는 말로 쓰인다. 여기서는 강이상의 작품을 가리킨다.

224 우리나라는……떠오르네 : 명(明)나라 신종(神宗)이 임진왜란 당시 구원병을 보내 위기에 처한 조선을 구해 준 사실을 읊은 것이다.

225 시종(始終)……적시네 : 명(明)나라는 조선을 도와 국난(國難)을 극복하게 해 주었는데, 이제 청나라가 중원을 차지한 상황에서 조선의 사신이 청나라로 가기 때문에 비통한 마음이 든다는 말이다.

226 폐백……못하네 : 명나라가 망했지만 명나라를 위해 의리를 지킨 사람이 있다는 말을 듣지 못했다는 말이다. 옥모(玉貌)는 옥같은 용모라는 말로, 일반적으로 남에 대한 미칭으로 사용되는데, 전국 시대 위(魏)나라 장군(將軍) 신원연(新垣衍)이 제(齊)나라의 고사(高士) 노중련(魯仲連)을 만나 "선생의 옥모를 보니 평원군에게 구할 것이 있는 분이 아닌데, 어찌 포위된 성 안에 있으면서 떠나지 않습니까.〔觀先生之玉貌, 非有求於平原君者, 曷爲久居此圍城之中而不去.〕"라고 한 일이 있어서 노중련을 가리키기도 한다. 도해(蹈海)는 바다에 빠진다는 말로, 노중련이 조(趙)나라에 갔을 때 진(秦)나라 군대가 조나라의 서울 한단(邯鄲)을 포위했는데, 이때 위나라가 장군 신원연을 보내 진나라 임금을 천자로 섬기면 포위를 풀 것이라고 하였다. 이에 노중련이 "진나라가 방자하게 천자를 참칭하여 천하에 정사를 행한다면, 나는 동해에 빠져 죽겠다.〔彼卽肆然而爲帝, 過而爲政於天下, 則連有蹈東海而死耳.〕"라고 한 고사가 전한다.《史記

만 리 머나먼 전남[227] 소식 끊어졌으니　萬里滇南消息斷
그대 통해 다시 유민들 소식 묻노라　憑君試復問遺民

전남(滇南)은 오삼계(吳三桂)[228]가 봉해진 곳이다.

卷83 魯仲連列傳》

227 전남(滇南) : 현재의 운남성(雲南省) 지역인데, 원주에 있는 바와 같이 오삼계(吳三桂)가 봉해진 곳이다.

228 오삼계(吳三桂) : 1612~1678. 명말(明末) 청초(淸初)의 무장으로, 자는 장백(長白)이다. 산해관의 진장(鎭將)으로 청나라 군대를 방어하다가, 1644년 틈왕(闖王) 이자성(李自成)이 북경으로 쳐들어와 성이 함락되고 숭정제(崇禎帝)가 자살하자, 산해관을 열고 청군과 결탁하여 틈왕을 격퇴시켰다. 이후 청나라의 중국 정벌에 혁혁한 공을 세워 1662년 운남(雲南)을 봉지로 평서친왕(平西親王)에 봉해져 광동(廣東)의 상가희(尙可喜), 복주(福州)의 경정충(耿精忠)과 함께 삼번(三藩)으로 불리며 거의 독립국가의 체제를 유지하였다. 1673년 강희제(康熙帝)가 삼번 철폐의 명을 내리자, 상가희·경정충과 함께 반란을 일으켜 1678년 형양(衡陽)에서 주(周)나라를 세우고 황제에 올랐으나 얼마 지나지 않아 병사하였다. 그의 손자 오세번(吳世璠)이 뒤를 이어 제위에 올랐으나, 1681년 청나라에 의해 멸망되었다. 《淸史 卷235 吳三桂列傳》

한강을 건너다
渡漢江

맑은 하늘에 바람 세차 새가 슬피 울고 天淸風急鳥悲呼
물 푸르고 백사장 차가운데 언덕 굽이졌네 水碧沙寒岸更紆
해 지자 배들도 어느새 사라져 落日帆檣俱倏忽
맑은 호수의 누각 반쯤 비었네 明湖樓閣半虛無
산을 바라보니 시 읊기 좋아지고 看山自覺吟詩好
성곽 나서니 외로운 흥취 면했네 出郭還知免興孤
호복을 즐기는 마음[229] 원래 여기에 있는데 濠濮賞心元在此
그동안 어쩌자고 힘들게 《잠부론》 지었던가[230] 向來何苦著潛夫

229 호복(濠濮)을 즐기는 마음 : 속세를 떠나서 자연을 즐기는 마음을 말한다. 장자(莊子)가 호량(濠梁) 위에서 물고기가 노는 것을 보고 즐거워하고, 또 복수(濮水)에서 낚시질하면서 초왕(楚王)이 부르는데도 응하지 않았다는 고사에서 나온 말이다. 《世說新語 言語》

230 그동안……지었던가 : 세상사에 관심을 가졌던 것에 대한 후회인 동시에 단념을 읊은 것이다. 《잠부론(潛夫論)》은 후한(後漢)의 왕부(王符)가 지은 책이다. 왕부는 학문과 지조가 있었으나 성품이 너무 곧아 승진하지 못하였다. 이에 은거하며 《잠부론》 35편을 지어 당시 정치와 사회에 대한 분개한 심정을 표출하였다. 《後漢書 卷79 王符列傳》

용인현

龍仁縣

병인년(1686, 숙종12)에 백부(伯父)[231]께서 이 고을을 다스리셨다. 당시에 나는 열 살이었는데, 또한 관아에서 지냈다. 10여 년 사이에 할머니께서 별세하시고 백부께서도 운명하셨으므로, 이 고을을 지날 때마다 눈물이 나려 하였다. 양벽정(漾碧亭)[232] 지당(池堂) 옆에 손수 심은 버드나무 몇 그루가 지금 모두 우거져 들쭉날쭉하니, 사람으로 하여금 경중(慶仲)이 금성(金城)에서 가졌던 감회[233]가 들게 하였다.

눈물 흘리며 지나는 곳	揮涕經過地
내가 일찍이 여기서 글 읽었었지	吾曾此讀書
덧없는 인생 온갖 슬픔만 모여드니	浮生萬哀集
십 년여 세월 자취 더듬어 보네	撫迹十年餘

231 백부(伯父) : 이하곤의 백부는 이인소(李寅熽, 1637~1698)로, 본관은 경주(慶州), 자는 자명(子明), 호는 노포(老圃)이다. 1686년(숙종12) 6월에 용인 현령(龍仁縣令)에 임명되었다.

232 양벽정(漾碧亭) : 경기도 용인현(龍仁縣) 객사 옆에 있었던 정자이다. 정자의 반이 연못 위에 세워져 있었다고 한다. 《虛白亭集 卷2 漾碧亭記》

233 경중(慶仲)이……감회 : 경중은 미상이다. 《진서(晉書)》 권98 〈환온열전(桓溫列傳)〉에 "환온이 강릉으로부터 북쪽으로 정벌을 가다가 금성을 지나며, 젊어서 낭야 내사로 있을 때 심었던 버드나무가 모두 아름드리가 된 것을 보고 서글퍼 말하기를 '나무도 오히려 이와 같은데 사람이 어찌 견디겠는가.' 하고 버들가지를 붙잡고 눈물을 흘렸다.〔溫自江陵北伐, 行經金城, 見少爲琅邪時所種柳皆已十圍, 慨然曰, 木猶如此, 人何以堪, 攀枝執條, 泫然流涕.〕"라고 하였는데, 이하곤이 말하고자 하는 상황이 이 고사와 유사하다. 그러나 경중이 누구를 가리키는지는 확실하지 않다.

고을 저잣거리에 아침 연기 엷게 끼었고 縣市朝烟淡
객관 연못에 묵은 버들 듬성듬성 있구나 官池古柳疏
마주 바라보니 모두 늙어 相看俱老大
네가 더욱 가련하기만 하구나 吾意更憐渠

어장촌에서 묵다

寄宿漁庄村

닭장과 초가집 온 마을이 같으니 鷄栖茅屋一村同

나그네 안장 풀자 하늘에 별 가득하네 客子卸鞍星滿空

우거진 나무 사이의 오솔길 겨우 다닐 만하고 小逕纔通群木合

기우뚱 성긴 울타리 아래로 시냇물 지나네 疏籬不整亂泉通

하인은 저녁밥 짓느라 등불 아래에서 시끄럽고 僮炊夜飯喧燈下

취(炊)는 치(治)로도 쓴다.

말은 마른 콩깍지[234] 씹으며 달빛 속에 누웠네 馬齕枯萁臥月中

듣자니 고을 관리의 세금 독촉에 聞道縣官催稅急

농부들 되레 풍작이 원망스럽다네 田家還復怨時豐

234 마른 콩깍지 : 저본(底本)에는 枯箕으로 되어 있는데, 이는 마른 삼태기를 뜻한다. 의미를 고려할 때 枯萁가 적합하다. 황정견(黃庭堅)의 시에 "말이 마른 콩깍지 씹는 소리에 낮잠 깨니, 꿈속에서 비바람에 강물 뒤집혔었지.〔馬齧枯萁諠午枕, 夢成風雨浪翻江.〕"라는 표현이 보인다. 《山谷集 卷9 六月十七日晝寢》

직곡[235]으로 가는 길에

直谷途中

빈 골짝에 서리 내려 초목 마르고	空峽烟霜草木枯
찬 날씨에 지친 말 모는 소리 울린다	天寒倦馬應群呼
푸른 산이 눈에 가득 이 몸 멀리 가지만	青山滿目身將遠
흰 기러기 줄지어 나니 마음 외롭지 않네	白鴈連行意不孤
비록 시편이 한 번 웃게 해 주지만	縱有詩篇供一笑
어찌하면 동이 술로 먼 여정 위로하겠나	何能尊酒慰長途
도적 들끓고 사나운 짐승 날뛴다는데	傳聞盜賊兼豺虎
문무의 경륜 부족하니 썩은 선비로세	書劍蕭然是腐儒

235 직곡(直谷) : 경기도 용인에서 남쪽으로 통하는 고개이다. 《萬機要覽 軍政篇4 關防》

낮에 금량촌[236]에서 쉬다

午憩金梁村

초가집 몇 채가 빈 숲에 가렸구나	數家茅屋隱空林
푸른 언덕에서 말 쉬니 해 지려 하네	馬息青厓日欲陰
냇물 소리만 부서진 창틀로 들려오는데	但有風泉鳴破牖
속세 떠나 산골에 숨은 줄 알겠네	已知塵世隱千岑
일찍 전원으로 돌아감이 상책 아니지만	早歸田社非長策
이곳의 한적함 평소의 마음과 맞는구나	是處幽閒可素心
소나무 길에 바위 문 이루기 쉬우니	松逕岩扉容易就
시골 늙은이와 더불어 깊은 산에서 함께 살리라	村翁與汝共山深

236 금량촌(金梁村) : 경기도 용인에 있는 마을이다.

나그네 적삼
征衫

나그네 적삼에 휙휙 모래바람 불어　　征衫颯颯犯風沙
떠난 지 하루 만에 집 생각 간절하네　　一日離家已憶家
돌아가고픈 꿈 다만 한강 물에 이어지고　　歸夢只應連漢水
새로 시 지으며 하릴없이 세월만 느끼네　　新詩空自感年華
산천에서 역력히 저무는 가을 보고　　山川歷歷看秋盡
객로에서 쓸쓸히 석양을 보내네　　客路悠悠送日斜
낙엽 지는 고향 동산 보이는 듯하니　　搖落故園如在眼
서쪽으로 가는 찬 구름 막을 것 없네　　寒雲西去不須遮

저녁에 허촌을 지나다

暮過許村

산 깊어 울타리에 냇물 소리 요란하고 山深籬落亂鳴溪
수확하는 사립문 앞에 오솔길 희미하네 禾稼柴門一逕迷
황량한 숲에 해 저물어 송아지 몰아 돌아오고 景入荒林催犢返

경(景)은 일(日)로도 쓴다.

낡은 집에 서리 내리자 닭이 횃대에 오르네 霜侵老屋有鷄栖
구름 가의 절구질 소리 쓸쓸히 호응하고 雲邊數杵寒相應
나무 끝의 성긴 별은 멀리 떨어지려 하네 樹杪疏星遠欲低
풍년이라 농가에선 새로 모임 만들어 豐歲農家新作社
달 아래 취한 노래가 서쪽 밭에서 일어나네 醉歌乘月起西畦

기(起)는 만(滿)으로도 쓴다.

양산[237]에서 감회를 적다

陽山書感

마을 날씨 차가워 집집마다 문 닫았고	村寒各已掩柴門
가랑눈 내리는 빈 산에 묘목이 흐릿하네	微雪空山宰木昏
몇 척의 쓸쓸한 봉분에 묵은 풀만 무성하니	數尺孤墳唯宿草
수척(數尺)은 여기(如寄)로도 쓴다.	
실낱같은 목숨 남은 이 사람 마음 아프구나	一絲殘喘只傷魂
일사(一絲)는 구존(苟存)으로도 쓴다.	
언제나 명당[238] 구하려나	何時更卜牛眠地
지금 세상에 길러 주신 은혜 갚기 어려워라	今世難酬子育恩
눈물 흘리며 가르치시던 때 어찌 다시 오랴	垂涙課書那復得
깊은 밤에 홀로 황량한 언덕에서 눈물 흘리네	夜深獨自泣荒原

내가 어릴 적에 어머니께서 매우 정성껏 글을 읽게 하였는데, 눈물을 흘리면서 가르치기까지 하셨다.

237 양산(陽山) : 현재의 경기도 용인시와 안성시 부근으로, 이하곤의 어머니 산소가 있는 곳이다. 185쪽 각주169 참조.

238 명당(明堂) : 우면지(牛眠地)는 장사 지낼 길지(吉地)를 말한다. 진(晉)나라 도간(陶侃)이 미천했을 때 친상(親喪)을 당하여 장사를 준비하던 중, 갑자기 집에 있던 소를 잃어버려 간 곳을 알 수 없었다. 그때 만난 한 노인이 도간에게 말하기를 "앞 산등성이에서 보니 소 한 마리가 산기슭에서 자고 있는데, 그 땅에 장사를 지내면 대신의 지위에 오를 것이다.〔前岡見一牛眠山汙中, 其地若葬, 位極人臣矣.〕"라고 하므로, 도간이 마침내 그 소를 찾아서 소가 잠자던 곳에 장사 지냈다는 고사가 전한다.《晉書 卷58 周訪列傳 周仲孫》

2

자식들 장성하고 어느덧 손자 태어나니	諸兒成立已生孫
길러 준 은혜 바다와 같은 줄 알겠네	哺養方知似海恩
안방이 오래도록 적막하니 어찌 견디랴	可忍萱闈長寂寞
부질없이 무덤 풀에 황혼 내리네	空餘隴草自黃昏
정령을 황천에서 언제나 만날까	精靈泉下何時作
이승에서 눈물 흘리며 만감 교차하네	涕淚人間萬感存
옛날 너울너울 색동옷 입고 춤추었는데[239]	舊日聯翩衣綵舞
지금은 양쪽 소매에 눈물자국 맺혔네	秖今雙袖血成痕

239 색동옷 입고 춤추었는데 : 이하곤이 부모를 잘 모시기 위해 노력했다는 말이다. 춘추 시대 초(楚)나라 은사(隱士)인 노래자(老萊子)가 나이 칠십에 색동옷을 입고 재롱을 떨어 늙은 어버이를 기쁘게 했다는 고사가 전한다. 《初學記 卷17 孝子傳》

고원촌에서

高原村

쓸쓸한 마을 주변 소나무가 사립문 이루고	孤村一帶松木扉
그윽한 시냇물 졸졸 성긴 울타리로 들어가네	幽澗泠泠入疏籬
맑은 서리 내린 먼 물가에 우는 황새 내려앉고	霜淸遠汀鳴鸛下
거센 바람 부는 넓은 들판에 행인 드물구나	風急曠野行人稀
찬 해 지는데도 지친 말 타고 가며	寒日欲沈還倦馬
푸른 산을 기다린 듯 다시 시를 읊네	靑山如待更新詩
아득한 갈림길에서 흰머리 늘어나니	悠悠歧路催頭白
부끄럽다 숲 까마귀는 일찌감치 돌아왔네	愧殺林鴉已早歸

도중에 죽산성[240]을 바라보고 감회가 있어서

途中望竹山城 有感

전투 벌어졌던 산성에	戰伐山城在
풍상 내리고 들판에 해 지는데	風霜野日陰
관군이 절의 지켜 죽은 곳	官軍殉義地
원기가 구름에 깊이 서렸어라	寃氣結雲深
적의 형세에 누가 맞섰는지 아는가	賊勢知誰敵
주민들이 지금도 이야기하네	居人說至今
홀로 멈추지 않는 눈물을	獨將無限淚
하나하나 차가운 산에 뿌리네	一一灑寒岑

2

저물녘 산성에 화각소리 애잔한데	斜日山城畫角殘
황량한 해자에 말 멈추고 성 바라보네	荒濠立馬向城看
물고기 남겼으니 신묘한 계책 면밀함을 알겠고	遺魚可識神機密
쌀을 흩어서 적의 간담 서늘하게 하였네	撒米能令賊膽寒
하늘이 이미 사직 붙들어 줄 마음 없었으니	天已無心扶社稷
그대들 국난에 비명횡사 하였구나	爾應非命死艱難

240 죽산성(竹山城) : 경기도 안성시 죽산면 매산리에 있는 죽주산성(竹州山城)을 가리키는 것으로 보인다. 충청, 전라, 경상도의 삼남과 서울을 잇는 교통의 요충지이자 군사상 전략적인 요새였다.

농부가 땅에 묻힌 창을 주웠는데　　野人拾得沈沙戟
아직도 당시 전장의 핏자국 선명히 남았네　　猶帶當時戰血殷

물고기를 남겨두고 쌀을 흩어놓은 것은 모두 당시에 지키던 장수가 적을 속인 은밀한 계책으로, 그곳에 사는 사람이 지금까지도 전하고 있다. 그 장수의 성명을 들을 수 없는 것이 안타깝다.

가곡의 농가에서 묵다
宿迦谷農舍

차가운 산이 에워싼 몇몇 마을 연기에	寒山圍抱數村烟
사 년 전 이 농가 들렀었지	農舍曾經已四年
희미한 관솔불 아래 사람들 이야기하고	松火微明人有語
서둘러 방아 찧는데 달이 막 떠오르네	村舂乍急月初懸
운곡에 절 짓고 있는 줄 아노니	應知雲谷開岩寺
사담으로 가서 설천의 물소리 들어야지	欲向沙潭聽雪泉
하늘 끝에서 멀리 가는 기러기 소리 들려오니	天際忽聞遙鴈過
벗 생각에 저물녘 구름 가로 고개 돌리네	親朋回首暮雲邊

설운곡(雪雲谷)은 청주(淸州) 후영(後穎)[241]에 있는데, 화양동(華陽洞) 옥계폭포(玉溪瀑布)와 겨우 5리 떨어져 있다. 증조부 벽오공(碧梧公)[242]께서 일찍이 이곳에 집을 지으셨는데, 장서(藏書)가 수천 권이나 되었다. 정자는 오래되어 이미 허물어졌고, 승려 서너 명만이 암자를 지어 지켜가고 있을 뿐이다. 암자에는 안타깝게도 샘이 없어 시냇물 동쪽으로 옮겨 지으려고 도모하고 있다. 사담(沙潭)[243]은 후영에서 남쪽으로 15리 떨어진 곳에 있고 물과 바위가 매우 깨끗하고 빼어나니, 우리 집안의 별장이다.

241 청주(淸州) 후영(後穎) : 현재의 충청북도 괴산군 청천면 후영리 일대이다. 121쪽 각주82 참조.

242 벽오공(碧梧公) : 이시발(李時發, 1569~1626)로, 본관은 경주(慶州), 자는 양구(養久), 호는 벽오(碧梧)·후영어은(後穎漁隱), 시호는 충익(忠翼)이다. 《藥泉集 卷23 刑曹判書李公請諡行狀》

243 사담(沙潭) : 현재의 충청북도 괴산군 청천면 사담리 일대로, 신월천(新月川)이 흐른다.

음성으로 가는 길에

陰城途中

이날 군산(君山)[244]이 세상을 떠났으니, 10월 20일이다.

시월에 남쪽으로 왔다가 돌아가지 못했건만　十月南征且未廻
저녁 구름 속에 기러기 울음 어찌 저리 슬픈가　暮雲鳴鴈一何哀
답답한 속세에서 덧없는 인생 늙어 가는데　風塵鬱鬱浮生老
황량한 들판에 짧은 해가 서둘러 기우네　野色荒荒短景催
한양의 벗들 모두 멀리 떨어져 있으니　漢北親朋俱遠隔
추운 날 막걸리를 누구와 마실까　天寒濁酒向誰開
국화 피었을 때 궁궐 남쪽 동산을　黃花時節宮南苑
이날 갈림길에서 홀로 고개 돌려 추억하네　此日臨歧首獨回

244 군산(君山) : 김숭겸(金崇謙, 1682~1700)으로, 본관은 안동(安東), 자는 군산, 호는 관복암(觀復菴)이다. 160쪽 각주138 참조.

겨울에 우레가 치니 감회가 있었다 10월 22일

冬雷有感 十月二十二日

시절은 어느덧 동짓달 다가오는데[245]	天時苒苒一陽催
올겨울에 눈 내리는 걸 보지 못했네	不見今冬有雪來
넓은 들녘에 구름 끼더니 세차게 비 내리고	曠野同雲翻黑雨
시월 빈 산에 우레 소리 요란하네	空山十月吼驚雷
국가의 안위에 대해 누가 깊은 생각 가졌나	安危誰復存長慮
백성 구하려면 뛰어난 인재에게 의지해야지	拯濟還須仗異材
눈물 흘리는 서생은 공연히 온갖 감회 일어	抆涕書生空百感
한밤중에 일어나 삼태성[246] 바라보네	中宵起立望三台

245 시절은……다가오는데 : 곧 11월이 된다는 말이다. 음력 10월이 음(陰)이 가장 왕성한 때여서 양(陽)이 하나도 없다가 동짓달이 되어 비로소 일양(一陽)이 처음 생기기 때문에 일양최(一陽催)라고 한 것이다.

246 삼태성(三台星) : 성좌(星座)의 이름으로, 상태(上台), 중태(中台), 하태(下台)를 말하는데, 이 별들이 위치를 잃지 않고 제자리에 고르게 있으면 음양(陰陽)이 조화롭고 풍우(風雨)가 제때에 내려서 천하가 태평해진다고 한다.

정안[247] 가는 길에

定安途中

누런 먼지와 시든 콩잎 마구 흩날려	黃埃飛藿亂徘徊
들녘 해 어둡고 눈도 뜨지 못하겠네	野景昏昏眼不開
멀리 강물에 찬 구름 아득히 떠가고	遠水寒雲莽一去
삭풍 불어 외로운 기러기 저녁에 슬피 우네	北風孤鴈暮多哀
먼 길을 말 타고 갈 뿐	長途只自憑鞍馬
온갖 걱정에 술잔을 놓을 수 있으랴	百慮何能去酒杯
이상도 하다 올해는 눈 내리지 않고	可怪今年無寸雪
시월에도 호서에 우레가 치는구나	湖西十月更殷雷

247 정안(定安) : 현재의 충청남도 공주시 정안면을 가리키는 것으로 보인다.

침우담[248]은 진천현 남쪽 10여 리 쯤에 있다. 큰 바위가 몇십 길이나 높이 솟았는데, 바위 위는 평평하고 넓어 대를 이룬다. 금계와 석탄의 물이 대 아래에서 합쳐져 큰 못을 이루는데, 빛깔이 매우 검고 깊이를 헤아릴 수 없으니 마치 신령스러운 짐승이 숨어 있는 듯하여 사람들이 감히 내려다보지 못한다. 속담에 전하기를 "옛날에 어떤 마을 사람이 못 가에 소를 풀어 놓았는데, 어떤 동물이 꿈틀대며 못에서 나와 소를 잡아 갔으니 아마 용이었을 것이라고 한다." 하였다. 이에 이름을 침우담이라고 하였다. 이때부터 가뭄이 들 때마다 고을의 관리가 이곳에서 기우제를 지내면 곧바로 비가 내렸다. 내가 그곳의 맑고 빼어난 산수를 좋아하여 일찍이 집을 짓고 살 마음이 있었다. 경진년(1700, 숙종26) 11월 4일 김수보 -김수보는 나의 서종고모 아들인데, 침우담 아래쪽으로 2리 쯤 떨어진 반계에 산다.- 와 함께 가서 놀았다. 어부에게 그물을 놓아 잉어를 잡게 하여 회를 떠서 안주로 삼았다. 밤이 되어서야 돌아왔으니 또한 객지에서 멋진 일이다

沈牛潭在鎭川縣南十餘里 大石陟起數十丈 上平曠作臺 金溪石灘之水合流滙于臺下 成巨潭 色沈黑 深不可測 若有神獸秘焉 人莫敢俯視 諺傳昔有村民放牛于潭上 有物蜿蜒自潭出 掣牛而去 蓋龍云 仍名曰 沈牛潭 自是歲旱 縣官禱雨輒應 余愛其山水淸絶 嘗有卜居之意 庚辰十一月四日 同金壽寶 壽寶於余爲庶從姑之子 居潭下二里所磻溪之上 往游 令漁者設網

248 침우담 : 현재 충청북도 진천군 문백면 은탄리에 있는 우담(牛潭)을 말한다. 이곳은 옛 지명이 우담리(牛潭里)로 소두무니라고 하였다.

捕鯉 斫膾佐酒 至夜乃還 亦客中勝事也

소 빠진 일 오래되고 옛 대는 쓸쓸한데	沈牛事遠古臺寒
오늘 올라보니 마음 절로 편안하네	此日登臨意自寬
배 띄우자 잉어가 큰 그물에서 뛰고	船動鯉魚騰巨網
강물 밝아 등불이 먼 여울에 떨어지네	江明燈火落遙灘
덧없는 인생 이리저리 떠돌며 정착하지 못하고	浮生擾擾終難定
좋은 경치를 정신없이 잠깐 볼 뿐이네	勝地忽忽只暫看
남쪽 마을에 함께 은거하자던 약속 부끄럽구나	深愧南隣同隱約
물가에 예전부터 집 지으려 했었지	臨流久欲置危欄

내가 일찍이 김수보(金壽寶)와 이웃하여 살기로 약속하였기에 말구에서 언급하였다.

괴산으로 가는 길에

槐山途中

높은 바위에 등나무 얽히고 길 험한데	藤纏危石路欹傾
종일 추운 산을 홀로 가노라	盡日寒山獨自行
가랑눈 내린 빈 숲에 호랑이 발자국 남았고	微雪空林留虎迹
푸른 벼랑 고목 사이로 시냇물 소리 들리네	蒼厓老木落泉聲
나무꾼 노랫소리 아득히 구름을 뚫고 가고	樵歌漠漠穿雲去
마을의 방아소리 청량하게 강 건너에서 울린다	村碓泠泠隔水鳴
들 늙은이 단잠에 빠져 아무 일 없으니	野老酣眠無一事
그대들의 한가한 마음 부럽기만 하오	吾於汝輩羨閒情

괴산의 학현[249]에서 묵다. 이곳에는 집안사람이 많아 술을 가지고 찾아오니 이 시를 써서 보여 주다

宿槐山鶴峴 此地多宗人 携酒來款 書此以示

추운 산에서 자는데 가랑눈 내려	寒山寄宿雪微來
들 노인은 날 추워 사립문 열지 않았네	野老門扉冷未開
만난 종인들 초면이라	邂逅吾宗初識面
차분히 오늘 밤 술잔 나누네	從容今夕數傳杯
일가들 영원히 친목해야 하는데	支流百世須相睦
그대들 모두 궁핍하니 애처롭구나	窮寂諸君摠可哀
봄날 사담에 작은 집 짓거든	春至沙潭成小築
조각배 타고 달빛 속에 돌아오리	扁舟長擬月中迴

249 학현 : 충청북도 괴산군 사담리 봉학산(鳳鶴山)을 가리킨다.

회천[250]을 떠나며

發懷川

곤한 잠 몽롱한 채 해진 안장에 앉았더니	倦睡昏昏凭破鞍
수많은 나그네 시름 불쑥불쑥 이는구나	羈愁兀兀抱千端
나그네 얼굴 애처로운데 싸락눈마저 내리고	旅顔慘憺霰霜集
텅 빈 들판 을씨년스러워 풍경 쓸쓸하네	曠野蕭條風景寒
먼 길에 늘어나는 백발을 어이하랴	長路豈堪生白髮
석양이 부질없이 관을 비추네	斜暉空復照危冠
계룡산 한 자락이 서로 따르니	鷄山一角猶相趁
채찍질하며 말 위에서 보노라	只自揮鞭馬上看

250 회천(懷川) : 대전광역시 대덕구의 회덕 일대로, 이하곤의 처가가 있던 곳이다.

동나루[251]를 건너며

渡東津

연기(燕岐)[252]에 있다. 나룻가에 독락정(獨樂亭)[253]이 있는데 전망이 탁 트여 좋았다. 이 정자는 임씨(林氏)의 소유이다.

한 달 동안 호서의 산야 두루 돌아보고　　一月湖山略遍行
먼지바람 맞으며 다시 서쪽으로 가노라　　風埃撲面復西征
외로운 구름만 짝해서 가나니　　只須作伴孤雲去
무리 부르는 기러기 울음소리 어찌 견디랴　　可耐呼群老鴈鳴
저물녘 눈발 날려 야윈 말 재촉하는데　　暮雪政催羸馬急
석양이 문득 나와 먼 봉우리 환해지네　　夕陽忽放遠峰明
어여쁘다 독락정 앞에 흐르는 물　　最憐獨樂亭前水
차가운 물결 소리로 나를 전송하네　　猶作寒波送我聲

251 동나루 : 동진(東津)은 충청남도 연기군(燕岐郡) 용호리에 있었던 나루를 말한다.

252 연기(燕岐) : 충청남도 연기군을 말하는데, 2012년 세종특별자치시에 편입되었다.

253 독락정(獨樂亭) : 현재의 세종특별자치시 나성길에 있는 조선 시대의 누정이다. 고려 말의 전서(典書) 임난수(林蘭秀)가 태조(太祖)의 역성혁명에 반대하여 금강변에 은거하였는데, 임난수가 죽은 뒤 양양 도호부사를 지낸 임목(林穆)이 독락정을 건축하였다.《敬齋遺稿 卷1 獨樂亭記》

백석촌[254]에서 조군에게 주다

白石村 贈趙君

백석촌은 아산(牙山)에 있다.

소금 굽는 연기 자욱하고 물가 숲 차갑구나	漠漠鹽烟浦樹寒
외로운 정자에서 저녁에 바라보니 바다 넓어라	孤亭夕望海漫漫
구산에 집 지을 계획 삼 년이나 되었으니	龜山置屋三年計
백석에서 그대 만나 한번 웃노라	白石逢君一笑看
조각달 아래 긴 밤 내내 대화하는데	缺月只堪長夜話
깊은 술잔에도 나그네 시름 가시질 않네	深杯終不旅愁寬
가벼운 도롱이와 해진 그물 내게 있으니	輕簑破網固吾有
이제부터 연기 물가에서 함께 만나세	從此相求烟水間

구산은 백석촌 동쪽 5리 쯤에 있다. 연못과 시내, 수풀이 멋들어져 집을 짓고 살기에 대단히 적합하다. 조씨는 백석촌 사람인데 나에게 여기에서 살라고 권유하였다.

254 백석촌 : 현재의 충청남도 천안시(天安市) 서북구에 있는 백석동 일대를 말한다. 이 지역은 아산만(牙山灣)에서 생산되는 소금과 내륙지방에서 생산되는 곡류가 교환되는 지점이어서 예부터 길손이 많았다.

보령 현감 윤석[255]의 한한정에 쓰다. 주인이 없어 비웃다
題尹保寧晳閒閒亭 嘲主人不在

윤석은 당시 벼슬을 구하러 서울에 갔다.

언덕 아래 민가들 너른 물가에 있고	拍岸千家面水寬
어둠 속에도 먼 산들 다 보이네	瞑中目力盡遙山
하늘에 뜬 푸른 바다 몹시 일렁이고	浮天碧海劇相盪
해 가린 먹구름 사납기도 하구나	障日黑雲何太頑
울며나는 무수한 갈매기 내려앉지 않고	無數鳴鷗飛不下
때때로 고깃배 오가네	有時漁艇去仍還
물가의 정자 오랫동안 주인과 이별하여	湖亭長與主人別
풍월만 부질없이 한가한 사람 따라 한가하네	風月空隨閒者閒

255 보령 현감(保寧縣監) 윤석(尹晳) : 윤석의 인적사항은 자세하지 않다. 다만《승정원일기》숙종 20년 5월 12일 기사에 윤석을 보령 현감에 임명한 기록이 보인다.

중양절에 남산을 오르려 했으나 군산이 시를 보내와[257] 신문[258]에서 만나자고 하므로 화운하여 답하다

九日欲登南山 君山以詩期會于新門 和韻答之

어느덧 중양절 가까운 시절이라	天時已向重陽催
밤비 맞고 국화 피었구나	黃菊新經夜雨開
신문으로 나를 불러 술 마시자 하니	招我新門來飮酒
그대 위해 내일 남산 오르는 일 그만두네	爲君明日廢登臺
쓸쓸한 구름 속 기러기도 서둘러 무리를 찾는데	雲鴻蕭瑟求群急
괴롭게도 골육을 땅에 묻었으니 슬프구나[259]	骨肉酸辛入地哀

256 단금록(斷金錄) : 저본(底本)에 "경진년(1700, 숙종26) 가을 이후에 군산과 함께 수창한 시와 그를 애도한 작품들을 기록하고 단금록이라 하였다.〔庚辰秋後與君山酬唱詩什及悼亡諸作, 名曰斷金錄.〕"라는 주석이 달려 있다.

257 군산이 시를 보내와 : 군산은 김숭겸(金崇謙, 1682～1700)으로, 본관은 안동(安東), 자는 군산, 호는 관복암(觀復庵)이다. 당시 김숭겸이 보내온 시는 《관복암시고(觀復菴詩稿)》에 수록된 〈중양절 이틀 전에 재대에게 부치다〔重陽前二日寄載大〕〉이다.

258 신문(新門) : 현재의 서울특별시 종로구 신문로 일대로 추측되며, 당시 이름은 새문동이었다.

슬픔으로 높은 흥취 망치지 마라 莫把悲懷惱高興

좋은 날 한바탕 웃으며 술잔 나누세 佳辰一笑共含杯

가신(佳辰)은 화전(花前)으로도 쓴다.

259 괴롭게도……슬프구나 : 김창협(金昌協)의 《농암집(農巖集)》 권27 〈죽은 딸 오씨의 아내 묘지명〔亡女吳氏婦墓誌銘〕〉에 “수양 오진주 명중의 처 안동 김씨는 농암거사의 딸이다.……경진년 7월 17일에 갑자기 유방의 질병으로 인해 거사보다 앞서 세상을 떠나니 거사가 슬피 곡하였다.〔首陽吳晉周明仲妻, 安東金氏, 農巖居士女也.……庚辰七月十七日, 遽因乳疾, 先居士死, 居士哭之慟.〕”라는 내용이 있는 것으로 보아, 1700년 7월에 김숭겸의 누이가 운명한 사실을 알 수 있다. 김숭겸의 〈중양절 이틀 전에 재대에게 부치다〔重陽前二日寄載大〕〉에도 “내가 어찌 차마 남산에 오르랴. 누이를 구원에 보내 눈물 머금었네.〔此身那忍更登臺, 丘原骨肉新含涕.〕”라는 내용이 있다.

군산이 비바람에 무료하여 세 수의 율시를 부쳐오니[260] 차운하여 돌려보내다

君山因風雨無憀 以三律見寄 次韻回示

후드득 새벽 비 차갑게 내리더니	蕭蕭曉雨冷
휙휙 저녁 바람 불어오네	颯颯夕風吹
가을 낙엽 분명히 떨어질 테지	秋葉明堪落
국화도 쓸쓸히 드리웠네	寒花寂自垂
절기는 구월 구일이라 좋을시고	節仍九日勝
마음은 이미 십 년 동안 슬펐네	意已十年悲
고개 돌려 서문의 모임 떠올리니	回首西門會
국화 감상했던 시만 공연히 남았구나	空餘賞菊詩

옛날 우리집안의 제부(諸父)와 제형(諸兄)이 중양절(重陽節)에 모두 서문의 집에 모여 국화를 감상하며 시를 지었었다. 이 일을 그만둔 지 이미 오래되었으므로 말구에서 언급하였다.

260 군산(君山)이……부쳐오니 : 김숭겸이 이하곤에게 부친 시는 《관복암시고(觀復菴詩稿)》의 〈밤에 홀로 누워 있노라니 마음이 매우 무료하였다. 일찍이 재대와 중양절의 약속이 있었는데, 비바람이 몰아쳐 사람을 근심스럽게 하였다. 그러나 재대가 어찌 비를 두려워하여 약속을 저버릴 사람이겠는가. 지은 시를 삼가 보내서 화운을 요청한다. 숭겸이 재대 족하에게 아룁니다〔夜來獨臥 意甚無聊 曾與載大有九日之約 風雨殊令人悶悶 然載大豈畏雨負約者也 有作奉呈 須和之 崇謙白載大足下〕〉이다.

2

문장이 그대의 일인데　文章是汝事
우환을 어찌 사람들과 도모하랴　憂患豈人謀
그대의 누이 운명 달리하고[261]　令妹新黃土
나그네살이 어느덧 늦가을 만났네　羈栖已暮秋
쓸쓸한 남쪽 동산에 국화 피었고　蕭條南苑菊
드넓은 미호[262]에 배 떠 있건만　浩蕩渼湖舟
비록 중양절의 술이 있더라도　縱有重陽酒
어찌 온갖 근심 달래랴　何能慰百愁

3

가을벌레 끊임없이 울어대고　寒蟲鳴不息
국화가 사립문 에웠네　黃菊帶荊門
적막함 속에 그대의 시 읽어 보니　寂寞披君作
청신하여 속된 말 없구나　淸新無俗言
내일 아침 응당 모자 떨어뜨리며　明朝須落帽
좋은 벗과 다시 술 마시리[263]　好友更携樽

261 그대의……달리하고 : 1700년 7월 17일에 김숭겸의 누이가 운명하였다. 247쪽 각주259 참조.

262 미호(渼湖) : 경기도 남양주시 근처에 있는 미수(渼水)라는 물 이름으로, 김숭겸이 살던 곳이다.

263 내일……마시리 : 김숭겸과의 약속을 지켜서 함께 술을 마실 것이라는 말이다. 낙모(落帽)는 모자를 떨어뜨린다는 말로, 유쾌하게 흠뻑 취한다는 뜻이다. 진(晉)나라 맹가(孟嘉)가 중구일(重九日)에 환온(桓溫)이 베푼 용산(龍山)의 주연(酒宴)에 참석

기쁜 모임 가만히 떠올려 보니	默念歡會地
외로운 기러기에 그대 마음 아프겠지[264]	斷鴻傷汝魂

했다가, 술에 흠뻑 취한 나머지 바람에 모자가 날아가는 것도 깨닫지 못했다는 고사가 전한다. 《世說新語 識鑑》

264 외로운……아프겠지 : 죽은 누이 생각에 김숭겸의 마음이 슬플 것이라는 말이다. 단홍(斷鴻)은 무리를 떠난 외로운 기러기라는 말로, 여기서는 김숭겸이 누이를 잃었기에 비유한 말이다.

다시 군산[265]에게 보여 주다

又示君山

문 닫고 열흘이나 누워 지내며	閉門十日臥
부질없이 삼주 사람[266] 떠올리네	空憶三洲生
지금 세상에 오직 나와 그대뿐이니	今世唯吾汝
전생에 분명 형제였으리	前身定弟兄
빼어난 기운 타고나 육체와 정신 훌륭하고	間氣形神爽
고심하며 지어 시도 청아하네	苦心詩律淸
내일 아침 국화주를	明朝菊花酒
한바탕 웃으며 그대와 기울이리	一笑對君傾

265 군산(君山) : 김숭겸(金崇謙, 1682~1700)으로, 본관은 안동(安東), 자는 군산, 호는 관복암(觀復菴)이다. 160쪽 각주138 참조.

266 삼주(三洲) 사람 : 김숭겸을 가리킨다. 삼주는 경기도 남양주시 지금동에 위치한 석실서원(石室書院) 앞쪽에 있는 세 개의 모래톱을 가리킨다. 161쪽 각주141 참조.

중양절에 군산[267] · 명중[268] · 이백온[269] 위 · 순보 □□ 와 함께 함춘원[270]에 모여 술을 진탕 즐겁게 마시고 달이 뜬 뒤에 파하였다

九日 同君山明仲李伯溫 瑋 順甫 □□ 會含春苑 飮酒極歡 月出而罷

경진년(1700, 숙종26) 가을 이후에 관복재(觀復齋)[271]와 함께 수창한 시와 그를 애도한 작품들을 정리하여 단금록(斷金錄)이라고 하였으나, 선별하는 과정에서 산삭(刪削)한 것이 많다.

구월 맑은 서리에 동산의 나뭇잎 누렇게 시드는데	九月淸霜苑木黃
소나무 아래 늘어앉아 궁 담장 굽어보네	松根列坐俯宮墻
술잔에 가득 띄울 늙은 국화 없으랴	可無老菊浮杯滿
모자에 오래도록 서풍도 불어오네	自有西風吹帽長
세상일 어지러운 속에 기러기 보고	世事糾紛看去鴈
세월은 덧없이 또 중양절이 되었구나	天時容易又重陽

267 군산(君山) : 김숭겸(金崇謙, 1682~1700)으로, 본관은 안동(安東), 자는 군산, 호는 관복암(觀復菴)이다. 160쪽 각주138 참조.

268 명중(明仲) : 오진주(吳晉周, 1680~?)로, 본관은 해주(海州), 자는 명중, 호는 무위재(無爲齋)이다. 김창협(金昌協)의 사위이다. 179쪽 각주162 참조.

269 이백온(李伯溫) : 이위(李瑋, 1676~1727)로, 본관은 전주(全州), 자는 백온, 호는 두천(斗川)이다. 김창협의 문인이다.

270 함춘원(含春苑) : 현재의 서울특별시 종로구 연건동 부근에 있던 동산으로, 창경궁(昌慶宮)의 동쪽이다.

271 관복재(觀復齋) : 김숭겸의 호이다. 160쪽 각주138 참조.

떠들썩하게 달빛 아래 돌아가니 喧呼踏月還歸去
그대들의 넘치는 취흥 참으로 좋구나 好笑諸君醉興狂

군산이 보내온 시에 다시 화운하다

又和君山寄示韻

문 닫고 지낸 지 열흘 동안 오는 사람 없어	閉門十日斷來人
남산 마주하고 시 읊조리며 두건 벗었네	吟對南山岸幅巾
누가 탁주 마련해 병든 나를 부를까	濁酒誰能招病我
부질없이 국화만 좋은 날에 피었네	黃花空自作佳辰
덧없는 백년 인생 흐르는 물처럼 빨라	百年忽忽川流速
우거진 숲에 서리 새로 내렸어라	萬木森森霜氣新
기러기에 몰아치는 서풍 견디지 못하니	不耐西風吹鴈急
그대의 흥취 벌써 미호[272] 가에 있구나	知君興已渼湖濱

2

높이 올라 좋은 날 즐길 마음 없지만	無意登高答佳辰
국화 새로 피었으니 탁주를 어찌할까[273]	奈此濁酒菊花新
쓸쓸한 중양절에 지는 낙엽 슬프구나	蕭條九日悲落木
부산하게 십 년 동안 먼지 속을 달렸네	潦倒十年走黃塵
그대들 이미 흰머리 돋았을 터	汝輩已應生白髮

272 미호(渼湖) : 경기도 남양주시 근처에 있는 미수(渼水)라는 물 이름으로, 김숭겸이 사는 곳이다.

273 높이……어찌할까 : 중양절에 높은 곳에 올라가 국화주를 마시는 풍속이 있었기에 한 말이다.

난들 어찌 청춘이겠는가　此身那得更青春
덧없는 인생 내년 일 알 수 없으니　浮生未料明年事
눈에 가득한 산수유가 사람 근심스럽게 하는구나　滿眼茱萸惱殺人

군산[274]이 운명했다는 소식을 들은 이후로 나는 차마 시를 짓지 못했으니, 이것이 진정 종자기가 죽자 백아가 거문고 줄을 끊은 뜻이다.[275] 밤에 서리 달이 밝게 빛나자 그리운 마음이 간절하였다. 등불 아래에서 취헌과 용재의 시[276]를 읽노라니 가슴에 와 닿는 느낌이 있어서 3수의 율시를 지었으니, 그 글을 보고 그 뜻을 서글퍼하는 사람이 혹시라도 있을 것이다. 경진년(1700, 숙종26) 11월 17일 아침에 소금산초[277]는 눈물을 흘리면서 쓴다

274 군산(君山) : 김숭겸(金崇謙, 1682~1700)으로, 본관은 안동(安東), 자는 군산, 호는 관복암(觀復菴)이다. 160쪽 각주138 참조.

275 이것이……뜻이다 : 김숭겸이 운명하여 자신의 마음을 알아주는 사람이 없었으므로 시를 짓지 않았다는 말이다. 춘추 시대 거문고의 명인 백아(伯牙)가 그의 거문고 소리를 알아주던 벗 종자기(鍾子期)가 죽자, 거문고 줄을 끊고 다시는 타지 않았다는 고사가 전한다. 《列子 湯問》

276 취헌(翠軒)과 용재(容齋)의 시(詩) : 취헌은 읍취헌(挹翠軒) 박은(朴誾, 1479~1504)으로, 본관은 고령(高靈), 자는 중열(仲說)이다. 용재는 이행(李荇, 1478~1534)으로, 본관은 덕수(德水), 자는 택지(擇之)이다. 박은과 이행의 시는 두 사람이 천마산(天磨山)과 잠두봉(蠶頭峯)을 유람할 때 지은 시를 가리키는 것으로 보인다. 《용재집(容齋集)》 권4에 천마록(天磨錄)이 있는데, 박은의 시를 차운한 작품이 다수 포함되어 있고, 이안눌(李安訥, 1571~1637)의 《동악집(東岳集)》 권22 〈송청음김숙도학사부개성경력(送淸陰金叔度學士赴開城經歷)〉의 아래에 "읍취헌과 용재공이 천마산을 유람하였는데 그 기록이 세상에 유행한다.〔挹翠軒與容齋公遊天磨, 有錄行世.〕"라는 소주(小註)가 있다. 또 두 사람은 1502년(연산군8) 7월 16일에 현재의 서울특별시 마포구 합정동 한강변에 있는 잠두봉을 유람하였는데, 이때 지은 시를 모은 것이 《용재집》 권4의 잠두록(蠶頭錄)이다.

277 소금산초(小金山樵) : 이하곤의 호이다. 담헌(澹軒), 무우자(無憂子)라고도 하였다.

自聞君山之死 余不忍作詩 此正子期死而伯牙絶絃之意也 夜來霜月皎然 懷殊耿耿 燈下讀翠軒容齋詩 情觸于中 仍成三律 或有覽其辭而悲其意者爾 庚辰至月十七日旦 小金山樵 垂涕而書之

눈물 있은들 어찌 내 벗을 곡할 수 있을까 有淚那堪哭吾友
슬픈 마음에 다시 그대의 시 외노라 悲來聊復誦君詩
그 문장 신령도 울릴 만하였건만 文章可使神靈泣
생사의 이치 부질없이 조화옹을 의심하네 生死空將造化疑
우사에는 눈 쌓인 채 짧은 널만 남았고 寓舍雪深留短櫬
서루에는 매화 피어 빈 장막 비추네 書樓梅發照虛帷
다정한 서리 달만 떠올라 위로하니 多情霜月來相吊
　내(來)는 여(如)로도 쓴다.
호수 서쪽에 묵묵히 앉아 만감 교차하네 萬感湖西默坐時

2
시원스러운 흉금과 맑은 풍모 지녔으니 灑落胸襟骨相淸
한 시대 김이로 병칭됨 부끄러웠네[278] 同時金李愧齊名
꿈에서 얼굴 보니 슬픔 어찌 다하랴 夢中顔面悲何極
가을 뒤의 시 읽노라니 뼈까지 놀라려 하네[279] 秋後詩篇骨欲驚

278 시원스러운……부끄러웠네 : 김숭겸은 쇄락(灑落)한 흉금(胸襟)과 맑은 풍모를 지닌 사람이었으므로, 이하곤 자신이 그와 비견되어 나란히 일컬어지는 것이 부끄러웠다는 말이다.

지난날 이별의 마음이야 웃으며 말할 수 있지만　向日別離還笑語
내가 돌아온 뒤로는 명정만 남았네　及吾歸去但銘旌
동대에도 석실에도 남은 자취 있으니[280]　東臺石室渾陳迹
하염없이 눈물 흐르는데 조각달만 밝구나　感淚紛紛缺月明

정축년(1697, 숙종23) 겨울에 나와 백온(伯溫),[281] 명중(明仲)[282]이 농암(農巖) 선생을 모시고 수종사(水鍾寺)[283]에서 글을 읽었는데, 군산(君山)도 따라왔다. 눈이 내린 뒤에 달빛이 대낮처럼 밝았으므로 절 뒤에 있는 동대(東臺)에 올라 용진강(龍津江)의 물빛을 바라보니, 눈빛이랑 달빛이랑 어우러져 일렁이는 모습이 대단히 볼만하였다. 각자 조금의 술을 마시자

279 놀라려 하네 : 저본(底本)에는 骨欲驚으로 되어 있는데, 운과 의미를 고려하여 驚으로 수정, 번역하였다. 김숭겸의 시에도 "남은 글에 뼈까지 놀라려 하네.〔殘篇骨欲驚〕"라는 표현이 있다. 《觀復菴詩稿 哭從兄歸櫬》

280 동대(東臺)에도……있으니 : 김숭겸과 함께 지냈던 곳들을 추억한 것이다. 동대는 원주(原註)에 있는 바와 같이 수종사(水鍾寺) 뒤쪽에 있던 바위이다. 김숭겸의 《관복암시고(觀復菴詩稿)》 〈수종사〉에도 "동대에 밤 달이 둥글다.〔東臺夜月圓〕"라는 구가 있다. 석실(石室)은 석실서원(石室書院)으로, 경기도 남양주시 지금동에 있으며, 김상용(金尙容)과 김상헌(金尙憲)을 기리기 위하여 건립되었다.

281 백온(伯溫) : 이위(李瑋, 1676~1727)로, 본관은 전주(全州), 자는 백온, 호는 두천(斗川)이다. 김창협(金昌協)의 문인이다.

282 명중(明仲) : 《두타초(頭陀草)》에 등장하는 인물 가운데 명중이라는 자(字)를 사용한 사람은 오진주(吳晉周)와 신방(申昉) 두 사람인데, 여기서는 오진주를 가리킨다. 오진주의 인적사항은 자세하지 않은데, 김창협의 《농암집(農巖集)》 권27 〈망녀오씨부묘지명(亡女吳氏婦墓誌銘)〉에 "수양 오진주 명중의 처 안동 김씨는 농암거사의 딸이다.〔首陽吳晉周明仲妻, 安東金氏, 農巖居士女也.〕"라고 하였으므로, 김창협의 사위임을 알 수 있다. 또 이하곤의 글에 "군산은 이백온, 오명중, 그리고 나와 가장 가깝게 지냈다.〔君山獨與李伯溫吳明仲及余最相得〕"라고 하였으므로, 김숭겸과 가까운 사이였음을 알 수 있다. 《頭陀草 冊16 金君山詩集序》

283 수종사(水鍾寺) : 경기도 남양주시 조안면에 있는 절이다.

곧바로 취기가 올랐는데, 선생께서 시를 외우게 하여 초(楚)나라의 〈이소(離騷)〉와 두보(杜甫)의 시를 익히게 하셨다. 밤이 깊어서야 비로소 자리를 파했다.

3

남쪽 구름에 한번 슬퍼하며 만사 의심하니　一慟南雲萬事疑
오장이 끊어지는 아픔을 누가 다시 알까　腸摧肝裂復誰知
친구들 눈에 가득해도 나는 잃은 것 같고　朋交滿目吾如喪
생사의 이치 하늘에 달렸지만 그대 가장 슬프네　生死由天爾最悲
차마 정령을 땅에 묻을 수 있을까　可忍精靈埋厚土
어떤 말로도 선생님 위로할 수 없어라[284]　更無言語慰尊師
문장도 훈업도 모두 부질없게 되었으니　文章勳業俱蕭瑟
십구 년 동안 백 수의 시만 남았구나[285]　十九年光百首詩

군산(君山)은 평소 입언(立言)과 입공(立功)에 뜻을 두어 종종 읊조리는 시에 그런 뜻을 담아냈으니 "문장은 굶주림을 해결하지 못한다.〔文章莫救飢〕"[286]와 "열일곱 되도록 훈업 저버려 부질없이 탄식하네.〔勳業空歎十七孤〕"[287]라는 말이 있었다. 그러므로 미련(尾聯)에서 언급하였다.

284 차마……없어라 : 아들 김숭겸을 잃은 김창협(金昌協)의 마음을 위로할 수 없다는 말이다. 이하곤은 김창협의 문인이다.

285 문장(文章)도……남았구나 : 원주(原註)의 내용처럼 김숭겸이 문장과 훈업(勳業)에 뜻을 두었지만 열아홉의 나이에 요절하고 말았다는 말이다. 김숭겸의 《관복암시고(觀復菴詩稿)》에는 그가 지은 300여 수의 시가 남아 있는데, 이것은 김숭겸의 사우(師友)들이 그의 시를 수습하고, 그의 부친 김창협이 아우 김창흡(金昌翕)에게 정리를 맡겨 간행된 것이다.

286 문장은……못한다 : 이 구절은 《관복암시고》 〈강한(江漢)〉에 보인다.

287 열일곱……탄식하네 : 이 구절은 《관복암시고》 〈시형(柴荊)〉에 보인다.

백석촌[288]에서 자던 날 밤 꿈에서 농암 선생을 뵈었는데 손을 잡고 슬퍼하였다. 얼마 뒤에 꿈에서 깨었더니 서리 달이 대낮처럼 밝고 조수 소리가 들려왔다. 서글픈 마음을 견딜 수 없어 마침내 3수의 율시를 지어 서글픈 마음을 부치니, 이날은 군산[289]의 발인일이다

宿白石之夜 夢拜農巖先生 握手相慟 已而驚覺 霜月如晝 潮聲方至 不勝愴然 遂成三律 以寓悲怛之意 是日卽君山之引日也

긴긴 밤 푸른 바닷가 외진 곳에서 자다가	永夜衾裯碧海偏
슬픈 마음 주체할 수 없어 눈물만 줄줄 흐르네	悲懷撩亂涕潸然
스승과 제자가 꿈에서 한바탕 슬퍼했는데	師生夢裏一相慟
서리 달이 조수 위에 부질없이 걸렸네	霜月潮頭空自懸
비록 애통한 마음 있은들 누구에게 펼칠까	縱有血腸向誰子
생사의 이치를 하늘에 묻고 싶어라	欲將生死問高天
외로운 기러기도 나처럼 무리를 잃고서	孤鴻似我失群侶
차가운 하늘 날아가니 울음소리 애처롭다	飛過寒空鳴可憐

2

벗이 갑자기 황천으로 돌아가니	故人忽已歸脩夜

288 백석촌(白石村) : 충청남도 아산시(牙山市)에 있는 마을이다. 244쪽 각주254 참조.

289 군산(君山) : 김숭겸(金崇謙, 1682~1700)으로, 본관은 안동(安東), 자는 군산, 호는 관복암(觀復菴)이다. 160쪽 각주138 참조.

늙은 나만 이 바닷가에서 외로이 읊조리네　老我孤吟此海濱
백년 인생에 큰 뜻 떨치지 못하리니　百歲未應騁長志
이생에 어찌 이런 사람 만날 수 있을까　今生那得見斯人
다만 천지에 훌륭한 글만 남았을 뿐　只須天地奇文在
다시는 강호에서 멋진 일 가질 수 없네　無復江湖好事頻
독서하던 삼주[290] 돌아보니　回首三洲讀書處
쓸쓸한 매화에 달빛 새롭구나　梅花寂寂月光新

3

하늘이 나의 청백안 미워하여　天公憎我青白眼
일부러 마음 맞는 사람 앗아갔네[291]　故奪眼中可意人
세상 사람들 조잘조잘 은밀한 의논 많지만　俗子啁啾多竊議
쓸쓸한 유자의 마음 끝내 어찌 펼칠까　儒冠濩落竟何伸
맑은 시 다시는 나를 놀라게 하지 못하고　淸詩無復醒吾耳
여윈 뼈 오직 속세의 먼지 싫어했으리　臞骨唯應厭世塵
애통해하며 문 나서자 악착스러운 사람들뿐이니　一慟出門皆握促
소탈한 이 사람의 진심 누가 알아줄까　狂疏誰識此翁眞

290 삼주(三洲) : 경기도 남양주시 지금동으로, 김숭겸이 살던 곳이다. 161쪽 각주 141 참조.

291 하늘이……앗아갔네 : 이하곤을 하늘이 미워하여 자기가 좋아하는 김숭겸을 앗아간 것 같다는 자책(自責)이다. 청백안(青白眼)은 진(晉)나라 완적(阮籍)이 반가운 사람을 만나면 청안(青眼)으로 대하고 그렇지 않은 사람은 백안시(白眼視)했던 고사에서 유래한 말이다. 《世說新語 簡傲》

봄날 군산[292]이 떠올라 서글픈 마음을 견딜 수 없었다

신사년(1701, 숙종27)

春日懷君山 不勝愴然 辛巳

날리는 꽃과 버들개지 어지러이 흩날리는데	飛花飄絮亂徘徊
차마 올해는 술잔 들지 못하노라	不忍今年把酒杯
열흘 동안 문 닫고 누워 있을 뿐	十日只堪閉門臥
봄철에 누가 다시 편지 보내 줄까	三春誰復寄書來
인간 세상에 옛 벗은 새 시가 가득한데	人間舊友新詩滿
호숫가 외로운 무덤에는 푸른 풀만 애처롭다	湖上孤墳碧草哀
남은 인생 좋은 일 없을 터	已卜餘生無好緖
동풍에 지팡이 짚고 있노라니 마음 아련하네	東風拄杖意茫哉

292 군산(君山) : 김숭겸(金崇謙, 1682~1700)으로, 본관은 안동(安東), 자는 군산, 호는 관복암(觀復菴)이다. 160쪽 각주138 참조.

신사년(1701, 숙종27) 중양절에 문 닫고 외로이 누우니, 국화꽃 몇 송이만 옛 벗처럼 마주하고 있었다. 문득 지난해 남쪽 동산에서의 모임을 추억하니,[293] 어느덧 많은 변화가 있었기에 나도 모르게 흐르는 눈물이 얼굴에 가득하였다
辛巳九日 閉門孤臥 獨有黃花數枝 相對如故人 忽憶去歲南苑之會 便一滄桑 不覺流淚滿面也

서풍이 휙휙 두건에 불어오니	西風颯颯吹烏帽
온갖 감회 아련히 떠올라 술잔 드노라	百感悠悠把酒杯
궁궐 남쪽에서 등고의 모임 이을 수 있을까	宮南可續登高會
고인이 된 시 짓는 사람만 떠오르네[294]	泉下空懷作賦才
늙은 기러기 외로이 날아도 서두를 것 없어	老鴈孤飛不須急
노란 국화 마주한 채 서글퍼 하노라	黃花相對只堪哀
저문 구름 드리운 석실 어딘지 알기에	暮雲石室知何處
쓸쓸한 가을 하늘 머리 돌려 바라보네[295]	蕭瑟秋空首一回

293 지난해……추억하니 : 1700년(숙종26) 중양절에 이하곤이 김숭겸(金崇謙), 이위(李瑋) 등과 함께 함춘원(含春苑)에서 유람한 일이 있다. 이 사실은 《두타초(頭陀草)》 책1 〈구일동군산명중……(九日同君山明仲……)〉에 보인다.

294 궁궐……떠오르네 : 김숭겸이 고인이 되었으므로, 중양절(重陽節)이 되었어도 지난해처럼 높은 곳에 올라 유람하는 중양절의 풍속을 따를 수 없고, 고인이 된 김숭겸만 떠오른다는 말이다. 작부재(作賦才)는 시를 잘 짓는 사람이라는 말로, 여기서는 김숭겸을 가리킨다.

295 저문……바라보네 : 김숭겸이 떠오른다는 말이다. 석실(石室)은 석실서원(石室

2

늙은이 눈물 부질없이 노란 국화 적시며 老淚空沾菊蘂黃
새 시 읊조린 뒤에 석양에 서 있네 新詩吟罷立斜陽
쓸쓸한 나그네 기러기 서풍에 급히 날아가고 蕭蕭旅鴈西風急
아득히 덧없는 인생 온갖 감회 길기도 해라 莽莽浮生百感長
오늘 남쪽 궁궐 적막하리니 此日南宮應寂寞
지난해 멋진 모임 처량하게 되었네[296] 去年高會卽凄涼
산수유 붉은 열매 모두 옛 모습 그대로인데 茱萸紅實渾依舊
누가 머리에 꽂고 흠뻑 취하려나 揷取何人作醉狂

3

작년에 높이 올랐을 때 바람에 두건 벗겨졌는데 去歲登高風落帽
올해는 문 닫고 눈물로 수건만 적시네 今年閉戶淚沾巾
저물녘에 돌아가는 기러기 보낼 수 없어 不堪斜日送歸鴈
부질없이 국화 마주한 채 벗을 슬퍼하네 空對寒花悲故人
두루마리의 맑은 시는 어제 일 같은데 卷裏清詩如昨事
술동이 앞에 한바탕 웃음 다시 누구와 친할까 尊前一笑更誰親
이제부터 차마 중양절 모임 갖겠는가 從今忍作重陽會
다만 쓸쓸히 앉아 홀로 마음 아파하노라 只自蕭條獨愴神

書院)으로, 경기도 남양주시 지금동에 있다. 김상용(金尙容)과 김상헌(金尙憲)을 기리기 위하여 건립되었다.

296 오늘……되었네 : 작년에는 김승겸 등과 함께 함춘원(含春苑)에서 놀았지만, 올해는 김승겸이 고인이 되어 가지 못하기에 이렇게 읊은 것이다. 263쪽 각주293 참조.

가을비가 내리는 가운데 문득 죽은 벗이 생각나니, 이웃 사람의 피리소리가 아니더라도 나도 모르게 눈물이 주르륵 흘렀다

秋雨中忽念亡友 不待隣人之笛 而令人不覺潸然也

당시 번서(樊墅)에서 글을 읽고 있었다.

백년 인생 이미 전원에 누운 신세 되었으니	已了百年臥畎畝
어찌 하루라도 술 없이 지내랴	那能一日去樽杯
내가 혼탁한 세상에 누구와 어울릴까	吾於濁世誰相與
그대가 새 시 지으면 귀신도 시기했지	爾有新詩鬼亦猜
늙은 나무에 찬바람 소리 나니 가을 빨리 오고	老樹寒聲秋易急
외로운 마을 저물녘에 비 쏟아지려 하네	孤村暮色雨還催
쓸쓸한 등불 아래 홀로 잠 못 든 채	寥寥燈火獨無睡
숲 바람 소리 듣노라니 슬프기 그지없네	坐聽風林生百哀

황량한 동산 적막한데 외로이 누웠다가	荒園寂寂堪孤臥
부슬부슬 가을비에 홀로 잔 기울이네	秋雨蕭蕭自獨斟
구학에 지금 자취 의탁할 만하지만	丘壑于今聊托迹
풍진세상 어디에서 마음을 논할까	風塵何處可論心
찬 무서리에 애처로운 기러기 홀로 울고	哀鴻獨叫霜初重
해 지려 하니 먼 숲이 온통 어둑어둑	遠木俱昏日欲沈
남원의 옛 놀이 모두 꿈만 같은데[297]	南苑舊游渾似夢
취옹의 시[298] 남아 있어 다시 길게 읊조리네	翠翁詩在更長吟

297 남원(南苑)의……같은데 : 이하곤이 1700년 중양절에 김숭겸(金崇謙), 이위(李瑋) 등과 가졌던 함춘원(含春苑)에서의 모임을 추억한 것이다. 263쪽 각주293 참조.

298 취옹(翠翁)의 시 : 읍취헌(挹翠軒) 박은(朴誾)의 시를 가리킨다. 박은이 이행(李荇)과 함께 잠두봉(蠶頭峰)과 천마산(天磨山)을 유람한 일이 있다. 256쪽 각주276 참조.

비 내리는 밤에 감회가 있어서 계미년(1703, 숙종29)

雨夜有感 癸未

적막한 빈 집의 밤	寂寂空齋夜
부슬부슬 가랑비 내리는 가을	蕭蕭細雨秋
푸른 산에 좋은 사람 묻었으니	青山埋好骨
미수의 멋진 놀이 떠오르네[299]	渼水憶淸游
세상일은 자꾸만 눈물 흘리게 하고	世事頻雙涕
새로 지은 시에는 근심만 가득하네	新詩自百憂
벗들이 서울에 가득하지만	親朋滿京洛
차츰 머리 내젓게 되는구나	漸覺掉人頭

299 푸른……떠오르네 : 고인이 된 김숭겸과 교유하던 모습을 추억한 것이다. 미수(渼水)는 김숭겸이 거처하던 곳의 물 이름이다. 177쪽 각주161 참조.

밤에 일어나 혜성을 보다 신사년(1701, 숙종27)

夜起觀彗 辛巳

당시 번서(樊墅)에 있었다.

새벽 먼 들판에 안개와 서리 가득한데	遙野烟霜曉色同
홀로 오솔길 걸으며 찬 하늘 바라보네	獨行微逕望寒空
새벽별 너머에서 닭은 꼬끼오 울고	鳴鷄膈膈晨星外
어지러운 나무 가운데 어슴푸레 달 지는구나	落月蒼蒼亂木中
몇 집 절구질 소리 들리니 군에서 세금 독촉하고	隣杵幾家催郡稅
천문이 오늘 밤 촌 늙은이 깨웠네	乾文此夜起村翁
육식하는 제공들은 무슨 일 도모하시는가	諸公肉食謀何事
올해도 혜성이 동쪽에서 나왔네[300]	彗出今年又在東

300 육식(肉食)하는……나왔네 : 불길한 징조가 나타났는데, 조정의 관리들은 정사(政事)에 얼마나 힘쓰고 있느냐는 말이다. 육식은 후한 녹봉을 받는 벼슬아치들을 낮춰 부르는 말이다. 175쪽 각주159 참조. 혜성이 동쪽에서 나오는 것이 어떤 징조를 의미하는지 자세하지 않지만, 주(周)나라가 망할 때 혜성이 동쪽에서 나왔다고 한다.《春秋公羊傳註疏 卷28 哀公14年》

판서 신여철[301] 만사

申判書 汝哲 挽

중부(仲父)[302]를 대신해서 짓다.

지난날 중흥의 운수 만났을 때	昔際中興運
비늘 잡은 이들 모두 빼어났지[303]	攀鱗自俊英
평성부원군은 위무가 씩씩하여	平城壯威武
찬란하게 공명 세우셨지[304]	爗爀樹勳名
그 모습 운대에 그려지고	形像雲臺畫
산하에 철권으로 맹세했네[305]	河山鐵券盟

301 신여철(申汝哲) : 1634~1701. 본관은 평산(平山), 자는 계명(季明), 호는 지족당(知足堂)이다. 《絅菴集 卷7 輔國崇祿大夫行判中樞府事兼兵曹判書申公諡狀》

302 중부(仲父) : 이하곤의 조부(祖父) 이경억(李慶億)이 슬하에 이인소(李寅爗), 이인병(李寅炳), 이인엽(李寅燁)을 두었으므로, 이하곤의 중부는 이인병을 가리킨다. 《西溪集 卷12 左議政李公墓碑銘》

303 지난날……빼어났지 : 인조반정(仁祖反正)을 도운 사람들이 모두 준걸(俊傑)이었다는 말이다. 반린(攀鱗)은 제왕 혹은 명사(名士)에게 몸을 의탁해서 공명(功名)을 이루는 것을 말한다. 한(漢)나라 양웅(揚雄)의 《법언(法言)》 〈연건(淵騫)〉에 "용의 비늘을 잡고 봉황의 날개에 달라붙는다.〔攀龍鱗附鳳翼〕"라고 하였다.

304 평성부원군(平城府院君)은……세우셨지 : 신여철의 조부 신경진(申景禛, 1575~1643)이 인조반정에 참여하여 정사 공신(靖社功臣)에 책훈(策勳)되고 평성부원군에 봉해진 사실을 말한다. 《絅菴集 卷7 輔國崇祿大夫行判中樞府事兼兵曹判書申公諡狀》 신경진의 자는 군수(君受)이다. 《白軒集 37 領議政平城府院君申公諡狀》

305 그 모습……맹세했네 : 신경진의 초상이 공신각(功臣閣)에 걸리고, 자손 대대로 훈업에 대한 혜택을 누리게 되었다는 말이다. 운대(雲臺)는 후한 명제(明帝)가 전세(前

경사가 바야흐로 후손에게 이어져 慶方延後裔
공이 선대의 명성 잘 이었어라 公善繼先聲
일찍이 선비로서 기림 있었고 夙有文儒譽
무략에도 정통하였으니[306] 精通武略成
천리마가 천 리 길 내달리고 驊騮千里步
수리가 구월의 하늘을 가로지르는 격이었네[307] 雕鶚九秋橫
나가서 궁궐의 조서 받들었으니 出奉龍墀詔
이름이 호방에 오르는 영예 있었네[308] 名登虎榜榮

世)의 공신(功臣)들을 추념(追念)하여 등우(鄧禹) 등 28명의 초상화를 그려서 걸어 놓았던 대각(臺閣) 이름이다. 철권(鐵券)은 옛날에 임금이 공신에게 내려 주어 면죄(免罪) 등의 특권을 누리게 한 증명서를 말하는데, 철제(鐵製)의 계권(契券)에 단사(丹砂)로 썼으므로, 일반적으로 단사철권(丹砂鐵券)이라 한다. 한 고조(漢高祖) 유방(劉邦)이 개국 공신들을 책봉하면서 "황하가 허리띠처럼 가늘어지고 태산이 숫돌처럼 닳아질 때까지, 나라가 영원이 평안하여 복록이 후손에게 미치리라.〔使河如帶, 泰山若礪, 國家永寧, 爰及苗裔.〕"라고 말한 고사가 전한다.《史記 卷18 高祖功臣侯者年表》

306 일찍이……정통하였으니 : 신여철이 처음에는 학문을 하다가 뒤에 무인의 길을 걸었다는 말이다. 신완(申琓, 1646~1707)이 지은 시장(諡狀)에 의하면, 신여철이 24세 때 효종(孝宗)이 장수로 키울 인재가 없는 것을 염려하자, 백부(伯父)와 구인후(具仁垕, 1578~1658)의 권유로 무과에 종사하게 되었다고 한다.《絅菴集 卷7 輔國崇祿大夫行判中樞府事兼兵曹判書申公諡狀》

307 천리마가……격이었네 : 신여철이 출중한 인재였다는 말이다. 화류(驊騮)는 주 목왕(周穆王)의 팔준마(八駿馬) 중 하나로 천리마를 뜻한다. 조악(雕鶚)은 수리의 일종이다. 두보(杜甫)의 시에 "화류는 도로를 열었고, 조악은 풍진을 떠났도다.〔驊騮開道路, 鵰鶚離風塵.〕"라는 표현이 있다.《杜少陵集 卷2 奉贈鮮于京兆二十韻》

308 나가서……있었네 : 신여철이 무과에 합격한 것을 말한다. 용지(龍墀)는 대궐의 붉은 섬돌을 가리킨다. 호방(虎榜)은 무과에 합격하는 것을 말한다. 본래 당(唐)나라 때 육지(陸贄)가 진사시(進士試)의 시관이 되어 한유(韓愈) 등 많은 명사를 뽑자, 당시

누선 타고 남계의 진을 다스리고[309] 樓船南溪鎭
날랜 말 타고 우림의 군사 거느렸네[310] 驍騎羽林兵
곤외에 위의가 드러났으니 閫外威宣著
군사들을 정예병으로 단련했지 行間事練精
술을 내려 군사들을 은혜롭게 보살피고[311] 投醪撫士惠
황벽나무 맛보아 스스로를 맑게 단속했네[312] 嘗蘗律身淸
두예는 본래 선비였고[313] 杜預元儒素
주유는 실로 나라의 기둥이었지[314] 周瑜實國楨

사람들이 이를 용호방(龍虎榜)이라고 치하(致賀)한 일이 있는데, 우리나라에서는 이 고사를 따다가 문과를 용방(龍榜)이라 하고 무과를 호방이라 하였다.

309 누선……다스리고 : 신여철이 1667년(현종8)에 충청 수사(忠淸水使)에 임명되었기에 한 말이다.

310 날랜……거느렸네 : 신여철이 1673년(현종14)에 어영대장이 되었기에 한 말이다. 우림병(羽林兵)은 궁궐(宮闕)의 숙위(宿衛)를 담당하는 군대이다.

311 술을……보살피고 : 신여철이 군사들과 고락(苦樂)을 함께하고, 군사들에게 많은 은택을 베풀었다는 말이다. 투료(投醪)는 막걸리를 강에 부어 함께 마신다는 투료음하(投醪飮河)와 같은 말인데, 월왕(越王) 구천(句踐)이 회계산(會稽山)의 치욕을 갚고자 하여 아래로 백성들을 길렀는데, 술이 있으면 혼자 마시지 않고 강물에 풀어서 군사들과 함께 마셨다고 한다.《呂氏春秋 順民》

312 황벽나무……단속했네 : 신여철의 청렴결백함을 읊은 것이다. 상벽(嘗蘗)은 황벽나무를 맛본다는 말이다. 백거이(白居易)의 시에 "삼 년 세월 자사로 있으면서, 맑은 얼음물을 마시고 쓰디쓴 황벽나무를 씹었노라.〔三年爲刺史, 飮氷復食蘗.〕"라고 하였다.《白樂天詩集 卷1 三年爲刺史》

313 두예(杜預)는 본래 선비였고 : 두예는 진(晉)나라의 명장으로, 삼국 시대의 오(吳)나라를 평정하였다. 만년(晩年)에 경적(經籍)에 침잠하여《좌씨경전집해(左氏經傳集解)》등의 저술을 남겼다. 신여철이 본래 학문을 하다가 무인이 되었기에 인용한 것으로 보인다.

육부가 옛 역사에 빛나니	六符光古史
한 마디 말로 여러 경들을 꺾었네[315]	一語折群卿
명예와 의리로 지조 더욱 곧았으니	名義操愈正
위태롭고 의심스러울 때 신망 가볍지 않았지[316]	危疑望不輕
풍운이 사귀어 합하니	風雲交更合
우로와 같은 은택을 베풀어 주셨네[317]	雨露寵方傾
태평성대라 지금 전란 없지만	聖代今無戰
우리 왕께서 간성처럼 의지하여	吾王倚作城
활과 화려한 화살 내려 주시고	頒弓鵰羽箭

314 주유(周瑜)는……기둥이었지 : 신여철이 임금의 신임을 받는 무장이었다는 사실을 주유에게 비유하여 말한 것이다. 주유는 삼국 시대 오(吳)나라 장수로 손책(孫策)을 도와 강동(江東)을 평정하였고, 조조(曹操)를 적벽(赤壁)에서 격파한 인물이다.

315 육부(六符)가……꺾었네 : 조정에서 일어난 논란을 신여철이 불식시켰다는 뜻으로 말한 것인데, 어떤 사건을 가리키는지는 자세하지 않다. 육부는 삼태(三台) 육성(六星)의 부험(符驗)이라는 뜻으로, 임금을 보좌하는 조정의 대신(大臣)을 가리키는 말로 사용된다.

316 명예와……않았지 : 신여철이 평소 명예와 의리를 중시하였기 때문에 위태롭고 의심스러운 상황에서 더욱 신망을 받았다는 말이다. 참고로 신완이 지은 시장(諡狀)에 "임금께서 비망기를 내려 말씀하시기를 '오늘날처럼 위태롭고 의심스러운 일이 많은 때를 만나, 도성의 친병을 지친에게 맡기지 않을 수 없다.' 하시고, 광성부원군 김만기 공을 훈국대장으로 삼았다가 다시 공으로 하여금 광성부원군을 대신하게 하여 총융사에 임명하셨다.〔上下備忘曰, 當此危疑多端之日, 輦下親兵, 不可不付諸至親, 以光城府院君金公萬基爲訓局大將, 復以公代光城, 除總戎使.〕"라고 하였다.

317 풍운(風雲)이……주셨네 : 신여철이 자신을 알아주는 임금을 만나 많은 총애를 받았다는 말이다. 풍운(風雲)은 임금과 신하가 의기투합하는 것을 의미한다. 《주역》 〈건괘(乾卦) 문언(文言)〉에 "구름은 용을 따르고 바람은 범을 좇는다.〔雲從龍風從虎〕"라고 하였다.

말과 표피의 끈 하사하셨네[318]	賜馬豹皮纓
금원에서 열병하던 날	禁苑觀兵日
봄 강에서 무예를 살피셨는데[319]	春江閱武行
파도 소리처럼 피리와 북소리 울리고	濤聲笳鼓震
눈빛처럼 검과 창 번쩍였지	雪色劍鋋明
어려운 시절에 관심 기울이시니	注意艱危際
목숨 바쳐 진췌의 정성 다했는데[320]	捐軀盡瘁誠
교룡의 해가 돌아와	螣蛇回甲子
하고가 광채를 잃었어라[321]	河鼓失光晶

318 활과……하사하셨네 : 임금이 신여철에게 여러 물건을 하사했다는 말인데, 신완이 지은 시장(諡狀)에 "술과 활과 화살과 납약 등의 물건을 하사하셨다.〔仍賜法醞及弓矢臘藥等物〕"라는 내용이 보인다. 말을 하사한 내용은 아래의 주석을 참조할 수 있다.

319 금원에서……살피셨는데 : 신완이 지은 시장(諡狀)에 "병인년 2월, 임금께서 숭릉으로 행차하시니, 공께서 호가하였다. 사아리에 이르러 열무하셨는데, 임금께서 직접 장수의 단상에 오르셨다. 도감의 마병과 보군이 앉고 서고 전진하고 후퇴하기를 한결같이 약속된 대로 실행하여 어기는 사람이 없었다. 임금께서 기뻐하시고 구마를 하사하셨다.〔丙寅二月, 上幸崇陵, 公扈駕, 到沙阿里閱武, 上親臨將壇, 都監馬步軍卒坐作進退, 一遵約束, 無敢違者, 上嘉之, 有廏馬之賜.〕"라는 내용이 있다.

320 어려운……다했는데 : 임금이 신여철에게 은택을 베풀고, 신여철도 신명(身命)을 바쳐 나라를 위해 노력했다는 말이다. 진췌(盡瘁)는 마음과 몸을 다 바쳐 나랏일에 이바지하는 것을 뜻한다. 제갈량(諸葛亮)의 〈후출사표(後出師表)〉에 "모든 일이 이와 같아서 앞으로 어떻게 될지 알기가 어려우니, 저로서는 국궁진췌하여 죽은 뒤에야 그만둘 것이요, 성공과 실패, 이로움과 불리함 같은 것이야 신의 지혜로 미리 헤아릴 수 있는 바가 아니라고 하겠습니다.〔凡事如是, 難可逆見, 臣鞠躬盡瘁, 死而後已, 至於成敗利鈍, 非臣之明所能逆覩也.〕"라고 하였다.

321 교룡의……잃었어라 : 신여철이 운명하였다는 말이다. 등사(螣蛇)는 교룡인데, 신여철이 신사년(辛巳年)에 운명하였으므로 등사라고 한 것이다. 하고(河鼓)는 별이름

비처럼 눈물 흘리는 삼군의 군사들이며	雨泣三軍士
바람처럼 슬퍼하는 대수장군의 진영이네[322]	風悲大樹營
군대의 위엄 옛 모습 아니지만	兵威非昔宿
정신은 평소의 모습 떠오르네	精爽想平生
어느덧 동량이 부러짐을 보니	倏見棟樑拆
누가 큰 집을 지탱할까	誰將廈屋擎
훌륭한 사관이 분명하게 기리고	華褒良史筆
임금께서는 애통해하시네	痛惜至尊情
동쪽 길에 붉은 명정 멀리 가니	東道丹旌遠
새 무덤에 푸른 풀 엉겼네	新阡碧草縈
오직 상자 속에 칼만 남아	唯餘匣中劍
밤마다 용울음 소리 내는구나	夜夜作龍鳴

인데, 《사기(史記)》 권27 〈천관서(天官書)〉에 "견우성의 북쪽에 하고가 있는데, 큰 별은 상장(上將)이고 좌우에 있는 것은 좌장(左將)과 우장(右將)이다."라고 하였다.

322 비처럼……진영이네 : 신여철이 운명하자 많은 군사들이 그를 애도했다는 말이다. 대수(大樹)는 후한(後漢) 광무제(光武帝) 때의 장수 풍이(馮異)를 가리킨다. 논공행상할 때마다 각자의 전공을 자랑하는 여러 장수들과는 달리 풍이는 홀로 큰 나무 아래로 물러가 있었으므로, 군중(軍中)에서 그를 대수장군(大樹將軍)이라고 불렀던 데서 유래하였다. 《後漢書 卷47 馮異列傳》

두타초

제2책

詩시

밤에 이군형[1]의 초당에 들르다 임오년(1702, 숙종28)

夜過李君馨草堂 壬午

자주 만난다고 어찌 싫증나랴 數面何曾厭
곤궁한 삶 각자 가여워하네 窮居各自憐
그대 그리워 추운 밤에도 懷君屬寒夜
지팡이 짚고 짙은 연기 헤쳐 왔네 扶杖度荒烟
마을 불빛이 잔설 속에서 빛나고 村火明殘雪
솔바람이 그윽한 샘물소리 전해 오네 松風落暗泉
한참을 우두커니 서 있노라니 遙遙相佇立
맑은 흥취가 초당 앞에 일어나네 淸興草堂前

1 이군형(李君馨) : 《두타초(頭陀草)》 책2에 〈계미년 1월 14일 밤에 많은 눈이 내렸는데 최효백 형이 용정에서 사담 가로 나를 찾아왔다. 족형 군서, 재종제 여순, 조카 이군형이 함께 있었다.……〔癸未正月十四日夜大雪 崔兄孝伯自龍亭過余于潭上 族兄君瑞再從弟汝順李侄君馨皆在……〕〉라는 작품이 있으므로, 이군형이 이하곤의 조카임을 알 수 있으나, 인적사항은 미상이다.

시냇가 누각 계미년(1703, 숙종29)

溪閣 癸未

봄빛이 살짝 사립문에 내리쬐고	春光淺淺着柴門
눈 녹은 냇가 모래밭에 어느새 풀 돋았네	雪盡溪沙已草痕
안개 속에서 개 짖고 닭 우는데	犬吠鷄鳴烟靄裏
몇 그루 새로운 버들이 마을 밖에 있네	數株新柳隔遙村

김수명[2]의 연못가 정자에 쓰다. 벽에 걸린 시에 화운하다 2수

題金壽鳴池亭 和壁上韻 二首

아담한 누각 발 친 창에 못물 빛나고	小閣簾櫳池水光
차가운 산 스산한데 마주하여 술 마시네	寒山蕭瑟對含觴
시를 재촉하는 저녁 눈 걱정 않노라	不愁暮雪催詩急
한껏 향기롭던 가을 연꽃 떠오른다	忽憶秋荷滿意香
작은 집도 짓지 못하는 내 신세 부끄럽지만	愧我未能成小築
그대야 어찌 외진 시골에서 늙을 사람이랴	看君豈合老窮鄉
눈가에 협기가 지금도 남아	眉端俠氣今猶在
취해 슬픈 노래 부르면서 옛 칼 어루만지네	醉裏悲歌撫古鋩

불(不)은 정(政)으로도 쓴다.

저녁 먹고 천천히 들녘 정자로 나와	晩飯從容出野亭
오건 쓰고 죽장 짚고 봄 물가에 섰노라	烏巾竹杖立春汀
눈 빛은 신령한 연못에 비쳐 희고	雪光自映靈池白
버들 색은 작은 섬에 이어져 푸르구나	柳色還連小嶼青
심어 놓은 뽕나무와 삼은 십 묘나 되고	種去桑麻成十畝
길들인 거위와 오리 앞뜰에 가득하네	馴來鵝鴨滿前庭

2 김수명(金壽鳴) : 1671~? 본관은 나주(羅州), 자는 인수(仁叟)이다. 1712년(숙종 38)에 무과에 급제하였다.

장한 마음 이제 한가함 속에서 늙고자 하니 雄心欲向閑中老
조정에 천거해 주는 사람 없구나 祇是無人薦漢廷

최씨 형을 맞아 청담정사에서 묵다

邀崔兄 宿淸潭精舍

병사에서 함께 자기로 약속하고	丙舍聯衾約
선방에서 한바탕 웃으며 만났네	禪房一笑逢
바둑 두며 서로 다정하고	淸棊相款曲
저녁밥도 느긋하게 먹노라	晚飯且從容
나무마다 봄기운 넘치는데	萬木皆春氣
차가운 산에 어느덧 저녁 종 울리네	寒山已夕鍾
조용히 속세 밖에서	寥寥塵世外
마주 앉아 솔바람 소리 듣노라	對坐聽風松

계미년(1703, 숙종29) 1월 14일 밤에 많은 눈이 내렸는데, 최효백[3] 형이 용정에서 사담 가로 나를 찾아왔다. 족형 군서, 재종제 여순, 조카 이군형이 함께 있었다. 밤이 깊어지자 달빛이 매우 아름다웠다. 드디어 모두 일어나 누대 안을 서성거리니, 원근의 촌락과 숲이 눈 빛과 달 그림자 사이에서 아른거렸다. 바라보니 멀리까지 안개 낀 바다에 늘어선 별 수십 개가 우수수 쏟아져 깜박이고 흔들리는 듯하였으니, 대개 마을 사람들이 켜 놓은 등불 그림자였다. 내가 효백에게 말하기를 "옛날 동파가 장회민에게 '어느 밤인들 달이 없겠는가마는 우리 두 사람처럼 한가한 사람이 많지 않을 따름이다.'[4] 하였는데, 우리들은 오늘 밤 진정 동파옹의 이 말에 부끄럽지 않네." 하고 서로 바라보며 웃었다. 등불 아래에서 바둑을 두며 구경하는데, 바깥채에 기숙하는

3 최효백(崔孝伯) : 최창대(崔昌大, 1669~1720)로, 본관은 전주(全州), 자는 효백, 호는 곤륜(昆侖)이다. 최석정(崔錫鼎)의 아들이다. 저서에 《곤륜집(昆侖集)》이 있다. 《西堂私載 卷10 弘文館副提學崔公墓誌銘 幷序》

4 동파가……따름이다 : 송나라 신종(神宗) 때에 소식(蘇軾)이 승천사로 장회민(張懷民)을 찾아가서 달밤에 뜰을 함께 거닐었던 고사를 언급한 것이다. 《동파전집(東坡全集)》 권101 〈지림(志林) 기유(記游)〉에 "원풍 6년(1083) 10월 12일 밤에 막 옷을 벗고 잠을 청하려 하다가, 달빛이 환하게 방 안에 들어오자 기쁜 마음으로 일어났는데, 생각해 보니 함께 즐길 자가 없었다. 드디어 승천사로 장회민을 찾아갔는데, 장회민도 잠을 이루지 못하고 있었다. 둘이 함께 뜰을 거닐었다. 뜰에는 마치 넘실넘실 물결 속에 마름풀이 떠다니는 것 같았다. 대나무와 측백나무의 그림자가 그렇게 보였던 것이다. 어느 밤인들 달 없는 밤이 있겠으며 어느 곳인들 대나무와 측백이 없겠는가마는, 우리 두 사람처럼 한가로운 정취를 지닌 자가 드물었던 것이다."라고 하였다.

비구니가 죽불자를 두드리며 밤새 불경을 외웠다. 문밖으로 흐르는 산골물 소리가 솔바람에 실려와 청량하게 거문고와 축을 연주하는 소리를 내니, 사람을 황홀하게 하여 잠들 수 없었다

癸未正月十四日夜大雪 崔兄孝伯自龍亭過余于潭上 族兄君瑞再從弟汝順李侄君馨皆在 夜深月色甚佳 遂群起徘徊樓中 遠近村落樹木 涵漾於雪光月影之中 望之如遠烟積水 有列星數十 纍纍倒垂 明滅動搖 蓋村人燈影也 余謂孝伯曰 昔東坡語張懷民何夜無月 但少閒人如吾兩人耳 吾輩今夜眞不愧坡翁此言矣 相視而笑 燈下設棊觀之 外舍有比丘尼寄宿 叩竹拂子 終夜誦佛 戶外澗水 爲松風所韻 泠泠作琴筑聲 令人恍然 殆不能寐也

뜻밖에 찾아온 양구자	不意羊裘子
홀연히 어디에서 왔는가[5]	飄然何所從
눈 속으로 한 번 나서서	雪中能一出
구름 가에서 문득 만났네	雲際忽相逢
달 떠오른 누대에 앉아	坐占橫樓月
난간에 들어오는 솔바람 의지해 잠드네	眠依入檻松

5 뜻밖에……왔는가 : 최창대가 생각지도 않게 찾아왔다는 말이다. 양구자(羊裘子)는 염소가죽으로 만든 옷을 입은 사람이라는 말로, 후한(後漢)의 엄광(嚴光)을 가리키는데, 여기서는 최창대를 의미한다. 엄광은 자기의 학우(學友)였던 광무제(光武帝)가 제위(帝位)에 오르자 성명을 바꾸고, 세상을 피해 염소가죽으로 만든 옷을 입고 여울가에서 물고기를 낚으며 일생을 마쳤다.《後漢書 卷113 逸民列傳 嚴光》

오늘 밤 맑은 경치 좋으니 今宵好淸景
옛날 세속에 찌든 모습 다시 볼 수 없네 無復舊塵容

위는 효백(孝伯)의 청담암(淸潭菴) 시[6]에 화운한 것이다.

시냇물 남쪽과 북쪽에 살면서 自住溪南北
열흘 만에 만났어라 得成旬日逢
발 저는 나귀 타고 때때로 홀로 가도 蹇驢時獨往
광기 어린 태도를 서로 받아들이네 狂態卽相容
낮에 눈 덮인 봉우리에서 쉬다가 午憩當峰雪
저녁에 사찰의 종소리 들으며 돌아가네 昏歸度寺鍾
산속 집에 다시 무엇이 있는가 山齋復何有
그윽한 달이 먼 소나무에 걸렸네 幽月更遙松

위는 청담암(淸潭菴)의 봉(逢) 자 운에 거듭 맞춰 지은 것이다.

초승달이 소나무 사이로 떠오르고 纖月松間出
샘물 소리 바위에서 들려오네 風泉石上聞
온 산에 눈 내릴 때 와서 能來萬山雪
구름 낀 누각에서 함께 묵는구나 對宿一樓雲
술잔 나누노라니 찬 등불 가물거리고 把盞寒燈落
바둑 보노라니 고요한 밤 깊어가네 看棊靜夜分
동쪽 이웃에 또 절이 있어 東隣亦僧舍

6 효백(孝伯)의 청담암(淸潭菴) 시 :《곤륜집(昆侖集)》 권4에 실린 〈피재대서속부청담포회(被載大書速赴淸潭泡會)〉를 가리키는 것으로 보인다.

범패소리와 절로 어우러진다 梵唄自爲群

눈 내린 날의 달빛 일찍이 보았지만 雪月亦嘗見
이처럼 아름답단 말 듣지 못했네 此奇曾未聞
맑은 빛이 물과 나무에 스미고 澄光涵水木
나머지는 안개와 구름에 퍼지네 餘滓廓烟雲
산 그림자와 쓸쓸히 서로 짝이 되고 峰影寒相偶
마을 모습은 아득히 분명하지 않네 村容逈不分
누대 높아 더욱 맑고 빼어나니 樓高更淸絶
신선들과 어울린 듯하네 疑與列仙群

그대가 소나무 끝에 달 떠오를 때 와서 君來松際月生時
높은 누대에 마주앉으니 설경 빼어나네 對坐危樓雪色奇
티끌세상에서 어찌 한바탕 취할 수 있으랴만 塵世那能謀一醉
시내와 산이 진정 새 시를 저버리지 않네 溪山眞不負新詩
매화가지에 꽃 소식 없으니 봄 이른 줄 알겠고 梅梢寂寂知春淺
등불 아래 쓸쓸히 돌아가는 기러기 소리 듣네 燈下蕭蕭聽鴈歸
한양의 부모님 문득 떠오르니 忽念高堂江漢隔
동풍에 고개 돌려 얼마나 그리워했던가 東風回首幾相思

물가 마을 멀리까지 연기 없이 맑아 水村漠漠淨無烟
이따금 나무에 걸린 성긴 별 보네 時見疏星度樹懸
솔 사이 달이 풍경 울리는 자리 고요히 비추고 松月靜參鳴磬坐
물소리가 등불 마주하고 자는 사람 괴롭히네 風泉長惱對燈眠

밤 깊어지자 안석에 청랭함 감돌고	夜深几席淸冷內
봄 일러 누대에 눈이 내렸네	春早樓臺雨雪邊
그대가 시내 북쪽에 사는 덕에	賴有吾兄溪北住
소를 타고 금세 오갈 수 있네	騎牛來往却脩然

솔바람과 냇물소리 맑게 들리는데	松風澗水聽泠然
책장 넘기다가 낮잠 들었네	只自攤書着午眠
이때 효백을 떠올려 보니	此時崔子遙相憶
앞쪽 시내 눈 속에 배 젓고 있겠지	應刺前溪雪下船

위는 최효백(崔孝伯) 형이 부쳐 보여 준 시에 화운한 것이다.

최백기 수철 가 보내온 시에 화운하다

和崔伯幾 守哲 寄示韻

이곳은 맑은 시냇물 흐르고	是處淸溪水
산속 누대는 밤새도록 밝아라	山樓終夜明
흰 눈 내린 속에 홀로 읊조리며	獨吟白雪裏
찬 솔바람 소리에 잠들지 못하네	不寐寒松聲
막걸리를 누구와 함께 마실까	濁酒向誰酌
외로운 등불만 부질없이 맑구나	孤燈空自淸
부쳐온 시 세 번 읽어 보니	來詩三復罷
벗의 마음에 거듭 부끄럽네	重愧故人情

양산[7]으로 가는 길에

陽山途中

남쪽으로 양산에 가노라니 해가 또 기울어	南去陽山日又斜
쓸쓸한 연기 낀 성긴 숲 속 주막에 머무네	冷烟疏樹店人家
청명과 한식 모두 지났는데	清明寒食都過了
배꽃은 볼 수 없고 눈꽃만 보이네	不見梨花見雪花

7 양산(陽山) : 현재의 경기도 용인시와 안성시 부근으로, 이하곤의 어머니 산소가 있는 곳이다.

새벽에 용인을 출발하다

曉發龍仁

부산하게 등불 앞에서 억지로 밥 먹으니	草草燈前强進餐
나그네 시름 조금도 누그러뜨릴 방법 없네	羈愁無計一分寬
이웃 닭들 연이어 울어 꿈에도 어수선하더니	隣鷄相續鬧殘夢
이지러진 달 기울면서 누더기 안장 비추네	缺月將欹窺破鞍
송재 바라보니 양지 멀어지고[8]	松梓更瞻陽智遠
파도 쳐서 한강 건너기 어렵겠네	風濤猶憶漢江難
앞문으로 서둘러 나가 나귀 타고 가노라니	前門催出跨驢去
세찬 눈이 씽씽 얼굴에 차갑게 불어오네	急雪蕭蕭吹面寒

8 송재(松梓)……멀어지고 : 앞의 시에 양산(陽山)으로 가는 중이라 하였고, 이 시는 용인을 출발하며 쓴 것이니, 양산에 있는 어머니 묘소에 들렀다가 새벽에 용인을 출발하면서 다시 멀리 있는 어머니 산소를 바라본 것이다. 송재는 묘소 주변에 심는 나무이다. 양지(陽智)는 경기도 용인시의 옛 이름인데, 《두타초(頭陀草)》 책12 〈망아봉석광명(亡兒鳳錫壙銘)〉에 "같은 달 어느 날에 양지 신창리에 있는 어머니 묘소 곁에 묻어서, 너의 혼백으로 하여금 의지할 바가 있게 한다.〔以同月某日, 瘞于陽智新倉里先夫人墓傍, 使汝魂魄, 有所依歸也.〕"라고 하였으므로, 이하곤의 어머니 산소가 있는 곳임을 알 수 있다.

한식

寒食

산성에 가랑눈 내려 길도 험한데	山城微雪路猶難
주막에 불 피우지 않아 밥마저 차구나	店舍疏烟食更寒
먼 나그네 한식마다 괴로우니	遠客每爲佳節惱
올봄인들 어찌 살구꽃 보겠는가	今春那得杏花看

꽃에 물주다

澆花

새와 짝해 시 읊고 승려 짝해 자나니	鳥伴吟詩僧伴睡
한가함 좋아해서 산에 사는 걸 좋아할 뿐이지	愛閑只自愛居山
꽃에 물주고 버들 심는 것도 한가한 일이지만	澆花種柳渾閑事
무심함에 비한다면 그 또한 한가롭지 못하네	較却無心亦未閑

영수암[9] 2수

靈水菴 二首

맑은 시냇가의 길 따라 선방에 이르니	淸溪一路到禪房
봄나물 반 그릇에 점심밥 향기롭네	半碗春蔬午飯香
살구꽃 두루 찾아보지만 붉은 곳 없고	杏花尋遍無紅處
다만 개나리[10] 몇 그루만 노랗구나	只有辛夷數樹黃

풍경소리 속에서 저녁 식사 마치고	風鐸聲中罷晩飯
황매화 아래를 지팡이 짚고 거닐어 보네	黃梅花下試笻行
저녁 소나무 그늘에서 새들 쓸쓸히 우니	啼禽寂寂松陰晩
절도 내 집처럼 한결같이 맑구나	僧寺吾齋一樣淸

9 영수암(靈水菴) : 이하곤의 《두타초(頭陀草)》 책4 〈초평이십오영(草坪二十五詠)〉에 등장하는 것으로 보아, 현재의 충청북도 진천군 초평면 용정리에 있었던 암자로 추정된다.

10 개나리 : 《임하필기(林下筆記)》 권35 〈벽려신지(薜荔新志)〉에 "세상 사람들은 모두 개나리인 황만화를 신이라고 하는데, 《본초》에서는 목련인 목필화를 신이라고 하였다.〔世人皆以黃蔓花爲辛夷, 本草木筆花爲辛夷.〕"라고 하였다. 따라서 일반적으로는 개나리를 가리키는 말로 사용되었음을 알 수 있다. 또 이 시에서 노랗다〔黃〕고 하였으므로, 신이는 개나리를 의미하는 것이 분명하다.

밭갈이를 바라보며

看耕

종일토록 봄 숲에 뻐꾸기 우는데	盡日春林布穀聲
졸졸 흐르는 도랑물 마을 감싸고 울리네	新渠決決遶村鳴
꽃에 물주고 지팡이 짚고 나가	澆花纔了扶筇去
들 언덕에서 저물녘 밭갈이 바라보네	野岸前頭看暮耕

시냇가에서
沿溪

시냇가에 풀 푸르고 물은 넘실대는데	沿溪草綠水溶溶
다시 그윽한 꽃이 먼 봉우리 비추네	更有幽花照遠峰
저물녘에 홀로 남쪽 시내 찾아가니	日暮獨尋南澗去
건너편 깊은 솔숲에서 소쩍새 우는구나	子規啼處隔深松

저물녘에 금당[11]에 가다

晩至金塘

봄 물결 일렁이는 멋진 들녘 연못에	春水漣漪艶野塘
마름 싹 막 돋고 여린 부들 향기롭네	菱芽纔出嫩蒲香
저녁바람 불어와 오건 기울었는데	晩風吹却烏巾側
물고기 구경하느라 석양에 서 있네	只爲觀魚立斜陽

11 금당(金塘) : 이하곤의 《두타초(頭陀草)》 책4 〈초평이십오영(草坪二十五詠)〉에 등장하는 것으로 보아, 현재의 충청북도 진천군 초평면 용정리에 있었던 연못으로 보인다.

옥계에서 배를 타고 운을 정해 각자 짓다

玉溪汎舟 限韻各賦

푸른 산 트인 곳에 문득 맑은 물 있어	靑山闊處忽淸流
흰 새들 날아갈 때 조각배에 올랐어라	白鳥飛時更小舟
닻줄 풀어 백사장 가로 가려다가	欲向沙邊解纜去
도리어 절 안에서 꽃 구경하네	還從寺裏看花遊

냇물 빛에 석양이 다하니	川光夕陽盡
가벼운 배로 버들 그늘 지나가네	輕棹柳陰過
들 경치 새로 개어 윤나고	野色新晴潤
마을 연기 초저녁에 많이 피어나네	村烟薄暮多
먼 별빛이 때로 휘장 비추고	遙星時照幔
흐린 달이 물결에 일렁일 듯하네	淡月欲生波
호숫가에서 흥취 끝없으니	湖上興無極
한가롭게 한바탕 취해 노래하네	悠悠一醉歌

누각에서 밤에

樓夜

그윽한 달 곱디곱게 먼 소나무 위로 떠올라	幽月娟娟出遙松
휘영청 맑은 빛 온 시내 비추네	澄光剩得一溪容
높은 누대에서 오늘 밤 맑아 잠 못 이루는데	高樓此夜清無睡
시냇물 소리 가운데 멀리서 종소리 들리네	澗水聲中聽遠鍾

속리로 들어가며 김삼용 수재에게 주다

入俗離 贈金三容秀才

그대의 빼어난 시 좋아서	憐汝新詩自出群
산속 누대에서 함께 묵으며 자규 소리 듣노라	山樓同宿子規聞
슬프다 내일 아침이면 헤어져	怊悵明朝分手去
나귀 타고 홀로 구름 낀 산으로 들어가리	蹇驢獨入萬峰雲

김삼용 수재의 운에 맞춰 지어 이별하다

次金秀才三容韻 留別

무한한 봄 산의 흥취에 젖어	無限春山興
아득히 이미 속리산에 이르렀네	迢迢已俗離
꽃 핀 곳에서 시 짓고	花開詩就處
달 질 때 술에서 깨네	月落酒醒時
짧은 이별도 애석하지만	少別還須惜
서로 그리는 마음도 줄지 않으리	相求未肯衰
산속 집을 다시 찾아온다면	岩扉倘重款
한바탕 이 시냇가에서 웃으리	一笑此溪湄

이별하며 김광린에게 보여 주다

臨別示金光麟

웃으며 소나무 아래에서 이별하려니	笑別長松下
그윽한 꽃이 옷자락에 떨어지네	幽花衣上落
홀로 구름 낀 산으로 떠나가니	獨向雲峯去
부질없이 밤낮으로 서로 그리워하겠지	相望空日夕

군 자 운을 거듭 사용하여 최여극 석보 에게 주다

疊群字韻 贈崔汝極 錫保

새로 교의 맺었으니	交誼新相得
화려한 명성 자주 들었네	聲華已屢聞
옥계의 설경을 시에 담고	詩篇玉溪雪
구름 낀 낚시터를 거니네	杖屨釣臺雲
숲 위의 달은 지나는 사람 엿보는가	林月窺人過
솔바람도 길손에게 불어오네	松風遣客分
맑은 담론 나누는 그대들 보니	淸談看汝輩
고요함 속에 어울릴 만하구나	堪作靜中群
쑥대 자란 오솔길 낮에도 항상 고요하여	蓬徑晝常寂
사찰의 종소리 때때로 들리네	禪鍾時自聞
소나무 아래 바위에서 바둑 구경하고	看棊松下石
구름 떠가는 시냇가에서 지팡이 짚고 서 있네	拄杖澗邊雲
눈 쌓인 먼 봉우리 깨끗하고	雪色遙峰淨
봄 시내 흘러 뭇 골짝에 나오도다	春流衆壑分
그윽한 집 더없이 맑은 곳에 있으니	幽棲占淸絶
세속과 멀어졌음을 알겠네	自覺遠人群

또 군 자 운을 거듭 사용하여 이방숙 필원 에게 주다

又疊群字 贈李芳叔 必遠

소나무 숲에서 한바탕 웃고 나서	一笑松間罷
샘물 소리를 마주하고 들었네	風泉相對聞
며칠 밤 동안 고운 달 없었는데	連宵失佳月
오늘 밤에야 엷은 구름 속에 떴구나	今夕始微雲
숲에 쓸쓸히 눈 내리고	林雪蕭蕭落
마을 등불은 아득히 벌려 있네	村燈遠遠分
시 읊조리니 자던 기러기 놀라	吟詩驚宿鴈
어둠 속에서 저마다 무리를 부르네	暝裏各呼群

영사[12]에게 주다

贈瑛師

영사를 만나지 못한 지 육 년인데	不見瑛師已六年
긴 눈썹과 흰 머리 그대로네	尨眉皓首却依然
만나서 가만히 산골 생활 이야기하니	相逢靜話山居事
몸은 늙고 마음 한가로워 낮잠만 잔다네	身老心閑只午眠

12 영사(瑛師) : 법명(法名)에 영(瑛) 자가 들어가는 승려일 것으로 추측되지만 자세하지 않다.

백헌의 시에 화운하여 홍 장로에게 주다

和白軒韻 贈興長老

남자는 머리털과 수염을 온전히 하여	男子之身具髮鬚
마땅히 단정히 앉아 정주학을 익혀야 하는데	只宜端坐學程朱
너희 불교의 공무이[13] 들어보니	參過爾法空無二
우리 유학의 덕불고[14]에 어둡구나	昧却吾儒德不孤
태극을 연구해 보니 참으로 도의 본체인데	太極究來眞道體
삼승[15]을 꿰뚫어도 망녕된 공부로다	三乘透破妄工夫
묻노니 그대는 이 말에 고개를 돌릴 것인가	問渠言下回頭否
미혹과 깨달음 두 가지에서 지자와 우자 갈린다네	迷悟兩端判智愚

유(儒)는 문(門)으로도 쓴다.

13 공무이(空無二) : 《반야심경(般若心經)》에 "색은 공과 다르지 않고, 공은 색과 다르지 않으니, 색은 바로 공이요, 공은 바로 색이다.〔色不異空, 空不異色, 色卽是空, 空卽是色.〕"라고 하였는데, 여기서 공(空)은 유(有)가 아닌, 즉 실체(實體)가 없음을 의미하고, 색(色)은 즉 심법(心法)에 대하여 모든 현상으로 나타난 물질을 의미한다. 따라서 공무이는 공과 색이 다르지 않다는 말이다.

14 덕불고(德不孤) : 《논어》 〈이인(里仁)〉에 "덕은 외롭지 않아 반드시 이웃이 있다.〔德不孤, 必有鄰.〕"라고 하였다.

15 삼승(三乘) : 부처가 중생을 태우고 생사(生死)의 바다를 건너는 세 가지 교법으로, 성문승(聲聞乘), 연각승(緣覺乘), 보살승(菩薩乘)을 가리킨다.

옥심 상인[16]에게 주다

贈玉心上人

맑은 시냇가의 길 따라 사찰 찾아가느라	淸溪一路訪禪門
푸른 나무 그늘 아래로 마을을 지나가네	綠樹陰中過野村
옛 절에서 만나니 종소리도 조용하고	古寺相逢鍾寂寂
봄 산에서 함께 자려니 비가 자욱하게 내리네	春山對宿雨昏昏
반쯤 고인 못의 잔잔한 물에서 스님 성품 알겠는데	半潭定水觀僧性
여기저기 꾀꼬리 울음에 나그네 마음 괴롭네	數處啼鸎惱客魂
있느니 없느니 말들 많지만	說有說空多事在
묵묵히 앉아 둘 다 말 잊은 것만 못하네	不如枯坐兩忘言

16 옥심 상인(玉心上人) : 이현익(李顯益, 1678~1717)의 《정암집(正菴集)》 권7 〈유속리산기(遊俗離山記)〉에 "법주사로 내려와 산호대를 거쳐 옥심 상인의 방에서 묵었다.〔下法住寺, 歷山護臺, 宿玉心上人室.〕"라는 내용이 있는 것으로 보아, 속리산 법주사의 승려였던 것으로 보인다.

대법주사[17] 2수

大法住寺 二首

이날 불상이 땀을 흘렸는데, 절의 스님이 말하기를 "임진왜란과 병자호란 때에도 모두 땀을 흘렸다"라고 하였다.

나귀 등에서 구름 보니 나그네 흥취 더하고	驢背看雲客興催
긴 행랑 곁의 시냇물 작은 다리에서 맴도네	長廊流水小橋回
종소리가 멀리 등나무 넝쿨 너머에서 들려오고	鍾聲遠度藤蘿出
빗줄기는 전각에 비껴 뿌리네	雨色斜橫殿閣來
자정[18]의 도량에는 고탑만 남았고	慈淨道場餘古塔
세조의 거둥길[19]에는 푸른 이끼만 자랐구나	光陵輦路只蒼苔
스님은 나를 보고 아무 말 없이	居僧待我無他語

17 대법주사(大法住寺) : 충청북도 보은군 내속리면 사내리 속리산 기슭에 있는 법주사를 가리킨다.

18 자정(慈淨) : 1240~1327. 고려의 승려로, 경북 선산 출신이다. 처음 법명은 자안(子安), 뒤에 미수(彌授)로 바꾸었다. 말년에 법주사에 머물다 입적하였다. 시호는 자정, 탑호(塔號)은 보명(普明)이다.

19 세조(世祖)의 거둥길 : 광릉(光陵)은 세조와 정희왕후(貞熹王后)의 능이다. 《신증동국여지승람(新增東國輿地勝覽)》 권16 〈충청도(忠淸道)〉 불우(佛宇)에 복천사(福泉寺)를 소개하고 있는데, 그 기록에 "법주사(法住寺) 동쪽 7리쯤 되는 곳에 있다.…… 천순(天順) 갑신년 우리 세조대왕이 속리산에 거둥했을 때 병풍연(屛風淵)에 잠시 들렀다가, 이튿날 법주사에서 이 절까지 두루 경치를 구경한 다음, 호종하는 문신 김수온(金守溫)에게 명하여 이 일을 기록하게 했다."라고 하였다. 이를 통해 세조가 법주사에 거둥한 사실을 알 수 있다.

나무마다 핀 산 꽃을 웃으며 가리키네 笑指山花樹樹開

법주사(法住寺)에 세조(世祖)의 거둥길이 있다.

이 절은 신라 때 창건하여 오래되었는데 伽藍已閱新羅舊
불상이 자주 땀을 흘렸다 하네 丈佛頻聞汗氣流
길손은 예부터 이단 있었음을 이상하게 여기는데 客怪異端從古有
스님은 신령스런 행적 지금도 남았다 말하네 僧言靈跡至今留
꾀꼬리 우는 곳에 봄의 흥취 일어나고 流鶯啼處牽春興
가랑비 내릴 때 그윽한 누대에 섰노라 微雨來時立暝樓
내일 다시 벼랑의 암자 찾아갈 텐데 明日更尋崖寺去
숲의 꽃은 지려 하고 녹음은 짙어지겠지 林花欲墮綠陰稠

본속리[20]에서 묵다

宿本俗離

본속리는 암자 이름이다.

고요한 밤 적막한데 홀로 향 피우고	靜夜寥寥獨炷香
울창한 숲 꽃나무 아래 선방에서 묵네	陰森花木宿禪房
사찰 부엌에서는 새벽 샘물 길어 죽 끓이고	齋廚粥熟晨泉滴
불전에는 오랜 봄비에 등불 어둡구나	佛殿燈昏春雨長
화롯불 쬐며 스님과 한 번 웃고	爐火還同僧一笑
종소리에 절로 세상사 잊노라	鍾聲自與世相忘
근래 여러 인연이 다함을 점차 느끼니	年來漸覺諸緣盡
산수를 볼 때마다 흥이 더욱 넘치네	看水看山興更狂

20 본속리(本俗離) : 본래 이름은 속리사(俗離寺)인데, 충청북도 보은군(報恩郡) 속리산(俗離山) 서쪽에 있었던 사찰을 말한다. 법주사(法住寺)의 속칭이라고도 한다.

길을 가며

經行

꽃 만발한 승려의 거처 고요한데	花發僧齋靜
봄 비 속을 걸어가네	經行春雨陰
종소리는 멀리 넝쿨 너머에서 들려오고	鍾聲出蘿遠
소나무 빛깔이 깊은 시내를 비추네	松色照溪深
하얀 바위를 담담하게 짝하고	素石澹相偶
푸른 산에서 한가롭게 읊조리네	青山閒自吟
청정한 이치를 한 번 들었으니	一聞淸淨理
어찌 다시 티끌의 마음 있으랴	詎復有塵心

비에 길이 막히다

滯雨

오래된 절에 봄 저물어 가지만	古寺春將盡
명산에서 흥취 더욱 많아라	名山興更長
부슬부슬 주렴 가득 비 내리고	疏疏滿簾雨
적적하게 화로에 향불 피웠네	寂寂一爐香
이끼 낀 절벽은 구름에 젖었고	苔壁雲猶濕
바람 부는 시내는 기운 절로 서늘하네	風泉氣自涼
스님과 서로 다정하게	居僧相款曲
며칠 밤을 승상 빌려 머무노라	連夜借繩床

향불 꺼지고 종소리 그치고 당번 그윽한데	香消鍾歇佛旛幽
포단에서 꾸벅꾸벅 졸고 있네	倦睡蒲團默點頭
스님은 나물밥으로 멀리 온 길손 대접하는데	僧設飯蔬供遠客
하늘은 비바람으로 맑은 유람 가로막네	天教風雨阻淸遊
봉우리의 바위 묻히니 참으로 애석하고	埋來峰石眞堪惜
숲의 꽃 모두 지니 더욱 근심스럽네	落盡林花故更愁
저물녘에 지팡이 짚고 한번 나가보니	向晩支筇聊一出
나는 듯한 백 갈래 냇물 사람에게 뿌리며 흐르네	飛泉百道灑人流

본속리[21]의 여러 장로들과 이별하다

別本俗離諸長老

사흘간 선방에서 그대들과 한가롭게 지내며	三宿禪房共爾閒
문 앞에 비 내리는 산을 바라보았네	門前懶看雨中山
푸른 벼랑에서 떨어지는 꽃을 보며 한번 웃고	蒼崖一笑幽花落
외로운 구름 가리키며 돌아가는 나그네 전송하네	手指孤雲送客還

21 본속리(本俗離) : 속리산(俗離山)에 있는 암자 이름이다. 308쪽 각주20 참조.

탄옥 장로에게 주다

贈坦玉長老

탄옥 장로는 사십 년 동안 수도하며	坦公脩道四十年
홀로 게송 잡고서 산꼭대기에 살았네	獨持半偈住山顚
배고프면 주머니 속 잣나무 잎을 먹고	饑餐囊中栢葉飯
맑은 물 한 병으로 밤에 참선하네	一甁淸水夜參禪
오늘 아침 나그네 전송하려 비로소 산을 나와	今朝送客始出山
바람 부는 솔 앞에 흰 눈썹으로 한번 웃는구나	皓眉一笑松風前

복천암[22]

福泉菴

속리산이 흰 구름 사이에 높이 솟아	俗離高出白雲間
듣자하니 임금의 수레 자주 오갔다지[23]	聞道乘輿數往還
승려들의 많은 이야기 참 괴이하다	深怪居僧饒說話
군왕은 다만 명산을 사랑했을 뿐인 것을	君王只自愛名山

22 복천암(福泉庵) : 충청북도 보은군 속리산면 사내리의 속리산에 있는 암자이다.

23 속리산이……오갔다지 : 세조(世祖)가 속리산에 와서 법주사(法住寺)와 복천암(福泉庵) 등을 오간 일이 있기에 한 말이다. 306쪽 각주19 참조.

김괴애의 〈복천암기〉[24]를 읽고

讀金乖崖福泉菴記

붓을 잡고 당시 부처에게 아첨하였으니[25]	把筆當時媚胡鬼
괴애를 누가 글 읽은 사람이라 하는가	乖崖孰謂讀書人
천당과 지옥은 모두 허황된 것인데	天堂地獄皆虛幻
총명함을 그르친 사람이 몇이던가	誤却聰明幾箇身

24 김괴애(金乖崖)의 복천암기(福泉菴記) : 김괴애는 김수온(金守溫, 1410~1481)으로, 본관은 영동(永同), 자는 문량(文良), 호는 괴애·식우(拭疣)이다. 그의 문집 《식우집(拭疣集)》 권2에 〈복천사기(福泉寺記)〉가 수록되어 있다.

25 붓을……아첨하였으니 : 김수온의 〈복천사기〉에 "하물며 불씨는 삼교의 높은 사람이고 만덕의 주인임에랴.〔況佛氏爲三教之尊萬德之主乎〕"와 같은 내용이 있기에 한 말이다.

산호대
珊瑚臺

예불당 안에서 점심 먹고 나서	禮佛堂中罷午飯
산호대 위에서 꾀꼬리 소리 듣노라	珊瑚臺上聽流鶯
명산을 다 구경하고도 지치지 않으니	名山看盡身猶健
평생 유쾌한 일 이번 산행뿐이라네	快意平生只此行

산을 나와 임덕휘[26] 봉거 와 이별하다 2수

出山 別林德輝 鳳擧○二首

새벽에 꾀꼬리가 녹음 사이에서 우는데	曉日鶯啼綠樹間
방초 우거진 다리 남쪽에서 그대 전송하네	橋南芳草送君還
내일 아침 홀로 황계로 가리니	明朝獨向黃溪路
작약꽃 필 때 고향 그리우리라	紅藥開時憶故山

함께 지팡이 짚고 선유동[27]에서 봄놀이하고	仙洞尋春同拄杖
암자에서 빗소리 들으며 한가롭게 함께 잤지	僧菴聽雨共閑眠
인간 세상 마음에 드는 일 모두 제쳐 두고	了却人間如意事
다른 때 한번 웃으며 병천[28]을 이야기하세	他時一笑說甁泉

26 임덕휘(林德輝) : 임봉거(林鳳擧)로, 본관은 진천(鎭川), 증조할아버지는 충신 임현(林賢)이다.

27 선유동(仙遊洞) : 충청북도 괴산군 청천면 송면리에 있는 계곡이다.

28 병천(甁泉) : 경상북도 문경시 농암면 내서리에 있는 냇물로, 쌍룡계곡이라고도 부른다.

면 조상이신 고려의 문충공 익재 선생[29]은 문장과 도덕으로 천하에 알려졌으니, 사백여 년이 지난 지금도 학사와 대부들의 칭송이 그치지 않는다. 공께서 충선왕을 따라 강남에 계실 때, 충선왕께서 항주의 화가 진감여에게 공의 진영을 그리게 하였는데, 북촌 탕병룡이 화상찬을 지었다. 그 뒤에 이 진영을 분실했다가 다시 찾았는데, 공께서 시를 지어 그 내막을 기록하셨으니, 공의 문집 가운데 "이 사람이 다른 사람 아니라 전신이 진정 후신인 사람이네."[30]라는 것이다. 지금 14세손으로 보은에 거주하는 사인 이담경의 집에 보관되어 있다. 증조 벽오공[31]께서 한 본을 베껴서 계림서원[32]에

29 익재(益齋) 선생 : 이제현(李齊賢, 1287~1367)으로, 본관은 경주(慶州), 자는 중사(仲思), 호는 익재·역옹(櫟翁), 시호는 문충(文忠)이다.

30 공께서 시를……사람이네 : 이하곤이 기술한 내용과 인용한 시는《익재난고(益齋亂藁)》 권4 〈연우기미여종어충선왕……(延祐己未予從於忠宣王……)〉이라는 작품에 근거한 것이다. 그러나 그 작품에는 "왕께서 옛 항주의 오수산을 불러, 보잘것없는 내 얼굴을 그리게 하였다.〔王召古杭吳壽山, 令寫陋容.〕"라고 하였으며, 그 아래에 "다른 책에는 진감여라고 하였는데 이것은 잘못이다.〔一本作陳鑑如, 誤也.〕"라는 소주(小註)가 있다. 이 소주의 내용을 감안하면 진감여(陳鑑如)에게 그리게 했다는 이하곤의 기술은 사실과 다르다. 그러나 "진감여는 항주에 거주하였는데 인물화를 정밀하게 잘 그려서 국조의 가장 뛰어난 솜씨를 지녔다.〔陳鑑如居杭州, 精於寫神, 國朝第一手也.〕"라는 내용을 참고할 때《익재난고》의 소주가 잘못된 것으로 보인다.《圖繪寶鑑 卷5 元》 탕병룡(湯炳龍)은 원나라 사람으로, 자는 자문(子文), 호는 북촌(北村)이다. 사서오경(四書五經)에 해박하여 모두 전주(傳註)를 남겼으며, 특히《주역》에 정통하였고 시가(詩歌)에도 뛰어났다.《江南通志 卷163 人物志》

31 벽오공(碧梧公) : 이시발(李時發, 1569~1626)로, 본관은 경주(慶州), 자는 양구(養久), 호는 벽오, 시호는 충익(忠翊)이다.《宋子大全 卷164 刑曹判書李公神道碑銘

보관하고 화운한 시 한 편도 있으니, 담경이 지금까지도 분실하지 않고 보관하고 있다. 조부 화곡공[33]이 충청도 관찰사로 계실 때 또 사당을 지어 봉안하였는데, 이 고을을 지나가는 사방의 선비들이 또한 반드시 어루만지며 크게 탄식하고 간다고 한다. 내가 어려서부터 공의 초상이 탈 없이 전해진다는 소식을 듣고, 한 번 사당 아래에 가서 첨배하고자 하였다. 올봄에 속리산 유람을 갔다가 돌아오는 길에 장산리로 담경을 방문하여 향을 피우고 손을 씻고서 공의 사당을 배알하였다. 공은 넓은 이마와 오뚝한 코에 수염이 아름답고 풍채가 빼어났으니, 한 번 보고도 위인이며 걸사라는 것을 알 수 있었다. 입고 계신 관복은 심의와 복건과 유사하고 꽃을 새긴 호상에 앉아 계셨으며 좌우에는 향로 하나와 거문고 하나, 그리고 《주역》을 놓아두었다. 또렷한 정신이 먹빛 밖으로 넘쳐 나와 비록 천 년의 뒤라도 바라보면 늠름하게 생기가 있었으니, 진감여의 필법은 또한 절세의 솜씨라고 할 것이다. 아아, 공께서 돌아가신 뒤로 전란과 수재나 화재를 몇 번이나 겪었는지 알 수 없는데 화상이 이처럼 완전하니, 어찌 공의 정충대절이 천지를 감동시켜서 귀신이

幷序》

32 계림서원(鷄林書院) : 경상북도 안동시 풍산읍 만운리에 있었던 서원이다.

33 화곡공(華谷公) : 이경억(李慶億, 1620~1673)으로, 본관은 경주, 자는 석이(錫爾), 호는 화곡, 시호는 문익(文翼)이다. 1657년(효종8)에 충청도 관찰사(忠淸道觀察使)에 임명되었다. 《西溪集 卷12 左議政李公墓碑銘》

남몰래 보호해 준 덕분이 아니겠는가. 담경과 마주서서 감탄하고 삼가 원운을 화운하여 내가 평소 애모했던 뜻을 부친다. 계미년(1703, 숙종29) 초여름에 후손 하곤은 두 번 절하고 삼가 기록한다

遠祖高麗文忠公益齋先生 文章道德 聞於天下 至今四百餘載 學士大夫誦之不衰 公從忠宣王在江南 王命杭州畫史陳鑑如寫公眞 湯北村炳龍爲之贊 其後失而復得 公作詩以識之 卽公集中所云此物非他物 前身定後身者也 今藏於十四世孫報恩士人李覃慶家 曾王考碧梧公摹一本 藏之於鷄林書院 且有和詩一章 覃慶尙今藏弆不失 王考華谷公持湖節時又作祠奉安 四方之士過是邦者 亦必摩挲太息而去云 余自幼時 聞公像尙無恙 願得一過祠下瞻拜之 今年春作俗離之遊 歸路訪覃慶於長山里焚香盥手 謁公之廟 則公廣顙隆準美鬚髯 骨格秀聳 一見可知其爲偉人傑士也 所着冠服類深衣幅巾 坐鏤花胡床 左右置一香爐一玄琴一部周易 精神奕奕 溢出楮墨之外 雖在千載之下 望之凜然有生氣 陳之筆法亦可謂絶世也 噫 自公之沒 不知其幾經兵燹水火之禍 而畫猶完好若是 豈非公之精忠大節 足以感動天地 而得有鬼神者陰爲之呵護耶 仍與覃慶相對嗟歎 謹和元韻 以寓余平生愛慕之意云爾 癸未孟夏 後孫夏坤再拜謹識

엄숙한 진영 한 번 바라보니　　一瞻遺像肅
생기가 천 년 뒤까지 전해지네　　生氣尙千春
탕병룡의 시 욀 만하고　　湯老詩堪誦
진감여의 솜씨 신비롭다　　陳公筆有神

거문고를 길이 짝하고	玄琴長與伴
《주역》을 가까이 두셨네	古易不離身
선대의 사업을 어떻게 이을까	先業何由繼
키와 갖옷 후인들에게 부끄럽다[34]	箕裘愧後人

34 선대(先代)의……부끄럽다 : 가업(家業)을 계승하지 못해 부끄럽다는 말이다. 기구(箕裘)는 키와 갖옷이라는 뜻으로, 가업을 비유하는 말이다. 《예기》〈학기(學記)〉에 "훌륭한 대장장이의 자식은 반드시 그것을 배워서 가죽옷을 만들게 되고, 활을 잘 만드는 사람의 자식은 반드시 그것을 배워서 키를 만들게 된다.〔良冶之子, 必學爲裘, 良弓之子, 必學爲箕.〕"라고 하였다.

황간의 반야암에서 이동암의 동 자 운에 맞춰 지어 종인 이천서에게 보여 주다

黃澗般若庵 次李東巃同字韻 示宗人李天瑞

줄기와 잎 자라 성글기도 하고 빽빽하기도 하며	柯葉張來自疏密
지류 나뉘어 서로도 동으로도 흘러가지만	支流分處亦西東
모름지기 뿌리와 근원으로 말해야 하니	須將幹本源頭說
물은 근원 다르지 않고 줄기는 뿌리 같다네	水不殊源幹却同
초승달 아스라이 떠올라 어느덧 중천 향하고	纖月迢迢已欲中
자규는 묵은 삼나무 동쪽에서 우네	子規啼在古杉東
등불 깜빡이는 선방 고요한데	佛燈明滅禪房靜
새 시 읊고 나서 함께 한바탕 웃노라	吟罷新詩一笑同

이별하면서 여러 종인들에게 보여 주다

臨別 示諸宗人

고목이 산길에 우거지고	古木元山逕
맑은 시내가 절 문 앞에 흐르네	淸流卽寺門
한가롭게 승려와 함께 잠자고	閑應伴僧宿
고요하니 이미 시끄러운 세상일 없어라	靜已去人喧
새벽밥 먹으니 종소리 처음 울리고	曉飯鍾初動
돌아가는 안장에 비가 내리려 하네	歸鞍雨欲昏
복사꽃 붉을 때 혹시라도 다시 올까	桃紅倘復至
이 선원 잃을까 두렵네[35]	恐失此仙源

35 복사꽃……두렵네 : 도잠(陶潛)이 지은 〈도화원기(桃花源記)〉의 내용을 원용하여 읊으면서, 현재 자신이 머물고 있는 곳의 경치가 아름다움을 말하고, 다시 오기 어려울 것에 대한 아쉬움을 읊었다.

영동현 관아에서의 잡영

永同縣衙雜咏

시 읊조리다 두건 기우는 줄도 몰랐는데	哦詩不覺側烏紗
눈에 가득한 푸른 산 관아로 들어오네	滿眼青山入縣衙
술 있어 나그네 위로하고	賴有杯尊能慰客
아우와 조카도 있으니 집에 돌아온 듯	相將弟侄似還家
잔잔한 맑은 연못에 연잎 떠 있고	淸池瀲瀲浮荷葉
자욱한 가랑비가 보리꽃 적시네	細雨濛濛濕麥花
이러한 때 담상[36]의 집 문득 생각나니	忽憶此時潭上宅
버들가지 속에서 꾀꼬리 곱게 울겠지	黃鸝嬌囀柳絲斜

막내아우 재창(載昌)이 처자(妻子)를 데리고 장인 박씨[37] 어른을 따라 이곳에 있었다.

연못가 관재에 게으른 몸 의탁해	池上官齋容我懶
평상에서 고요히 성곽 남쪽 산 마주하니	匡床靜對郭南山

36 담상(潭上) : 사담(沙潭)으로, 현재의 충청북도 괴산군 청천면 사담리 일대를 가리키는 것으로 보인다. 이하곤의 《두타초(頭陀草)》 책1 〈홍군여관……(洪君汝寬……)〉에 "사담의 눈 속 봉우리 떠오른다〔遙憶沙潭雪裡峯〕"라는 구가 있는데, 그 아래에 "사담은 소금산 아래에 있다. 이곳에 우리의 별업이 있다.〔沙潭在小金山下, 是吾家別業.〕"라는 소주(小注)가 있다.

37 장인 박씨 : 이하곤의 막내아우 이명곤(李明坤)은 박태성(朴泰成, 1643~1708)의 맏딸에게 장가들었다. 박태성의 본관은 나주(羅州), 자는 집경(集卿)·학이(學而)이다. 영동 현감(永同縣監)을 역임하였다. 《黎湖集 卷27 叔父高城郡守府君墓誌》

새로 갠 숲 외로운 마을 밖에 보이고	新晴樹色孤村外
초저녁 민가의 연기 어지러운 물 사이에 맴도네	薄暮人烟亂水間
음주와 거문고 연주도 싫지 않지만	飮酒鼓琴非惡事
향 사르고 시 지으니 한가롭다	焚香覓句有餘閑
벼랑의 폭포[38] 천 척이나 날린다 하니	更聞崖瀑飛千尺
푸른 짚신 신고 한 번 올라 봐야지	料理青鞋擬一攀

한 시렁의 금서 더욱 청신한데	一架琴書更覺淸
맑게 갠 조용한 관각에 앉았노라	蕭然官閣坐新晴
검은 제비는 날 따뜻해 처마에서 울어대고	玄禽日暖交簷語
붉은 작약은 바람에 흔들려 눈에 밝게 들어오네	紅藥風翻照眼明
명절 다가오니 고향 꿈 멀리서 간절한데	佳節相催鄕夢遠
명산을 두루 유람하니 세상 인연 가볍구나	名山遍踏世緣輕
내키는 대로 구름도 보고 시도 지으며	看雲覓句俱如意
저물녘 연못가를 지팡이 끌고 걷노라	向晩池邊曳杖行

38 폭포(瀑布) : 충청북도 영동군(永同郡) 심천면(深川面)에 있는 옥계폭포(玉溪瀑布)를 가리킨다. 높이가 20m 되는 기암절벽에서 떨어지는 수직 폭포이다.

연못가 누각에서
池閣

저물녘에 그윽한 생각 많아	向晩多幽意
다리 주위를 홀로 걷노라	橋邊獨自行
섬돌 비추는 이끼 빛깔 고요하고	映階苔色靜
소매 가득 불어오는 대나무 바람 맑구나	滿袖竹風淸
별빛이 연못을 희게 비추고	星暈虛池白
늘어선 산에는 엷은 이내 끼었네	山參薄靄明
등불 보며 가는 계절에 놀라니	觀燈驚節序
오늘 밤 비로소 고향 그리는 마음 간절하네	今夕始鄕情

저물녘에

晩

흥취 일어도 한결같이 한가하니	興來一蕭散
작은 누각도 맑고 시원하다	小閣亦淸泠
담장 위로 푸르게 자란 대나무 기쁘고	竹喜過墻碧
물에 점점이 떠 있는 푸른 연잎 어여쁘다	荷憐點水靑
연못에는 흰 달빛이 일렁이고	池光翻素月
성긴 별빛 이슬이 씻어 주네	露氣洗疏星
문득 떠올려 보니 한밤 시냇가 정자에서	忽憶溪亭夜
솔바람 소리 듣기 좋았지	松聲好可聽

병석에서 일어나 감회를 쓰다

病起書懷

영욕과 궁달을 하늘에 묻지 말라	榮辱窮通休問天
부자가 서로 의지하여 일찍 전원으로 돌아왔네	相依父子早歸田
몇 집 울타리 밑에 가을 물 밝고	數家籬落明秋水
낚시꾼과 나무꾼 다니는 길 저녁연기에 가렸네	一路漁樵隔暮烟
오래도록 약 복용해도 앓아누워	藥裹長年猶臥病
종일 솔바람 소리 들으며 절로 잠드는데	松風終日自成眠
오늘 밤 경치 대단히 아름다워	今宵景色還奇絶
잠시 사립문 나섰더니 산마루에 둥근 달 걸렸네	蹔出柴門嶺月圓

거듭 앞의 운자로 짓다
再疊前韻

소나무 밑 초가집에 낮닭 울 제　松簷茅屋午鷄天
샘물 떠다가 약초밭에 뿌리네　自汲新泉灌藥田
작은 절 한 구역은 버들 언덕에 있고　小寺一區還柳岸
맑은 시내 굽이진 곳에 집집마다 연기 피어나네　淸溪數曲各人烟
매미 우는 곳에서 바둑 두며 앉아 있고　風蟬咽處圍棊坐
학 날아갈 때 낚싯대 거두고 조노라　水鶴飛時捲釣眠
다시 작은 배 있어 달빛 아래 띄울 수 있는데　更有小舟能泛月
먹구름이 맑고 둥근 달 가릴까 두렵네　頑雲只恐滅淸圓

삼첩 三疊

한 가닥 오솔길 병 속의 하늘에 겨우 통하고[39]　一線纔通壺裏天
맑은 시내가 밭 사이로 몇 리나 흘러가네　淸川數里錯良田
아침부터 비 맞으며 농부들 벼 수확하고　野人穫稻朝乘雨
저물녘 연기 속을 어부는 낚싯대 거둬 돌아오네　漁子收竿瞑踏烟

39 한 가닥……통하고 : 이하곤 자신이 머물고 있는 곳을 병 속의 별천지에 비유하여 읊은 것이다. 옛날 호공(壺公)이라는 신선이 저잣거리에서 약을 팔았는데, 모두들 그저 평범한 사람인 줄로만 알았다. 하루는 비장방(費長房)이라는 사람이 호공이 천장에 걸어 둔 병 속으로 들어가는 것을 보고는 비범한 인물인 줄 알고 매일같이 정성껏 그를 시봉하였다. 그러자 어느 날 호공이 그를 데리고 병 속으로 들어갔는데, 그 병 속에 해와 달이 있고 선궁(仙宮)이 있었다고 한다. 《神仙傳 卷9 壺公》

안개 속에 산 바라보며 문 밖에 서 있고　霧裏看山門外立
한가하면 술 마시다 피곤하면 자노라　閑來飮酒倦時眠
두건 쓰고 청려장 짚고 금당[40] 길 걸으며　幅巾藜杖金塘路
연잎에 동글동글 맺힌 이슬 감상하노라　且賞荷珠箇箇圓

사첩[41] 四疊

사립문에서 지팡이 짚고 찬 하늘 바라보는데　柴門拄杖望寒天
콩이 주렁주렁 밭에 가득하네　豆子離離已滿田
시내에 비 그치려고 석양 비끼고　溪雨欲收橫返照
화답하는 촌부의 노래 깊은 안개 속에서 들리네　村歌互答隔深烟
푸른 산과 나는 서로 싫어하지 않고　青山與我不相厭
흰 새는 기심 잊은 채 한가로이 자는구나　白鳥忘機閑自眠
기쁘게도 오늘 아침 맑은 경치 보았는데　好向今朝看霽景
새 시 읊고 나니 별들이 둥글게 빛난다　新詩吟罷數星圓

오첩 五疊

지리하게 병든 몸으로 가을 보내다가　支離病骨過秋天
잠시 가뿐해져 지팡이 짚고 국화밭 거니네　乍健扶笻步菊田
석양에 시냇물은 비단처럼 맑고　落日川光澄似練

40 금당(金塘) : 현재의 충청북도 진천군 초평면 용정리에 있었던 연못으로 보인다. 295쪽 각주11 참조.

41 사첩(四疊) : 저본에는 三疊으로 되어 있는데, 이미 앞에 삼첩이 있고, 또 이 시가 같은 운자로 지은 네 번째 작품이기에 사첩으로 수정하였다. 다음의 작품도 같은 이유로 순서에 따라 수정하였다.

새로 갠 숲은 안개 속에 아득하다	新晴樹色杳如烟
솔숲에서 경쇠 소리 들으며 승려와 대화하고	松林叩磬留僧話
온돌방에 향 피우고 학과 함께 자노라	石塌燒香伴鶴眠
한가한 가운데 명산 꿈 꾸려는데	閑中欲結名山夢
시름겨운 샘물 소리에 쉽지 않구나	惱却風泉亦未圓

세찬 비

急雨

마땅히 위에 있어야 한다.

나무마다 바람 불어 점차 거세지더니	萬木呼風勢轉狂
주룩주룩 빗줄기가 하늘만큼 길게 쏟아지네	森森雨脚似天長
우레 번쩍이는 절벽 캄캄하고	應翻絶壁奔雷黑
석양 빛나는 불어난 시내 누렇구나	忽閃洪流睆日黃
황새와 솔개는 마음대로 춤추고 우는데	鸛舞鴟鳴俱自得
벼와 국화는 둘 다 싫어하네	稻花菊蘂兩相妨
지팡이 짚고 저물녘에 사립문 밖에 나가서	支笻晩出柴門外
동쪽 비탈에 걸린 석양을 사랑스레 보노라	愛看東崖掛夕陽

남쪽 언덕

南岸

남쪽 언덕 수십 가호	南岸數十家
버들 우거진 곳에 살아가네	住在柳深處
목동이 와서 소 끌고	牧童來收牛
아득한 연기 속으로 돌아가네	漠漠烟中去

저물녘에 돌아오다

暮歸

몇몇 성긴 별이 초의[42] 비출 제	數箇疏星照草衣
송아지 거꾸로 타고 시내 건너 돌아오네	倒騎黃犢亂流歸
시내 남쪽 벼 서둘러 수확해야지	溪南穫稻應須早
서리에 수확 줄어들까 두렵구나	只恐新霜打穗稀

42 초의(草衣) : 풀을 엮어 만든 옷이라는 말로 은자(隱者)의 옷을 말하는데, 여기서는 이하곤 자신을 가리키는 말로 사용되었다.

중양절을 하루 앞두고 비바람이 쓸쓸히 내렸다
重陽前一日 風雨凄然

백년 인생에 우정을 누구와 깊이 맺었던가	百年交誼向誰深
천고의 뛰어난 문장에 이 마음 찢어지네[43]	千古文章刳此心
병든 나는 문 닫고 누워 있을 뿐인데	病我只應閉門臥
국화는 벌써 뜰 절반을 덮었구나	菊花今已半庭陰
시내와 산이 역력히 새로운 모습이라	溪山歷歷還新態
비바람이 쓸쓸히 내릴 제 다시 짧게 읊조리네	風雨蕭蕭更短吟
내일 중양절 진실로 소중하니	明日重陽眞可惜
높이 올라 한번 취함을 그만둘 수 없네[44]	登高一醉未要禁

43 백년……찢어지네 : 고인(故人)이 된 김숭겸(金崇謙)을 회상한 것이다.

44 내일……없네 : 중양절에 높은 곳에 오르는 풍속이 있었으므로, 병든 몸이지만 풍속을 따라 중양절을 즐기겠다는 말이다. 한편으로는 예전에 김숭겸과 중양절을 즐겼는데, 이제 그가 없어도 중양절을 그냥 지나칠 수 없다는 뜻도 있는 듯하다.

중양절에 청령대[45]에 오르다

重陽日 步淸泠臺

늙은이 병 앓아 늘 외출 꺼리는데	老夫吟病常慵出
국화는 때를 알아 부질없이 절로 피었구나	黃菊知時空自開
가을에 멋진 시 없을 수 있으랴	可是三秋無好句
오늘 밤 큰 술잔을 다 비우리라	要須今夕盡深杯
바람 따라 은은한 다듬이질 소리 급하고	從風隱隱砧聲急
해 등지고 훨훨 기러기 떼 돌아오네	背日翩翩鴈陣回

5, 6구는 "다듬이질 소리 은은하게 바람 따라 들려오고 기러기 떼 훨훨 해 등지고 돌아오네.〔砧聲隱隱從風度, 鴈陣翩翩背日廻.〕"로도 쓴다.

어지러이 수유 꽂고 술에 취해 춤추나니	亂揷茱萸扶醉舞
안개 낀 들판 풍경 외로운 대에 못지않네[46]	烟郊曾不欠孤臺

45 청령대(淸泠臺) : 이하곤의 《두타초(頭陀草)》에 여러 번 등장하는 지명이다. 특히 《두타초》 책4 〈초평이십오영(草坪二十五詠)〉에 청령대가 포함된 것으로 보아 청령대는 현재의 충청북도 진천군 초평면 용정리에 있었던 것으로 보인다. 또 책4 〈사군이 조대의 멋진 경치를 시로 지어 또 한 수의 율시를 보여주므로 삼가 화운하다〔使君賦釣臺之勝 又示一律 奉和〕〉의 원주(原註)에 "청령은 낚시터의 이름이다.〔淸泠卽釣臺之號〕"라고 한 것으로 보아 청령대는 낚시터로 사용했던 바위의 이름임을 알 수 있다.

46 어지러이……못지않네 : 청령대에서 바라보는 풍광이 아름답다는 말이다. 고대(孤臺)는 울고대(鬱孤臺)를 지칭하는 것으로 보인다. 울고대는 중국 건주(虔州)에 있는데, 소식(蘇軾)의 시에 "산은 푸른 물결 되어 솟아오르고, 물은 옥무지개 되어 흐르는구나.〔山爲翠浪湧, 水作玉虹流.〕"라고 하였다. 《東坡全集 卷22 鬱孤臺》

가을날의 감회. 읍취헌의 운자[47]에 맞춰 짓다

秋懷 次挹翠軒韻

낙엽 지는 깊은 가을에 오래도록 문 닫았다가	搖落深秋長掩關
흥취 일어 이 산천 풍광에 한바탕 웃노라	興來一笑此溪山
시름겨운 국화 위로 달이 막 떠오르고	菊花悄悄月初上
쓸쓸히 기러기 날아가는데 서리 차가워라	鴻鴈蕭蕭霜已寒
술로 외로운 마음 달랠 뿐	只可杯尊慰幽獨
어찌 티끌로 얼굴 더럽히랴	寧敎塵土汙容顔
아버지와 아들에게 전원에 돌아온 즐거움 있으니	翁兒差有歸田樂
이제부터 눈물 흘리지 않으리	兩眼從今自不潸

47 읍취헌(挹翠軒)의 운자(韻字) : 읍취헌은 박은(朴誾, 1479~1504)으로, 본관은 고령(高靈), 자는 중열(仲說), 호는 읍취헌이다. 이하곤이 차운한 작품은 박은의 《읍취헌유고(挹翠軒遺稿)》 권3에 수록된 〈병안차우인운간택지구화(病眼次友人韻簡擇之求和)〉이다.

지팡이를 짚고 서서

倚杖

막걸리 익을 때 국화도 노랗게 피었으니	白酒釀時菊蘂黃
당연히 이 꽃 곁에 취해 쓰러져야지	只宜醉倒此花傍
저물녘에 지팡이 짚고 섰더니 앞산은	晚來倚杖前山意
반은 단풍에 물들고 반은 석양에 물들었네	一半楓林半夕陽

9월 20일에 아버지를 모시고 영수암[48]에 갔으니, 고을 사람들이 두붓국을 준비하여 초대했기 때문이다. 당시 종유한 사람은 맏형과 둘째형,[49] 그리고 척형 이국보, 족질 명뢰와 군형이고, 거문고와 피리를 연주하는 사람들도 따라왔다

九月二十日 陪家大人往靈水菴 鄕人設泡以邀故也 時從游者大兄仲兄戚兄李國寶族侄命賚君馨 琴人笛師俱從焉

가을산은 저물녘에 절로 외진데	秋山晩自僻
비췻빛이 옷자락 물들이네	空翠染人裾
일행 중에 한 거문고 연주자 있고	行有一琴伴
잠은 쌍수의 집에서 들겠지[50]	眠應雙樹居
기꺼이 왔으니 차도가 있은 뒤이고	肯來仍健後
이 모임도 한가한 나머지에 열렸네	此會亦閑餘
한껏 취하자 승려가 부축하는데	醉劇僧扶去
깊은 숲에 달이 천천히 오르네	深林月上徐

48 영수암(靈水菴) : 이하곤의 《두타초(頭陀草)》 책4 〈초평이십오영(草坪二十五詠)〉에 등장하는 것으로 보아, 현재의 충청북도 진천군 초평면 용정리에 있었던 암자로 추정된다.

49 맏형과 둘째형 : 이하곤은 삼형제 가운데 맏이였으므로, 여기서는 사촌 형제들 가운데 맏형과 둘째형을 가리키는 것으로 보인다.

50 잠은……들겠지 : 영수암에서 밤을 보낼 것이라는 말이다. 쌍수(雙樹)는 석가모니가 열반한 사라쌍수(沙羅雙樹)를 가리키는데, 직접 석가모니를 가리키기도 한다.

깊은 시내 따라 몇 리나 들어가니	溪深入數里
피리 불며 저물녘에 가노라	吹笛晚來行
잠시 쉬노라니 뭇 봉우리 빼어나고	乍憩群峰秀
외로이 읊노라니 무성한 숲 맑구나	孤吟亂木淸
국화는 시절 어기지 않아	寒花不相負
병든 이의 눈에 먼저 밝게 들어오네	病眼已先明
돌아가는 길에 절의 풍경 소리 들려오니	歸路聞僧磬
이 고요함 속세 밖의 마음이네	寥寥世外情

거듭 거 자로 짓다
再疊裾字

숲 자락의 오솔길 따라 걷노라니	細路從林杪
성긴 별빛이 어느새 나그네 옷자락 비추네	疏星已客裾
잠시 절에 들러 잤지만	暫成過寺宿
문 닫고 지내느니만 못하구나	不似閉門居
차가운 등불 너머의 시냇물 소리 듣고	聽澗寒燈外
밤참 먹고 나서 거문고 연주하네	鳴琴夜飯餘
서로 바라보며 취해 노래 부르는데	相看醉歌起
바람결에 낙엽이 느릿느릿 떨어지네	風葉落徐徐

가을날 강 시랑[51] 선 형제가 들러 주어 기뻤다
秋日 喜姜侍郎 銑 兄弟見過

날마다 시 읊으며 홀로 문 닫고 지내니 日日哦詩獨閉關
국화만 시름겨운 사람 위로할 뿐인데 寒花只可慰愁顔
기꺼이 외진 마을로 가을 선비[52] 찾아와 肯來窮巷尋秋士
높은 누대에 마주 앉아 저물녘 산 바라보네 對坐高樓看暮山
풍진세상의 현실 한번 웃기도 어려우니 塵世卽今難一笑
운림에서 이제부터 길이 한가하리라[53] 雲林從此得長閒
그대가 근래 반계 굽이에 거처 정했다니 聞君近卜蟠溪曲
눈 내린 뒤에 조각배로 다녀오리 雪後扁舟且往還

51 강 시랑(姜侍郎) : 강선(姜銑, 1645~1710)으로, 본관은 진주(晉州), 자는 자화(子和)이다.

52 가을 선비 : 추사(秋士)는 늘그막까지 불우(不遇)한 선비라는 말로, 여기서는 이하곤 자신을 가리키는 말이다.

53 풍진세상(風塵世上)의……한가하리라 : 마음에 들지 않는 속세를 떠나 초야에서 한가롭게 살겠다는 말이다. 운림(雲林)은 구름이 끼어 있는 숲이라는 뜻인데, 일반적으로 처사(處士)가 은둔(隱遁)하고 있는 곳을 가리킨다.

저물녘에 서서

晩立

끝없이 펼쳐진 앞산에 석양 붉게 물들 때	無限前山夕照紅
무성히 우거진 나무들 사이에 서풍 맞고 서 있네	森森亂木立西風
동암[54]은 깊이 푸른 산속에 있어	東菴深在翠微裏
누런 잎 가운데 외로운 등불만 겨우 보이네	只辨孤燈黃葉中

54 동암(東菴) : 《두타초(頭陀草)》 책1 〈동암과우장로(東庵過雨長老)〉 아래에 "암자는 천후산에 있다.〔庵在天吼山〕"라는 원주(原註)가 있으나 어디인지 자세하지 않다.

밤에 진사 연성휘[55]와 함께 묵다

夜與延進士聖輝同宿

골목 안의 늘그막 고요함을 어찌 견디랴	豈堪門巷晩來淸
벗만이 내 마음 알아주었네	獨有故人知我情
국화 아래에서 만나 한바탕 웃고	一笑相看黃菊下
솔바람 소리에 높은 누대에서 잠들지 못하네	高樓不寐寒松聲
서리 날리는데 늙은 기러기 쓸쓸히 지나가고	霜飛老鴈蕭蕭過
술 떨어지니 외로운 등불 고요히 밝아라	酒盡孤燈寂寂明
그대와 밤새 회포 풀다 보니	與爾長宵撥懷抱
은하수가 서쪽으로 기울었네	從敎河漢任西傾

55 연성휘(延聖輝) : 연세화(延世華)로, 본관은 곡산(谷山), 자는 성휘이다. 1687년(숙종13)에 진사시에 합격하였다.

또 성휘[56]에게 보여 주다

又示聖輝

머리 벗겨지고 출세를 바랄 수 없는 신세	頭禿無復望騫騰
반가운 눈빛을 벗들에게 보내노라[57]	眼青唯知向友朋
늘그막에 국화만이 내 짝이 되고	窮年伴我獨黃菊
밤새 마음 논하다 보니 짧아진 등불 남았네	長夜論心餘短燈
달은 먼 소나무에 걸려 벗어나지 못하고	月掛遙松聊不放
바람은 세찬 여울물에 불어 서로 호응하네	風吹急澗與相膺
덧없는 인생 한바탕 웃기도 진정 어려우니	浮生一笑眞難得
눈 내리는 날 조각배를 다시 탈 수 있겠는가[58]	雪下扁舟更可乘

56 성휘(聖輝) : 연세화(延世華)로, 본관은 곡산(谷山), 자는 성휘이다. 1687년(숙종13)에 진사시에 합격하였다.

57 머리……보내노라 : 출세의 뜻을 접고 친구들과 다정하게 지낼 것만을 생각한다는 말이다. 안청(眼青)은 반가운 눈빛을 의미하는데, 진(晉)나라 때 완적(阮籍)이 반가운 사람을 만나면 청안을 뜨고 예속(禮俗)을 따지는 선비를 만나면 백안(白眼)을 떴던 데서 유래하였다. 《晉書 卷49 阮籍列傳》

58 덧없는……있겠는가 : 연세화가 다시 방문해 주기를 바란다는 말이다. 진(晉)나라 때 왕휘지(王徽之)가 산음에 살았는데, 한밤중에 눈이 내리자 친구인 대규(戴逵)가 갑자기 생각났다. 이에 즉시 밤을 새워 배를 타고 대규가 사는 집 문 앞에까지 갔다가, 문 안으로 들어가지 않고 되돌아왔다. 어떤 사람이 그 까닭을 물으니, 말하기를 "나는 흥이 나서 갔다가 흥이 다해 돌아온 것이다."라고 했다는 고사가 전한다. 《世說新語 任誕》

어젯밤에 달빛이 창틈으로 새어 들어오고 바람이 뜰에 불어 쌓인 낙엽이 우수수 소리를 냈다. 받은 시를 책상을 두들겨 가며 한 번 읽어 보니, 사람으로 하여금 초나라 변방의 노래[59]와 연나라 저자의 곡소리[60]를 듣는 것 같게 하여 나도 모르게 눈물이 줄줄 흘렀다. 아, 사복[61]은 이런 재주를 지녔으나, 도리어 불우하게 좌절하여 흙먼지 속에 묻혀버렸다. 끝없는 원한과 불평스러운 기운을 곧바로 길고 짧은 노래로 펼쳐내서 한 명의 곤궁한 시인이 되는 데에 그쳤을 뿐이다. 아, 사복이여

昨夜月光 從牕隙中射入 風吹庭下 積葉摵摵有聲 來詩擊案一讀 令人如聞楚闕之歌燕市之哭 不覺涕滛滛下也 嗟乎 士復有如此才 顧坎坷挫閼埋殁塵沙 以無限寃恨不平之氣 直抒之於長歌短咏 作一窮詩人而止焉耳 嗟乎士復

당시 사복(士復)이 백마강(白馬江)에서 서울로 왔다.

59 초(楚)나라 변방의 노래 : 초나라 대부(大夫)로 있던 중 참소를 당하여 쫓겨났다가 투신자살한 굴원(屈原)의 노래를 가리킨다.

60 연(燕)나라 저자의 곡소리 : 진 시황(秦始皇)을 시해하고자 했던 형가(荊軻)의 울음소리를 말한다. 형가가 뜻을 품고 사방을 주유하다가 연나라에 와서는 시장의 개백정 또는 술꾼과 어울려 술을 진탕 마시고 취하면 노래를 하다가 또 서로 부둥켜안고 울기도 하면서 마치 곁에 아무도 없는 듯이 굴었다고 한다. 《史記 卷86 刺客列傳 荊軻》

61 사복(士復) : 이희지(李喜之, 1681~1722)로, 본관은 전주(全州), 자는 사복, 호는 응재(凝齋)이다.

서울에 쓸쓸히 눈 내리는데 京洛蕭蕭素雪天
만나 보니 머리가 둘 다 세었구나 相逢鬢髮各蒼然
강호에서 오래 헤어져 지냈지만 시 읊을 만하니 江湖久別詩堪誦
고금의 기인 가운데 그대가 가장 가련하네 今古畸人爾最憐
눈물 흘린들 어찌 쌓인 한 줄어들까 血淚那能銷積恨
푸른 산과 함께 여생 보낼 만하네 青山可與送殘年
사담에 복사꽃 만발하면 沙潭洞裏桃花滿
봄 물결 따라 낚싯배 타고 오시게[62] 要逐春流進釣船

62 사담(沙潭)에……오시게 : 봄에 복숭아꽃이 피면 자신의 고향으로 찾아오라는 말이다. 사담은 현재의 충청북도 괴산군 청천면 사담리 일대로, 이하곤이 거주했던 곳이다. 도잠(陶潛)의 〈도화원기(桃花源記)〉에 무릉(武陵)의 어부가 복사꽃이 흘러 내려오는 물길을 따라 거슬러 올라갔다가, 진(秦)나라의 난리를 피해 들어온 사람들을 만났다는 이야기가 나오므로, 여기에서 원용한 것이다.

갑신년 3월 29일에 바람이 매우 세차게 불고, 구름이 없는데도 우레가 쳐서 두려웠다 갑신년(1704, 숙종30)

甲申三月二十九日 風甚獰 無雲而雷 可怖 甲申

세속 사람들이 날마다 반드시 말하기를 "두타산[63](頭陀山)이 수없이 울어대면 큰 비가 며칠 동안 내린다."라고 하였는데, 이 산이 울어댔다.[64]

금당리[65] 오랫동안 가물더니	久旱金塘里
거센 바람이 마을을 휩쓸어 갈 듯	獰風欲拔村
산이 울어도 징험 없고	山鳴亦無驗
우레 소리만 부질없이 요란하네	雷吼秖空奔
보리를 해충이 갉아먹고	牟麥螟蟲蝕
먼지에 해와 달이 어두워졌네	氛埃日月昏
이처럼 어려운 때에 백성들 걱정하며	艱難憂赤子
시름겨운 낯빛으로 아침밥 마주하네	愁色對朝餐

63 두타산(頭陀山) : 충청북도 진천군 초평면과 괴산군 도안면・증평읍의 경계에 있는 산이다.

64 세속……울어댔다 : 이 부분은 원문의 글자 순서가 바뀌었거나 빠진 글자가 있는 것으로 보인다. 그러나 고증할 수 없으므로 원문에 따라 번역하였다.

65 금당리(金塘里) : 이하곤의 《두타초(頭陀草)》 책4 〈초평이십오영(草坪二十五詠)〉에 금당(金塘)이 등장하는 것으로 보아, 현재의 충청북도 진천군 초평면 용정리 부근의 마을로 추정된다.

밤에 서대에 가서 성자유 도규 에게 보여 주다

夜步西臺 示成子由 道揆

청담(淸潭)에 살고 있다.

절에서 할 일 없어　　僧齋無一事
식사 마치고 천천히 거니네　　飯畢步從容
기나긴 봄밤 한가로운데　　迢迢春夜閑
몇 사람과 다시 어울리네　　數子更相從
시냇물 빛에 두건과 신 담박하고　　溪光澹巾屨
그윽한 달이 동쪽 봉우리 감쌌네　　幽月含東峰
맑은 경치를 우연히 만나니　　淸景偶相値
도정이 절로 깊어지네　　道情方自濃
묵묵히 마주 앉아서　　默默成對坐
소나무에 바람 부는 것만 바라보네　　但看風入松

아침에 일어나 감회를 적다 갑신년(1704, 숙종30)

朝起書懷 甲申

사방 산에서 새소리 들리는데	四山鳥聲內
창에 부는 바람이 책장을 넘기네	風窓翻我書
햇살이 버드나무 가지에 비껴	日脚橫柳梢
푸른빛이 도랑물에 잠겼네	綠色下侵渠
엷은 구름이 자주 비 뿌리더니	輕陰屢興雨
오늘에야 비로소 개었구나	今日晴方初
나무 그림자는 고요히 흔들리지 않는데	樹影靜無搖
어렴풋이 마을 바라보네	曖曖見村墟
세상과 멀어 산천 수려하고	世遠山川秀
봄 무르익어 초목 자라나네	春深草木舒
평소 은자의 삶[66] 원했으니	平生獨往願
여기에서 바람 이루었네	此來幸不疎
사람들 풍속 제법 순박하고	民俗頗淳古
사슴과 멧돼지도 짝하여 살 만하네	鹿豖亦偶居
농사와 낚시에 자취를 부쳤으나	迹雖寄耕釣

66 은자의 삶 : 독왕(獨往)은 《장자(莊子)》 〈재유(在宥)〉의 "천지 사방을 드나들고, 온 나라 안을 유람하며, 홀로 가고 홀로 오니, 이런 경지를 독유라고 한다.〔出入六合, 遊乎九州, 獨往獨來, 是謂獨有.〕"라는 말에서 유래하여 세상의 구속을 풀어 헤치고 독자적인 삶을 영위하는 것을 말한다. 그래서 은자를 독왕객(獨往客)이라고 칭하기도 한다.

이 한 몸 한가로움 넘치네　一身閑有餘
분분한 안위의 일에 대해　紛紛安危事
나는 걱정하지도 기뻐하지도 않노라　憂喜豈關余
유독 남산의 구름만이　獨有南山雲
흩어졌다 뭉쳤다 마음대로 하네　舒卷兩自如

단비

喜雨

올해는 봄가뭄 심하여	今年春旱甚
강한 햇볕이 날마다 내리쬐네	癉陽日暵曝
이웃들은 쟁기 걸어 두고	四隣懸耒耟
모종 심을 엄두도 못 내네	未暇播細麥
어젯밤에 구름이 달을 가리더니	昨夜雲掩月
새벽에는 바람에 나무 뽑혔네	向曉風拔木
승방에 편안히 누워	僧房臥深穩
아침 내내 가랑비 소리 듣네	終朝聽霢霂
벼랑과 골짜기 어두워 분간 못하지만	崖谷暗不辨
시냇물 흐르는 건 분명히 볼 수 있네	溪流明可矚
초목을 한결같이 적셔 주니	草木一沾丐
새로 목욕한 듯 윤기 나네	光潤如新沐
남녀가 모두 기뻐하여	男婦色欣欣
밭에 나가 소 몰아 밭갈이하네	出田叱其犢
백성들 끼니 걱정하더니	小民念艱食
한 번 내린 비에 풍족해하네	一雨已知足
하늘은 이들의 마음을 살펴	上天監此衷
일기를 늘 고르게 해야지	雨暘宜恒若
작년에는 가을장마 심해서	前年苦秋霖
물에 잠겨 곡식 농사 망쳤으니	陸沈痒嘉穀

듣자니 백 가구 마을에 　 但聞百家村
구십 채가 비었다네 　 九十空敗屋
참담하게도 들판에 시체가 많고 　 慘惔野多殍
골목에는 목메는 곡소리가 울리네 　 嗚咽巷有哭
형벌과 포상이 잘못되었다는 말 듣지 못했는데 　 刑賞未聞乖
물난리를 누가 불러들인 것인가 　 陰沴果誰速
요와 탕도 면하지 못했으니[67] 　 堯湯或不免
하늘의 뜻은 진실로 알기 어렵구나 　 天意諒難卜
이상하다 거리의 노인은 　 嘗怪康衢老
무슨 까닭으로 배 두드리며 노래했던가[68] 　 何由歌鼓腹

67 요(堯)와……못했으니 : 《장자(莊子)》 〈추수(秋水)〉에 "우가 치수할 때 10년 동안 아홉 번이나 홍수가 졌건마는 바닷물은 그 때문에 더 불어나지 않았고, 탕(湯)의 시대에는 8년 동안 일곱 번이나 가뭄이 들었건마는 바닷물은 그 때문에 더 줄어들지 않았다.〔禹之時, 十年九潦, 而水不爲加益. 湯之時, 八年七旱, 而崖不爲加損.〕"라고 하였다. 이를 통해 요 임금과 탕 임금 시대에도 홍수와 가뭄이 있었음을 알 수 있다.

68 이상하다……노래했던가 : 홍수와 가뭄이 없지 않았는데 평안한 삶을 노래한 일이 이상하다는 말이다. 고복(鼓腹)은 실컷 먹고 배를 두드린다는 함포고복(含哺鼓腹)의 준말로, 태평성대에 백성들이 풍족한 생활을 하는 것을 표현할 때에 주로 사용하는 말이다. 요 임금이 미복(微服) 차림으로 거리에 나갔을 때 한 노인이 배불리 먹고 배를 두드리며 노래하기를 "해가 뜨면 나가 일하고, 해가 지면 들어와 쉬며, 우물 파서 물마시고, 농사지어 밥 먹으니, 임금의 힘이 나에게 무슨 상관이 있는고.〔日出而作, 日入而息, 鑿井而飮, 耕田而食, 帝力於我何有哉.〕"라고 했다는 고사가 전한다. 《高士傳》

달밤의 감흥

月夜感興

일찍이 승천사 기록[69]을 읽어 보니　　嘗讀承天記
달구경의 정수 얻었네　　觀月得其神
바닷물과 마름풀은　　積水與藻荇
환영으로 생겨난 것이니[70]　　幻影之所因
대나무와 잣나무가 변한 것이 아니라　　非竹栢能幻
달빛이 그 참모습을 변하게 만든 것이지　　而月幻其眞
자첨[71]은 혜안을 갖추어　　子瞻具慧眼
하는 말마다 기이하고 신묘했네　　說出奇以神
어느 때인들 달이 없으며　　何時豈無月
달구경하는 사람이 어찌 없으랴만　　觀月豈無人
자첨과 같은 혜안 없다면　　但欠子瞻眼

69 승천사(承天寺) 기록 : 송(宋)나라 소식(蘇軾)이 승천사로 장회민(張懷民)을 찾아가서 달밤에 뜰을 거닐었던 일을 가리킨다. 《東坡全集 卷101 志林 記游》 283쪽 각주4 참조.

70 바닷물과……것이니 : 소식의 글에 "드디어 승천사로 가서 장회민을 방문하였는데, 그도 또한 잠들지 못하고 있었다. 함께 뜰을 거니는데 뜰 아래는 마치 맑은 바다와 같고 그 물 속에 마름풀이 떠다니는 것 같았으니, 대개 대나무와 측백나무의 그림자가 그렇게 보였던 것이다.〔遂至承天寺, 尋張懷民, 亦未寢, 相與步於中庭, 庭下如積水空明, 水中藻荇交橫, 蓋竹栢影也.〕"라는 내용이 있다.

71 자첨(子瞻) : 소식의 자(字)이다.

누가 그와 같이 볼 수 있겠는가　　誰能看得親
이런 멋진 광경 항상 있지만　　此奇常自在
안개 속처럼 흐릿하여 볼 줄 모르네　　矇若烟霧屯
오늘 밤 물에 뜬 달을 보니　　今夜水月觀
자첨이 곧 나 자신일세　　子瞻卽我身
물과 달이 만나니　　水與月相遇
기이한 모습 그 속에서 생겨나　　奇態生其中
신비한 빛이 온갖 변화를 일으켜　　光怪倏百變
구름과 소나무에서 일렁이네　　蕩漾在雲松
서쪽 봉우리가 남은 빛을 머금어　　西峰含餘景
엷지도 않고 짙지도 않네　　不淡亦不濃
잡아도 가질 수 없으니　　攬之無所取
그 자취를 찾기 어렵네　　難可求其蹤
물속에서 달 찾으니　　求月於水中
달이 곧 물이라　　月體卽是水
물거품처럼 생겼다 사라지니　　如泡漚興滅
황홀하여 정해진 자리 없고　　怳惚無定位
하늘에서 달 찾으니　　求月於虛空
물이 곧 달이라　　水影卽是月
두 공허함이 어우러지니　　兩空和合成
마치 거울끼리 서로 비추는 것 같네　　如鏡鏡相入
눈이 아니라 정신으로 보아야만　　以神不以眼
물과 달을 잃지 않으리　　水月方不失

비 온 뒤에 서대를 거닐다

雨後步西臺

단비가 장마로 이어지지 않고	好雨不成霖
아지랑이도 저녁에 말끔히 걷혔네	餘靄仍晩晴
봄 경물이 어느새 고와졌으니	春物已自佳
하물며 풍대를 거니는 마음이랴	況乃風臺行
서쪽 마을도 멀지 않고	西村亦非遙
아스라이 우거진 숲 평평하네	蒼然雲木平
잠시 뒤 시내에 달 떠올라	須臾溪月出
구불구불 흰 비단 걸친 듯하네	蜿蜿白練橫
숲과 물이 더욱 아름다워	林水復一奇
그 광경이 나타났다 사라졌다 하네	光景互明滅
하늘이 내게 볼거리 주니	天公償吾眼
볼 때마다 놀라운 경치 많아라	應接固多驚
누구에게 이 밤을 자랑할까	誰與誇此宵
홀로 그 마음 간직하노라	獨自領其情
지난날 서가만 가까이하여	向徒親書架
거의 평생을 저버렸네	幾用負平生
밤 깊어 홀로 휘파람 불어보는데	夜深發孤嘯
으슥한 벼랑에서 새가 한 번 우는구나	幽崖鳥一鳴

청담잡영

清潭雜咏

청담암의 대머리 늙은이　清潭菴裏禿頭翁
경서와 차 화로 있고 시동 하나 거느렸네　經卷茶爐一侍童
산들바람에 복사꽃 어지러이 떨어지고　桃花亂落輕風外
가랑비 속에 흰 새들 이리저리 나누나　白鳥交飛細雨中

세찼다 뜸했다 내리는 비에 소나무 비치고　密密疏疏雨映松
구름 빛이 물에 물들어 물빛 짙더니　雲光染水水光濃
저물녘에 문득 바람이 안개 불어 내자　晩來忽爾風吹霧
시내 남쪽 몇몇 봉우리 산뜻하게 나오네　洗出溪南若箇峰

봄 내내 바람 부는 창가에서 생활하는데　終春坐臥着風牕
마구 흩날리는 꽃잎들 술동이에 떨어지네　顚倒飛花撲酒缸
그윽한 향기 다 사라져 어디에도 없으니　闃盡幽香無處所
시든 붉은 작약만 마주하고 있네　秖殘紅藥對成雙

꽃잎은 이리저리 날리고 버들 늘어졌어도　花飛漠漠柳垂垂
봄 지나도록 시 짓지 못했는데　忽復春過不賦詩
꾀꼬리가 무료한 흥을 재촉하니　却被黃鸝催興倦
산기슭 절에서 비 내릴 때 애써 시 읊노라　强吟崖寺雨昏時

구름 보며 작은 사립문에 홀로 서 있는데　看雲獨立小柴扉
백로가 한가롭게 저녁에 또 날아가네　白鷺悠悠晚更飛
문 앞에 우거진 풀빛 괴이하니　却怪門前深草色
속인의 발걸음 근래에 뜸했구나　俗人車馬近應稀

한적한 집에 책상의 책만 쓸쓸하고　閒齋寂寂一床書
내린 비에 텃밭 채소 푸르구나　新雨青青小圃蔬
음수와 곡굉[72] 모두 즐겁건만　飮水曲肱皆可樂
처자식은 어이해 산에 살기 싫어하나　妻兒何事厭山居

끝없이 펼쳐진 석양 속에 버들이 호수 에워　夕陽無際柳圍湖
맑게 갠 남쪽 언덕 마치 그림 같아라　南岸新晴似畫圖
오건 비스듬히 쓰고 다리 앞에 서니　烏巾欹着橋頭立
나와 한가한 구름 둘 다 외롭지 않네　身與閑雲兩不孤
신(身)은 자(自)로도 쓴다.

나지막한 사립문이 굽이진 시내에 있는데　數尺柴荊一曲溪
지팡이 짚고 내키는 대로 마을 서쪽에 왔더니　笻枝隨意到村西
넓게 그늘 드리운 푸른 회나무 어여쁘고　正愛綠槐陰滿地

72 음수(飮水)와 곡굉(曲肱) : 가난하면서도 도를 즐기는 삶을 말한다. 《논어》〈술이(述而)〉에 "거친 밥을 먹고 물을 마시며 팔을 굽혀 베더라도 즐거움이 또한 이 가운데 있으니, 의롭지 못하고서 부하고 또 귀함은 내게 뜬구름과 같다.〔飯疏食飮水, 曲肱而枕之, 樂亦在其中矣, 不義而富且貴, 於我如浮雲.〕"라고 하였다.

꾀꼬리도 가까이서 우는구나 黃鸝忽復近人啼

마당가에 회나무 두 그루 심었는데 試裁庭際兩株槐
어느덧 무성해져 작은 집에 닿았네 已自成陰接小齋
대나무 심어 담장 위로 푸르러지면 還疑種竹過墻碧
집 동쪽 멋진 산 경치 가리지나 않을까 遮却屋東山色佳

차각(遮却)은 불방(不放)으로도 쓴다.

신록이 펼쳐지는 사월 嫩綠初舒四月來
가랑비가 먼지 씻어내 좋구나 可人小雨洗風埃
한 줄기 시냇물이 거울처럼 맑으니 溪光一道淸如鏡
조각배 띄워 달구경이나 다녀올까 擬泛輕舟看月廻

어찌하면 황주에서 부 짓던 사람[73] 얻어서 安得黃州作賦人
이곳의 아름다운 진면모 전할까 此間佳處亦傳神
가슴 속에 진정 그와 같은 식견 있다면 胸中眞有如渠識
붓 아래에 한 점 티끌도 없으리 筆下方無一點塵

73 황주(黃州)에서……사람 : 소식(蘇軾)을 가리킨다. 호주 지사(湖州知事)로 있던 소식은 1079년(신종12)에 조정의 정치를 비방하는 시를 썼다는 죄목으로, 황주의 단련부사(團練副使)로 안치(安置)되었다. 그곳에서 소식은 서호(西湖)의 동파(東坡)에 당(堂)을 지어 설당(雪堂)이라 명명하고, 시 읊는 것을 낙으로 삼았다. 특히 1082년에 양세창(楊世昌)과 함께 적벽(赤壁)에서 두 차례 뱃놀이를 하고 나서 〈전적벽부(前赤壁賦)〉와 〈후적벽부(後赤壁賦)〉를 지었다.

솔바람 소리는 고요한 가운데 들어야 하니 松風只可靜中聞
자고 나서 좋은 향을 홀로 피우노라 睡罷名香獨自焚
종일토록 한가한 문에 속객 오지 않고 盡日閒門無俗客
어쩌다 빈 방에 외로운 구름 머무네 有時虛室駐孤雲

어지러운 소나무 그림자가 마루에 가득한데 松影紛紛午滿軒
부들방석 대나무의자에 말없이 앉아 있네 蒲團竹椅坐忘言
바깥일 하나 없이 향불만 피우니 除却燒香無外事
머리 깎지 않은 승려와 같구나 依然留髮一沙門

붉은 작약과 해당화 반쯤 시들었는데 紅藥玫瑰一半殘
노송은 홀로 난간에 그늘 드리우네 老松獨自蔭闌干
아침부터 꾀꼬리 소리 실컷 듣고 朝來厭聽黃鸝語
비 그친 호수 경치 자세히 바라보네 雨罷湖光仔細看

닭 우는 초가집 낮에도 한가로워 鷄唱茅齋晝亦閒
흔쾌히 물 남쪽 산에서 한바탕 웃네 欣然一笑水南山
영수암[74]의 작약은 지금 어떠할까 靈菴芍藥今何似
다녀오기로 승려와 약속했었지 曾與居僧約往還

74 영수암(靈水菴) : 이하곤의 《두타초(頭陀草)》 책4 〈초평이십오영(草坪二十五詠)〉에 등장하는 것으로 보아, 현재의 충청북도 진천군 초평면 용정리에 있었던 암자로 추정된다.

세심재에서 달밤에
洗心齋月夜

차디찬 시냇물이 밤에 연못으로 들어오는데	幽澗冷冷夜入池
수면을 가만히 바라보니 달이 더디게 떠오르네	靜看池面月生遲
아중[76]과 한바탕 웃으니	獨與阿中成一笑
사담[77] 가에서 소나무에 기댔을 때인가 하네	還疑潭上倚松時

75 심주록(沁洲錄) : 심주(沁洲)는 강화도의 옛 이름이다. 이하곤의 부친 이인엽(李寅燁)은 1704년(숙종30) 2월에 강화 유수(江華留守)에 임명되었는데, 당시 이하곤이 강화도에 가서 지은 작품을 엮은 것으로 짐작된다.

76 아중(阿中) : 누구를 가리키는지 자세하지 않다. 아(阿)는 사람을 부를 때 친근감을 나타내기 위해 붙이는 말이다.

77 사담(沙潭) : 현재의 충청북도 괴산군 청천면 사담리 일대로, 신월천(新月川)이 흐른다.

아침에 봉상포를 떠나며 최효백 형의 시[78]에 차운하다

朝發鳳翔浦 次崔兄孝伯韻

삐걱삐걱 노 저어 새벽에 출발하여	鳴櫓侵曉發
닻줄 당겨 조수를 거슬러 돌아가네	牽纜逆潮還
돛은 삼간의 해[79]를 등지고	帆背三竿日
선창으로 몇 고을의 산 스치네	牕過數郡山
때때로 멋진 시 지을 수 있으니	時能出佳句
또 쓸쓸한 가을 위로할 만하네	且可慰秋顏
우습다 안개 낀 물결 드넓은데	一笑烟濤闊
조각배 타고 가도 마음 절로 한가롭네	扁舟意自閒

78 최효백(崔孝伯) 형의 시 : 최효백은 최창대(崔昌大, 1669~1720)로, 본관은 전주(全州), 자는 효백, 호는 곤륜(昆侖)이다. 이하곤이 차운한 작품은 《곤륜집(昆侖集)》 권3의 〈영회(詠懷)〉이다.

79 삼간(三竿)의 해 : 세 길〔三竿〕 쯤 올라온 오전 8시경의 해를 말한다.

정족산성[80]에 오르다

登鼎足山城

산성은 사서(史書)를 수장하는 곳[81]이다. 가운데에 전등사(傳燈寺)[82]가 있는데, 원(元)나라 때에 팔만대장경을 보내와 이 절에 보관하였다. 지금은 거의 무너져 폐허가 되었다.

구월이라 서리 내려 나뭇잎 시드니　　九月清霜木盡凋
고성의 가을 절로 쓸쓸하네　　古城秋氣自蕭蕭
구름이 옥첩 덮었으니 장서를 꽉꽉 숨겼으며　　雲封玉牒藏書秘

80 정족산성(鼎足山城) : 인천광역시 강화군 길상면에 있는 성으로, 성의 축조 연대에 대한 확실한 기록은 없으나 단군(檀君)의 세 아들이 쌓았다는 전설로 인해 그 이름을 삼랑산성(三郎山城) 혹은 정족산성이라고도 한다.

81 사서(史書)를 수장하는 곳 : 정족산 사고는 정족산성 내부의 전등사(傳燈寺) 서쪽에 있었으며, 실록의 보관이 주된 업무였다. 강화도에 사고가 운영되기 시작한 것은 1595년(선조28)이었다. 임진왜란으로 춘추관(春秋館)과 충주(忠州)·성주(星州)의 사고가 불타고, 유일하게 남은 전주(全州) 사고의 실록이 해주(海州)를 거쳐 강화부 관아 건물에 보관되었던 것이다. 그 후 그것은 다시 영변의 보현사(普賢寺)와 객사(客舍)를 거쳐 1603년 새로 설치된 강화도 마리산(摩利山) 사고에 옮겨져 복간되었다.

82 전등사(傳燈寺) : 인천광역시 강화군 길상면에 있는 절이다. 381년(소수림왕11)에 아도(阿道)가 창건하여 진종사(眞宗寺)라 하였다. 그 후 고려 충숙왕(忠肅王)·충혜왕(忠惠王)·충정왕(忠定王) 때에 수축하였고, 1625년(인조3)과 1906년에도 중수하였으며, 또 일제강점기에도 두 차례 중수하였다. 전등사라는 이름은 충렬왕(忠烈王)의 비 정화궁주(貞和宮主)가 이 절에 옥등(玉燈)을 시주한 데서 비롯되었다. 이때 정화궁주는 승려 인기(印奇)에게 《대장경》을 인간(印刊), 이 절에 봉안하도록 하였다고 한다.

바닷물이 무지개 문 적시고 성가퀴 아득히 뻗었네	海浸虹門列堞遙
종소리 잦아들 때 무너진 사찰 지나다가	鍾向殘時經破寺
산이 나직한 곳으로 바닷물 보노라	山從缺處見歸潮
지난날 험준한 요새 잃었던 일 안타까워	他年悔失金湯險
오늘 올라와서도 한이 가시지 않는구나[83]	此日登臨恨未消

83 지난날……않는구나 : 병자호란(丙子胡亂) 당시 청(淸)나라 군대에 의해 강화도가 함락되었던 일을 읊은 것이다.

판서 권유[84] 만사

挽權判書 愈

아버지를 대신해서 짓다. 권 판서(權判書)는 아버지의 종생질(從甥姪)이다.

생질과 외숙 다정하여 자주 찾아와	甥舅情親累踵門
조용히 서가가 있는 깊숙한 마루에 앉았었지	蕭然書架坐深軒
권세 있는 직책에서도 홀로 담박한 절조 지녔으니	熱官獨自持恬操
소란한 자리에서 어찌 속된 말 했으랴	鬧座何曾出俚言
영화와 몰락은 따져 보면 한바탕 꿈이니	榮落算來還一夢
강호에 돌아옴도 넉넉한 은혜였네[85]	江湖歸去亦寬恩
삭풍 불고 눈발 날리는 고산길	北風飛雪孤山路
슬프다 뛰어난 문장가[86] 황천에 묻히네	慟與高文掩九原

84 권유(權愈) : 1633~1704. 본관은 안동(安東), 자는 퇴보(退甫), 호는 하곡(霞谷)이다.

85 권세……은혜였네 : 권유가 1694년(숙종20)에 예조 판서에 올랐으나, 갑술환국(甲戌換局)에 연루되어 유배되었다가 1697년에 해배되었기에 한 말이다. 그러나 갑술환국 당시 권유의 행적을 자세히 알 수 없기에 네 번째 구가 의미하는 바를 고증할 수 없다. 《承政院日記 肅宗 20年 2月 10日, 5月 18日》

86 뛰어난 문장가 : 《숙종실록》 30년 9월 20일 기사에 권유의 졸기(卒記)가 있는데, 권유는 권근(權近)의 후손으로 고문사(古文辭)를 자부하였다는 기록이 있다.

간성 군수 송광속[87] 만사

挽宋杆城 光涑

아버지를 대신하여 짓다.

요직에 무난히 오르리라 기대했으니	相期平步躡青雲
일찍이 과장에서 명성 출중했지	場屋聲名早出群
늘그막에 선구에서 인끈 찼건만	晩向仙區仍佩紱
도리어 여관에서 운명하였네[88]	還從旅舍竟招魂
바람서리 참담히 나부끼는 만장 따르고	風霜慘惔隨飛旐
맑은 정신 덧없이 얕은 봉분에 묻혔네	精爽蕭條閟尺墳
하늘가의 구슬픈 기러기 짝을 부르니	天際哀鴻呼伴侶
오늘 밤 그대 잃은 슬픔 견딜 수 없구나	不堪今夕更傷君

87 송광속(宋光涑) : 1653~1704. 본관은 여산(礪山), 자는 도실(道實)이다. 1702년(숙종28)에 간성 군수(杆城郡守)에 임명되었다. 《約軒集 卷13 季父杆城公墓誌銘》

88 늘그막에……운명하였네 : 송광속이 1702년 간성 군수로 나갔다가 돌아오는 길에 운명했기에 한 말이다. 선구(仙區)는 신선이 사는 곳이라는 말로, 여기서는 경치 좋은 간성을 가리킨다. 송치은(宋徵殷)의 기록에 "갑신년 가을에 마침 과거 응시를 위해 상경하다가 도중에 피를 토하고 현기증이 일었는데, 보안역 촌사에 이르러 마침내 일어나지 못하였다.〔甲申秋, 適以觀國上京, 路中患吐血暈眩, 至保安驛村舍, 竟不起.〕"라고 하였다. 《約軒集 卷13 季父杆城公墓誌銘》

대장 윤취상[89]의 어머니 만사

挽尹大將 就商 母夫人

아버지를 대신하여 짓다.

아흔의 많은 나이 세상에 드무니	高年九十世希觀
영예와 복록 겸하기는 예부터 어려웠네	榮祿兼之古所難
백발의 남편과 함께 회혼례 맞이했고[90]	鶴髮夫偕重合巹
색동옷의 아들도 일찍 단에 올랐네[91]	斑衣兒亦早登壇
규방에서 유순한 태도 아름답게 지키고	素諳閨內柔儀美
인간 세상의 복을 온전히 누리셨네	能享人間福履完
다른 날 연진에서 서로 만날 때	他日延津相會處
용광이 차가운 두우성을 쏘리라[92]	龍光應射斗牛寒

89 윤취상(尹就商) : ?~1725. 본관은 함안(咸安)이다. 할아버지는 부윤(府尹) 윤진경(尹進卿)이며, 아버지는 동지중추부사 윤천뢰(尹天賚)이다. 1701년(숙종27) 총융사에 올랐으며, 이어 어영대장 겸 좌포도대장을 지냈고, 1704년 훈련대장으로 전임되었다.

90 백발(白髮)의……맞이했고 : 망자(亡者)가 남편과 해로(偕老)하여 회혼(回婚)을 맞이했다는 말이다. 합근(合巹)은 신랑과 신부가 술잔을 나누는 것으로 혼례를 의미한다. 따라서 중합근(重合巹)은 회혼을 의미한다.

91 색동옷의……올랐네 : 망자(亡者)의 아들인 윤취상이 훈련대장의 지위에 올랐다는 말이다. 반의(斑衣)는 춘추 시대 초(楚)나라의 은사(隱士) 노래자(老萊子)가 칠십의 나이에도 부모님을 기쁘게 해 드리기 위하여 색동옷을 입고 재롱을 떨었다는 고사에서 유래한 말이다.《初學記 卷17 引 孝子傳》 등단(登壇)은 대장(大將)에 임명됨을 의미한다. 유방(劉邦)이 한신(韓信)을 대장군으로 임명할 때, 그의 권위를 높여 주기 위해 단을 쌓고 예식을 행했던 고사에서 유래하였다.《史記 卷92 淮陰侯列傳》

92 다른 날……쓰리라 : 훗날 망자(亡者)의 남편이 운명하여 부부가 저승에서도 함께 할 것이라는 말이다. 진(晉)나라 때 뇌환(雷煥)이 용천(龍泉)과 태아(太阿)라는 두 보검을 얻어 그중 하나를 장화(張華)에게 주었는데, 후에 장화가 주살(誅殺)당하자 그 칼의 소재를 알 수 없게 되었다. 뇌환이 죽은 뒤 그 아들이 칼을 가지고 연평진(延平津)을 지날 때 칼이 갑자기 손에서 벗어나 물에 떨어졌다. 사람을 시켜 물속을 찾게 하였더니, 두 마리 용이 서리어 있을 뿐이고 보검은 보이지 않았다고 한다. 이것을 연진검합(延津劍合) 또는 연진지합(延津之合)이라 하여 다시 합하게 되는 인연이나 부부가 죽은 뒤에 합장하는 것을 비유하게 되었다. 《晉書 卷36 張華列傳》

아들 봉석[93]을 애도하다

悼亡兒鳳錫

흐느끼는 소리 우는 듯 읊조리는 듯　　嗚嗚如哭又如吟
긴 밤 내내 슬픔 금할 길 없어라　　長夜悲懷自不禁
잠시라도 네 얼굴 잊으려 해도　　縱欲暫時忘汝面
이미 생생하게 내 마음에 박혔네　　已將一副着吾心
대청에서 옷자락 당길 때 등불 오히려 밝았고　　牽衣廳裏燈猶耿
창 앞에서 말 부를 때 달은 반쯤 졌었지　　喚馬牕前月半陰
봉석아 봉석아 잠꼬대하며　　夢囈却呼阿鳳字
나도 모르게 옆 사람에게 이불 덮어 주었네　　傍人身上錯添衾

만사가 가슴 아프구나 자취 이미 사라져　　萬事傷心跡已昏
오직 널 하나에 외로운 혼 거두었네[94]　　唯將一木戢孤魂
옷자락 당기고 아비 부르던 모습 다 사라졌으니　　牽衣喚爺俱無處
홀로 서풍을 등지고 눈물 닦노라　　獨背西風拭淚痕

93 이봉석(李鳳錫) : 1702~1704. 이하곤이 26세에 낳은 아들인데, 세 살의 나이로 요절하였다.《頭陀草 冊12 亡兒鳳錫壙銘》

94 오직……거두었네 : 죽은 아들을 염(殮)해서 입관(入棺)했다는 말이다. 유우석(劉禹錫)의 글에 "밝고 밝은 기를 한 널에 거두었네.〔炯炯之氣, 戢于一木〕"라고 하였는데, 여기에서 유래하여 입관하는 것을 즙우일목(戢于一木) 또는 취목(就木)이라고 한다.《劉賓客文集 外集 卷10 重祭柳員外文》《書敍指南 卷20 喪亡服制上》

죽은 너는 아무것도 모르겠지만　死者已無知
산 나는 어찌 그립지 않으랴　生者豈不思
삼 년 동안 품에 안아 키웠는데　三歲懷抱物
하루아침에 양산 언덕[95]에 묻었네　一旦陽山陂
희고 흰 동쪽 누각의 달　皎皎東樓月
슬픔 가득한 내 가슴 비추네　照我塞胸悲

백 년을 살아도 많은 것이 아닌데　百年未爲多
하물며 삼 년 산 사람이랴　況乃三歲人
캄캄한 황천에　幽幽九泉下
언제 다시 봄이 올까　幾時復陽春
긴 밤 홀로 목메어 우는데　永夜獨嗚咽
솔바람 소리가 더욱 아프게 하네　松風助酸辛

네 어미는 오랫동안 침상에 앓아누워　汝母長在床
하염없는 눈물 마르지 않는구나　淚眼曾未乾
황량한 산등성이 눈보라 속에　荒山風雪中
네가 어찌 춥지 않으랴　汝骨寧不寒
잊으려 해도 잊을 수 없어　欲忘情未能

95 양산(陽山) 언덕 : 이하곤의 어머니 묘소가 있는 곳인 동시에, 이봉석의 장지(葬地)이기도 하다. 《두타초(頭陀草)》 책12 〈망아봉석광명(亡兒鳳錫壙銘)〉에 "같은 달 어느 날에 양지 신창리에 있는 어머니 묘소 곁에 묻어, 너의 혼백으로 하여금 의지할 바가 있게 한다.〔以同月某日, 瘞于陽智新倉里先夫人墓傍, 使汝魂魄, 有所依歸也.〕"라고 하였다.

간담이 찢어진다　獨自摧我肝

구불구불 뻗은 양산 기슭　逶迤陽山麓
솔과 가래나무 어찌 저리 푸른지　松梓何蒼蒼
어머니와 우리 용이까지　吾母與阿龍
세 무덤 우뚝 솟아 서로 바라보네[96]　三塚兀相望
혼이 돌아가 의지할 곳 있으니　魂歸亦有依
이런 마음 담아 너의 광명 지었노라[97]　我以銘汝壙

슬퍼해도 소용없는 줄 알지만　極知悲無益
이 애통함 이미 뼈에 사무쳤네　此慟已銘骨
슬픔 일면 실 뽑듯　悲來若抽緖
계속 이어져 끊이지 않는구나　綿綿不可絶
다른 사람 앞에서 억지웃음 지으면　强笑他人前
도리어 네 아비더러 달관했다 하는구나　反謂汝翁達

96 어머니와……바라보네 : 삼총(三塚)이라고 했으므로, 양산에 이하곤의 어머니 묘소와 아들 이봉석의 묘소 이외에 다른 한 사람의 무덤이 더 있어야 한다. 따라서 여기서 말하는 아룡(阿龍)의 무덤도 양산에 있었을 것인데, 아룡이 누구인지는 미상이다. 아(阿)는 인명(人名) 앞에 친근감을 나타내기 위해 덧붙이는 말이고, 아들의 이름이 봉석(鳳錫)인 것으로 보아 그보다 앞서 죽은 용석(龍錫)이라는 아들이 있었을 것으로 추정된다.

97 혼이……지었노라 : 이봉석의 영혼이 할머니의 영혼에 의지하여 외롭지 않기를 바라는 마음을 담아 광명(壙銘)을 지었다는 말이다. 289쪽 각주8 참조.

뽀얀 얼굴에 예쁜 눈동자 白晳好眉眼
눈에 선하니 잊을 수 있으랴 宛宛豈可忘
네 누이가 옷자락 당기면 汝妹來牽衣
문득 너인가 싶구나 翻疑汝在傍
평소 모습 떠오르니 沈思未死時
어찌 성한 창자 있으랴 那復有寸腸

말도 다 배우기 전에 學語雖未了
독서를 좋아했지 已知愛讀書
아비의 글 읽는 소리 흉내 내니 效翁伊吾聲
그 모습에 한바탕 웃었지 一笑賴有渠
흩어진 책 사이에 소리 나지 않은 지 默默散秩間
이제 벌써 삼십여 일 지났구나 今已三旬餘

우거진 숲 자락에서 밤 따고 摘栗高林下
맑은 연못가에서 거북이 놓아줬지 放龜淸池畔
아비와 아들 끌어안으면 翁兒相抱持
밥도 잊을 만큼 즐거웠네 此樂幾忘飯
어느덧 묵은 자취 되었으니 冉冉跡已陳
서쪽 방을 차마 볼 수 있겠느냐 西齋那忍看

서쪽 연못에는 거북이 있어 西池自有龜
날마다 부평초 사이를 오가고 日日萍中行
마구간에는 말이 있어 櫪上自有馬

히힝 히힝 바람 따라 우는데 蕭蕭倚風鳴
문 안에 들어가도 너는 볼 수 없으니 入門獨不見
눈물로 남몰래 갓끈 적시노라 流淚暗沾纓

물거품 같은 인생살이 人生如泡漚
흥멸이 끝없이 반복되지 興滅自無端
장자는 취부에 비유했고[98] 蒙莊臭腐喩
서축은 백골처럼 보았지[99] 西竺白骨觀
이러한 이치로 본다면 儻能照玆理
슬퍼할 것도 기뻐할 것도 없겠지 庶可了怛歡

계자는 영박에 장사 지내고[100] 季子葬嬴博

98 장자(莊子)는 취부(臭腐)에 비유했고 : 몽장(蒙莊)은 초(楚)나라 몽현(蒙縣) 출신인 장자를 가리키는 말이다. 《장자(莊子)》 〈지북유(知北遊)〉에 "자기가 아름답게 보는 것은 신기하게 여기고 자기가 증오하는 것은 썩은 것으로 여기는데, 썩은 것이 다시 변해 신기한 것이 되고 신기한 것이 다시 변해 썩은 것이 되기도 한다.〔是其所美者爲神奇, 其所惡者爲臭腐, 臭腐後化爲神奇, 神奇後化爲臭腐.〕"라고 하였는데, 이는 자연의 이치로 볼 때 죽은 것이나 사는 것이 다 마찬가지라는 의미이다.

99 서축(西竺)은 백골처럼 보았지 : 서축은 불교를 말한다. 불교에 백골관(白骨觀)이란 것이 있는데, 육체가 한 점(點)의 정기(精氣)에서 비롯하여 점점 임신(妊娠)을 거쳐 뱃속에서 자라 출생한 다음 어린 시절, 청년 시절, 장년 시절, 노쇠한 시절, 병들어 죽은 시절을 거쳐 시체가 퉁퉁 불어났다가 바싹 말라버리고, 이어 오래되면 백골로 되어버린다는 뜻이다. 이에 이미 백골이 되어버릴 것으로 생각하고 나면, 자기 몸을 항상 마치 백골처럼 여기게 된다는 말이다.

100 계자(季子)는……지내고 : 계자는 춘추 시대 오(吳)나라 사람 계찰(季札)을 가리킨다. 《예기》 〈단궁 하(檀弓下)〉에 "연릉에 사는 계자가 제나라에 갔다가 돌아올 때에

자하는 시력 잃었지[101] 西河喪厥明
고상한 사람은 달관을 귀하게 여기지만 高人貴達觀
식견 없는 선비는 감정대로 행동하지 曲士妄徑情
우리들 정에 쏠리니[102] 情鍾自我輩
식견 없는 선비라 불릴까 두렵구나 恐貽曲士名

망자를 누군들 슬퍼하지 않으랴만 逝者孰不悲
네 죽음은 도리어 가련하구나 爾死還可憐
언뜻 보면 비명에 죽은 것 같지만 驟觀類非命
자세히 따져 보면 또한 자연의 이치라네 細推亦自然
내가 이제 남을 탓하지 않는데 我今不尤人
하물며 하늘을 원망하랴 況可復怨天

그의 장자가 죽자, 영 땅과 박 땅 사이에 장사 지냈다.〔延陵季子適齊, 於其反也, 其長子死, 葬於嬴博之間.〕"라고 하였다. 영과 박은 제나라의 고을 이름이다.

101 자하(子夏)는 시력 잃었지 : 아들을 잃은 슬픔에 슬피 울다가 실명(失明)한 자하의 고사를 말한 것이다. 공자(孔子)께서 운명하신 뒤에 자하가 서하(西河)에 살면서 제자들을 교육하였다.《史記 卷67 仲尼弟子列傳》

102 우리들 정(情)에 쏠리니 : 평범한 사람이라 아들 잃은 슬픔을 견디지 못한다는 말이다.《진서(晉書)》 권43 〈왕융열전(王戎列傳) 왕연(王衍)〉에 "왕연이 일찍이 아들을 잃었으므로 산간이 조문을 갔는데, 왕연이 비통함을 감당하지 못하였다. 산간이 '어린애는 품 안의 물건이거늘 어찌 이처럼 슬퍼한단 말인가.' 하자, 왕연이 '성인은 정을 잊고 하등의 물건은 정을 느낄 줄 모르네. 그렇다면 정을 다 쏟을 수 있는 것은 바로 우리들에게 있는 것이라네.'라고 대답하니, 산간이 그 말에 탄복하였다.〔衍嘗喪幼子, 山簡弔之, 衍悲不自勝. 簡曰, 孩抱中物, 何至於此. 衍曰, 聖人忘情, 最下不及於情, 然則情之所鍾, 正在我輩, 簡服其言.〕"라고 하였다.

다른 사람을 대신해서 지은 만사

代人挽

꽃 시들고 달도 지니	花已摧殘月亦淪
규방은 부질없이 경대에 먼지 끼었네	鸞閨空鎖寶奩塵
서풍이 눈물 흘리는 남편에게 불어	西風吹却阿郎淚
동심[103]의 붉은 자수 수건 다 젖었구나	濕盡同心紫繡巾

103 동심(同心) : 동심결(同心結)을 말한다. 비단 띠를 꼬아 만든 매듭인데, 부부 사이의 애정이 단단함을 표시하는 징표로 사용하였다.

저물녘 성에서

城晚

산에 쓸쓸한 해가 지고	山隕蕭蕭日
성은 자욱한 연기에 잠겼네	城沈漠漠烟
거센 바람이 불어 나뭇잎 흔들리고	高風吹葉動
조각달이 숲에 걸렸네	纖月過林懸
병든 학은 추위에 짝을 이루는데	病鶴寒相偶
돌아가는 기러기는 저물녘에 가련하다	歸鴻暮可憐
이내 삶 온갖 생각 일어	人生自百感
고개 돌려 가을 하늘 바라보노라	回首望霜天

등불 아래에서 소식의 문장 몇 편을 읽다가 조금 피로하여 남쪽 누각으로 나가니, 하늘과 바다가 아스라이 펼쳐지고 달과 별이 드리워 매우 아름다운 경관이었다. 담헌거사[104]가 적석사[105]에서 쓰다

燈下讀蘇文數篇 少倦 遂步出南樓 天海微茫 星月下垂 殊奇觀也 澹軒居士書于積石寺

바람에 울리는 풍경 소리 절로 맑구나　　風鳴簷鐸自泠然
누대에서 바다 바라보며 홀로 잠 못 이루네　　望海樓頭獨不眠
내가 오늘 밤 달을 꼭 기억하리니　　須記老夫今夜月
복건 쓴 맑은 그림자 소나무 꼭대기에 걸렸네　　幅巾淸影立松顚

104 담헌거사(澹軒居士) : 이하곤은 스스로 호를 담헌(澹軒), 소금산초(小金山樵), 무우자(無憂子)라고 하였다.

105 적석사(積石寺) : 인천광역시 강화군 길상면 온수리 고려산(高麗山)에 있는 절로, 416년(장수왕4)에 인도 승려가 창건하였다고 한다.

삼가 농암 선생의 운[106]에 맞춰 지어 흡연 장로에게 주다
奉和農巖先生韻 贈翕然長老

흡연(翕然)은 지금 호를 도원(道原)으로 고쳤다고 한다.

선생님께 일찍이 흡연 스님에 대해 들었는데	丈席曾聞有翕公
가사 걸치고 온 산을 두루 다닌다 하셨지	袈裟行遍萬山中
해남의 석옥에는 언제부터 계셨는가[107]	海南石屋何年住
등불 아래 긴 눈썹의 승려와 함께 웃었으리	燈下厖眉一笑同
법설은 이미 색상[108]에서 벗어났고	法說已能離色相
심관[109]은 오히려 가풍을 실추시키지 않네	心觀猶不墜家風
오늘 밤 깊은 의리를 보여 주시는데	今宵擧似深深義
달은 서쪽 산에 있고 그림자는 동쪽에 있다 하네	月在西峰影在東

106 농암(農巖) 선생의 운 : 이하곤이 화운한 작품은 김창협(金昌協)의 《농암집(農巖集)》 권6의 〈증어기미여재영평백운산하…(曾於己未余在永平白雲山下……)〉이다. 김창협은 1679년(숙종5)에 영평(永平) 백운산(白雲山) 보문암(普門菴)에서 흡연(翕然)을 만났고 20년 후 강화도 보문암에서 우연히 다시 만나 이 시를 지어 주었다.

107 해남(海南)의……계셨는가 : 흡연 스님이 강화도 보문암에 머문 것이 언제부터였느냐는 말이다. 석옥(石屋)은 보문암에 있었으며 경치가 빼어났다.

108 색상(色相) : 불교 용어로, 겉으로 드러난 만물의 모습을 말한다.

109 심관(心觀) : 이심관심(以心觀心), 즉 마음으로 마음을 보는 것을 말한다.

죽은 아들 봉석을 또 애도하다 을유년(1705, 숙종31)

又悼亡兒鳳錫 乙酉

마땅히 아래에 있어야 한다.

너를 양산으로 보낸 지 또 일 년[110]	送汝陽山又一年
새 봄에 고개 돌려 바라보니 풀만 무성하네	新春回首草芊芊
너는 황천에서 한을 품었을 텐데	爾應抱恨潛泉下
나는 눈앞의 아이에게 위로 받네	我已懷雛慰眼前
세시마다 흐르는 눈물 어이하랴	可耐歲時頻出涕
눈보라 불 때마다 잠 못 이루네	每因風雪不成眠
슬프다 이 세상에서 다시 보기 어려우니	嗚呼此世難重覿
다음 생애에 부자의 인연 다시 잇자꾸나	更續來生父子緣

110 너를……일 년 : 양산(陽山)은 이하곤의 어머니와 아들의 묘가 있는 곳으로, 현재의 경기도 용인시와 안성시 부근이다. 이봉석(李鳳錫)은 1702년에 태어나 1704년에 사망하였다. 《頭陀草 冊12 亡兒鳳錫壙銘》

아버지를 모시고 진사 연성휘[111]와 함께 그믐날 밤샘을 하다가 죽음의 시[112]에 차운하다 갑신년(1704, 숙종30)

陪家大人 同延進士聖輝守歲 次竹陰韻 甲申

매화가 차가운 날씨에 어여삐 피었기에	强將梅蘂媚寒天
세월 헤아려 보니 속절없이 빠르구나	屈指流光劇駛川
잔설 속에 봄 왔건만 여전히 바닷가에 있고[113]	殘雪生春還海澨
등불 아래 밤샘을 처음으로 아버지 곁에서 하네	孤燈守歲始親邊
무심히 있다가 구나[114] 북소리 듣고	無心去聽驅儺鼓
잠들지 못한 채 근심스레 폭죽 연기 보노라	不寐愁看爆竹烟
아들딸이 앞에 있어도 마음 서글프니	兒女滿前懷抱惡
양산의 묵은 풀 또 한 해가 지나는구나[115]	陽山宿草又一年

예닐곱 살 때부터 섣달 그믐날이 되면 양산으로 성묘를 갔었는데, 올해는

111 연성휘(延聖輝) : 연세화(延世華)로, 본관은 곡산(谷山), 자는 성휘이다. 1687년(숙종13) 진사시에 합격하였다.

112 죽음(竹陰)의 시(詩) : 죽음은 조희일(趙希逸, 1575~1638)로, 본관은 임천(林川), 자는 이숙(怡叔), 호는 죽음이다.《宋子大全 卷165 竹陰趙公神道碑銘 并序》이하곤이 차운한 시는《죽음집(竹陰集)》권6에 수록된〈숙천으로 가는 길에 차오산의 시에 차운하다〔肅川途中次車五山韻〕〉이다.

113 잔설(殘雪)……있고 : 이하곤이 강화도에서 머물며 세모를 맞았다는 말이다.

114 구나(驅儺) : 세밑에 역귀(疫鬼)를 몰아내는 의식을 말한다.

115 아들딸이……지나는구나 : 자녀들과 함께 있지만 돌아가신 어머니와 죽은 아들 이봉석(李鳳錫)이 그립다는 말이다. 양산(陽山)에 이하곤의 어머니 산소가 있었고, 어머니 산소 곁에 죽은 아들 이봉석을 묻었다. 289쪽 각주8 참조.

비로소 아버지를 모시고 온 가족이 단란하게 모여 그믐날 밤샘을 하였기에 4구에서 언급하였다.

재첩 再疊

바다 서쪽에서 또 반초로 송축하니[116]	盤椒又頌海西天
빠른 세월 마치 흐르는 시내 같구나	急景相催似逝川
등불 그림자는 서책 주위에 희미하고	燭影乍迷書秩外
매화 향기는 술잔 가에 그윽하네	梅香故動酒杯邊
깊은 밤 고각 소리 속에 차가운 성에 눈 내리고	夜闌鼓角寒城雪
봄 찾아온 누대 주변에 나무들 연기에 덮였네	春入樓臺萬樹烟
고향에 있는 아우들 생각하니	遙憶故園諸弟隔
작년에는 시냇가에서 한바탕 웃었지	臨溪一笑是前年

삼첩 三疊

외진 바닷가 쓸쓸하고 눈보라 휘날리니	窮海蕭蕭風雪天
봄 되었어도 이곳의 산천 싫구나	逢春猶厭此山川
고향은 멀리 금계[117] 굽이에 있는데	故園遙寄金溪曲

116 바다……송축(頌祝)하니 : 강화도에서 다시 새해를 맞이했다는 말이다. 반초(盤椒)는 소반에 담긴 산초 열매를 말한다. 옛날에 정월 초하루가 되면 산초를 넣어 빚은 술을 어른들에게 올려서 장수를 기원하는 풍습이 있었다. 두보(杜甫)의 시에 "아융의 집에서 그믐날 밤샘을 하며 초반에 이미 꽃을 송축했네.〔守歲阿戎家, 椒盤已頌花.〕"라고 하였다. 《杜少陵集 卷2 杜位宅守歲》

117 금계(金溪) : 《두타초(頭陀草)》 책1에 〈침우담은 진천현 남쪽 10여 리 쯤에 있다.……금계와 석탄의 물이 대 아래에서 합쳐져 큰 못을 이루는데……〔沈牛潭在鎭川縣南十餘里……金溪石灘之水 合流滙于臺下 成巨潭……〕〉라고 하였으므로, 이하곤의 고

늙은 이 몸 어이하여 대숲 곁에 머무나　老我何由竹樹邊
여전히 찬 매화가 섣달에 피었을 테고　好在寒梅應破臘
어여쁜 새 버들은 안개처럼 늘어졌으리　可憐新柳更如烟
시 짓고 세 번 읊어도 도리어 서글프니　詩成三復還惆悵
고향 산천 저버린 지 또 일 년이네　辜負林泉又一年

사첩 四疊

아득한 생사의 이치 하늘에 묻고 싶구나　生死悠悠欲問天
게다가 외로운 무덤이 멀리 산천에 막혔어라[118]　孤墳況復隔山川
인간세상의 골육지친들은 단란하게 지내지만　人間骨肉團欒內
눈 덮인 선산을 눈물 흘리며 떠올리네[119]　雪裏松楸涕淚邊
새벽달에 네 얼굴이 보이는 듯한데　曉月乍疑容在眼
봄바람에 풀들이 연기처럼 무성하겠지　春風空想草如烟
쑥떡과 밀과를 시절 따라 마련하는데　艾糕粔籹隨時具
왕년의 일 말하려니 절로 마음 아프다　只自傷心說往年

향에 있는 물 이름임을 알 수 있다.

118 아득한……막혔어라 : 이 시를 짓고 있는 1704년(숙종30) 9월에 아들 이봉석이 세 살의 나이로 요절하였고, 이하곤이 강화도에 머물러 있는 상태에서 어머니와 아들의 장지인 양산에 가지 못했기에 한 말이다. 289쪽 각주8 참조.

119 인간세상의……떠올리네 : 새해를 맞이하여 가족들이 단란하게 모였지만, 어머니와 죽은 아들의 무덤에 가지 못해 서글픈 심회를 읊은 것이다. 송추(松楸)는 무덤 주변에 심는 나무를 의미하는데, 주로 무덤을 비유하는 말로 사용한다. 앞의 시를 감안하면 이하곤이 양산에 있는 어머니 산소에 성묘 가지 못한 마음도 있지만, 수련(首聯)과 미련(尾聯)의 내용으로 볼 때, 죽은 아들에 대한 생각이 더 간절하다.

설날에 대복의 시[120]에 차운하여 성휘[121]에게 보여 주다

元旦 次大復韻 示聖輝

어느덧 봄기운이 눈 속에서 꿈틀대는데	冉冉春從雪裏生
이태 동안 강화도 성에 머물고 있네[122]	隔年猶滯沁州城
백엽주 술잔 자주 나눠 문득 놀라는데[123]	忽驚栢葉傳杯數
매화가 눈에 밝게 들어와 한바탕 웃노라	一笑梅花照眼明
병든 학도 사뿐사뿐 도리어 춤추고	病鶴輕輕還自舞
돌아가는 기러기도 서두르며 다시 우는구나	歸鴻急急更長鳴
그대 만나 차분히 이야기 나누지 않았다면	逢君不有從容話
무슨 수로 밤을 연이어 나의 마음 위로되었을까	那得連宵慰我情

120 대복(大復)의 시(詩) : 대복은 명(明)나라 사람 하경명(何景明)으로, 자는 중묵(仲默), 호는 대복이다. 전칠자(前七子) 가운데 한 사람이며, 이몽양(李夢陽)과 함께 하리(何李)로 일컬어졌던 인물이다. 이하곤이 차운한 작품은 《대복집(大復集)》 권25의 〈감춘(感春)〉이다.

121 성휘(聖輝) : 연세화(延世華)로, 본관은 곡산(谷山), 자는 성휘이다. 1687년(숙종13) 진사시에 합격하였다.

122 어느덧……있네 : 해가 바뀌어 봄이 왔지만 여전히 강화도에 머물고 있다는 말이다. 심주(沁州)는 강화도의 별칭이다. 이하곤의 부친 이인엽(李寅燁, 1656~1710)이 1704년 2월에 강화 유수(江華留守)로 임명되자, 이하곤은 아버지 임소에서 지냈다.

123 백엽주(栢葉酒)……놀라는데 : 세월이 빨리 흘러 또 설날이 되었다는 사실에 새삼 놀란다는 말이다. 백엽(栢葉)은 설날에 어른들에게 세배를 올리면서 사기(邪氣)를 쫓기 위해 가족들이 돌려 마시던 백엽주를 의미한다. 달리 백주(栢酒)라고도 한다.

재첩 再疊 명(明)나라 때의 형식을 본받다

가련하다 그대여 높은 재주로도 백발 나도록	憐汝高才白髮生
쓸쓸히 문무의 능력 갖춘 채 외로운 성에 있네[124]	蕭然書劍滯孤城
시 논하려니 강호에 매화 피었고	論詩江海梅花發
술잔 드니 천지에 설경이 밝구나	把酒乾坤雪色明
추운 날 강화도에서 학을 짝해 머물다가	沁島天寒留伴鶴
봄 저무는 영수암[125]에서 꾀꼬리 소리 듣겠지	靈菴春晚去聽鶯
그대 돌아가 금담[126] 굽이 찾는다면	君歸爲訪金潭曲
솔과 달 바라보며 날 그리는 마음 간절하리	松月應多戀我情

124 가련하다……있네 : 연세화(延世華)가 문무(文武)를 겸비한 인재이면서도 세상에 쓰이지 못한 것을 안타까워한 것이다.

125 영수암(靈水菴) : 영암(靈菴)은 이하곤의 시에 모두 세 차례 등장하는데, 《두타초(頭陀草)》 책2에 〈영수암〉이라는 작품이 있고 책4 〈초평이십오영(草坪二十五詠)〉에 등장하는 것으로 보아, 현재의 충청북도 진천군 초평면 용정리에 있었던 암자로 추정된다.

126 금담(金潭) : 이하곤의 《두타초(頭陀草)》 책9 〈월야보죽림(月夜步竹林)〉에 "우리집이 금담 굽이에 있다.〔我家金潭曲〕"라는 구가 있는 것으로 보아, 이하곤의 고향에 있었던 연못으로 추정된다.

성휘[127]와 함께 밤에 앉아 있다가 명나라 사람의 시[128]에 차운하다

同聖輝夜坐 次明人韻

괴롭게 금담[129]의 낡은 집 떠올리니　苦憶金潭舊弊居
솔바람과 시냇물 지금 어떠할까　松風澗水問何如
그대는 지금 고개 숙이고 부지런히 나물 씹는데[130]　君今屈首勤咬菜
나는 이미 생각 없이 낚시 배우네　我已無心學釣魚
둘러싼 숲에 봄기운 섣달 뒤에 돋아나고　籠樹春陰經臘後
주렴 너머 산 경치를 관아 파한 뒤에 완상하네　隔簾山色散衙餘
시 논하려 촛불 밝히지 않아도　不須燒燭論詩細
관아 누대에 밤 달이 절로 밝구나　自有官樓夜月虛

127 성휘(聖輝) : 연세화(延世華)로, 본관은 곡산(谷山), 자는 성휘이다. 1687년(숙종13)에 진사시에 합격하였다.

128 명(明)나라 사람의 시(詩) : 이하곤이 이 작품에서 사용하고 있는 운자는 하경명(何景明)의 《대복집(大復集)》 권27 〈송위진사추무창(送衛進士推武昌)〉의 운자와 일치한다. 382쪽 각주120 참조.

129 금담(金潭) : 이하곤의 고향에 있었던 연못으로 추정된다. 295쪽 각주11 참조.

130 그대는……씹는데 : 연세화가 출세를 위해 노력한다는 말이다. 송(宋)나라 왕신민(汪信民)이 "사람이 항상 나물 뿌리를 먹으려 하면, 모든 일을 할 수 있다.〔人常咬得菜根, 則百事可做.〕"라고 하였다. 《小學 善行》

재첩 再疊

산에서 살기는 좋고 바다는 싫으니　　不厭山棲厭海居
원숭이와 사슴이 내 몸 같구나　　猿狙麋鹿是身如
솔바람 부는 시냇가 누각 청량하여 장기 없고　　松風溪閣淸無瘴
봄비 내리는 동산의 채소 물고기보다 맛나지　　春雨園蔬美勝魚
인지가 두 가지 즐거움 주고[131]　　仁智自須供二樂
게다가 문장 지을 세 가지 여유 넉넉하지[132]　　文章況可足三餘
언제나 옷자락 날리며 그대 따라가　　何時拂袖從君去
텅 빈 내 집에 돌아가 누울까　　歸臥吾廬四壁虛

삼첩 三疊

강화도는 예부터 제왕의 거처라　　沁中從古帝王居
바다 두른 긴 성 더없이 단단한데　　環海長城鐵不如
억센 되놈들이 말에게 물 먹일 줄 어찌 알았으랴　　豈意强胡來飮馬
백성들 유린당했으니 가여워라[133]　　還憐萬姓化爲魚

131 인지(仁智)가……주고 : 산에서 살면 산수(山水)의 즐거움을 모두 누릴 수 있다는 말이다. 《논어》 〈옹야(雍也)〉에 "지자는 물을 좋아하고, 인자는 산을 좋아한다.〔知者樂水, 仁者樂山.〕"라고 하였으니, 여기서 인지는 산과 물을 가리킨다.

132 게다가……넉넉하지 : 산에서 살면 독서하면서 문장 지을 시간도 충분하다는 말이다. 삼여(三餘)는 독서하기에 좋은 세 가지 여가(餘暇)를 의미하는데, "겨울은 해의 나머지이고, 밤은 낮의 나머지이고, 음우는 때의 나머지이다.〔冬者歲之餘, 夜者日之餘, 陰雨者時之餘.〕"라고 하였다. 《古今事文類聚 別集 卷4 儒學部 讀書》

133 강화도는……가여워라 : 강화도는 천혜의 요새지만, 병자호란 당시 청(淸)나라 군대에 의해 함락되어 백성들이 유린당했던 사실을 안타깝게 여긴 것이다. 심중(沁中)은 강화도를 심도(沁島) 또는 심주(沁州)라고 하였으므로 강화도를 가리킨다. 음마(飮

높은 누대에는 충성스러운 영혼 있는 듯하고[134]	高樓尙想忠魂在
묵은 나무는 일찍이 전란을 겪었네	老木曾經戰陣餘
우리 임금께서 덕정 베풀기만 바라나니	但祝吾君勤德政
지금까지 변방 방비 오랫동안 허술했지	于今邊備久空虛

馬)는 말에게 물을 먹인다는 뜻으로, 한(漢)나라 이릉(李陵)이 소무(蘇武)에게 보낸 편지에서 "하수와 낙수의 물로 말의 목을 축인 다음, 남해에서 진주를 거두어들일 생각이다.〔飮馬河洛, 收珠南海.〕"라고 한 데서 온 말이다. 이 말은 본래 장수가 출전하면서 자신의 결연한 의지를 말한 것인데, 여기서는 청나라 군사들이 강화도까지 진격한 상황을 말한 것이다.《文選 卷43 爲石仲容與孫皓書》

134 높은……듯하고 : 병자호란 당시 강화도가 함락될 때 순국(殉國)한 이들을 떠올린 것이다.

조 진사[135]의 운자에 맞춰 지어 조 진사를 전별하다

次曺進士韻 別曺進士

조 진사의 이름은 우(遇), 자는 시회(時會)이다. 글을 잘 짓는다는 명성이 있었다.

선달 양진에 풍파 일렁이는데 楊津臘月尙風波
게다가 파리한 말로 눈 쌓인 저녁 길 가는구나 況復羸驂暮雪多
탁주로 마음 달래려 하지만 누구와 함께 할까 濁酒寬心誰共對
맑은 시 손에 있어 길게 읊조릴 뿐 淸詩在手只長哦
가련하다 외진 바다에서 해를 넘기며 獨憐窮海還經歲
돌아가는 사람 보낼 때마다 집 생각 간절하다 每送歸人更憶家
고개 돌려 금계 떠올리면 마치 꿈 속 같으니 回首金溪如夢裏
옛 도롱이에는 먼지가 가득하겠지[136] 塵埃應滿舊漁簑

135 조 진사(曺進士) : 조우(曺遇, 1653~1712)로, 본관은 창녕(昌寧), 자는 시회(時會), 호는 구봉(九峯)이다.

136 고개……가득하겠지 : 고향을 오랫동안 떠나 있었으므로, 자신이 낚시질할 때 입었던 도롱이에 먼지가 가득할 것이라는 말이다. 금계(金溪)는 이하곤의 고향에 있던 냇물이다. 380쪽 각주117 참조.

새벽에 일어나 감회를 쓰다

曉起書懷

마땅히 위에 있어야 한다.

유자의 관 쓰고 헝클어진 머리 스스로 웃나니	儒冠自笑髮鬅鬙
외진 바다 쓸쓸하여 온갖 생각 일어나네	窮海蕭條百感增
긴긴 밤 눈 소리 들으며 작은 의자에 앉았더니	聽雪宵長還短几
어둠 속에 닭 울고 등불만 가물가물	鳴鷄天黑只殘燈
꼿꼿한 성격으로 산림에서 조용히 살아가지만	唯將骯髒山林玄
속절없이 빠른 세월을 견딜 수 있으랴	可耐崢嶸歲月騰
지난해 영수암에서 보낸 밤 문득 떠올려 보니[137]	忽憶前年靈寺夜
바위 감실의 승려와 매화 아래 마주했었지	梅花相對石龕僧

137 지난해……보니 : 영사(靈寺)는 이하곤의 《두타초(頭陀草)》 책4 〈초평이십오영(草坪二十五詠)〉에 등장하는 영수암(靈水菴)을 가리키는 것으로 보인다. 《두타초》 책2에 〈9월 20일에 아버지를 모시고 영수암에 갔으니……〔九月二十日 陪家大人往靈水菴……〕〉라는 작품이 있으므로, 이하곤이 영수암에 다녀온 사실을 확인할 수 있다.

정월 대보름 밤에 남문루에 올라 입으로 불러 짓다
上元夜 登南門樓口占

퉁소와 북 소리 비단 옷과 어우러지고	簫鼓喧喧雜綺羅
집집마다 가는 이 밤을 아쉬워하네	家家都惜此宵過
연기 낀 푸른 숲에는 봄기운 아직 미미하지만	烟凝碧樹春猶淺
눈 녹은 붉은 누대에 달빛 더욱 밝구나	雪盡朱樓月更多
집집마다 노래에 풍년 기원 담겼고	萬戶歌謠農有歲
백 년 동안 사람들은 바다 잔잔하길 바라네[138]	百年民物海無波
시구로만 명절 보내지 마라	莫將詩句酬佳節
술동이 마주하고 어찌 취하지 않으랴	對此金樽不醉何

138 백 년……바라네 : 사람들이 태평성대를 바란다는 말이다. 주 성왕(周成王) 때에 남만(南蠻)의 부족 국가에서 사신이 와서 주공(周公)에게 흰 꿩을 바치며 "하늘에 폭풍우가 일지 않고, 바다에 거센 물결이 일어나지 않은 지가 3년이나 되었는데, 아마도 중국에 성인이 계셔서 그럴 것이라고 여겨 이렇게 조회하러 왔습니다."라고 말한 고사가 전한다. 《韓詩外傳 卷5》

보문암 석옥의 승경을 찾아가는 길에 배 안에서 지어 함께 가는 사람들에게 보여 주다[139]

往訪普門石屋之勝 舟中有述 示同游

보문암에서 흡연 스님과 약속 있었는데　　普門曾有翕公期

139 보문암(普門庵)……주다 : 이하곤의 《두타초(頭陀草)》 책12에 〈유보문암기(遊普門庵記)〉가 수록되어 있는데, 그 글에 "을유년 3월 23일에 경력 임정, 종형 재방, 아우 재창, 재종형 택경과 함께 보문암 석옥의 승경을 찾아갔다.〔乙酉三月二十三日, 同林經歷淨從兄載方舍季載昌再從兄澤卿, 往訪普門庵石屋之勝.〕"라고 하였으므로, 이 글의 보문석옥(普門石屋)은 보문암의 석옥을 가리킴을 알 수 있다. 또 당시 함께 갔던 사람들도 이 기록에서 확인 가능하다. 한편 《농암집(農巖集)》 권36 〈연보 하(年譜下)〉에 "4월에 몽와공을 모시고 보문암을 유람하였다.〔四月, 陪夢窩公, 遊普門庵.〕"라고 하였는데, 그 아래 "보문암은 섬에 있는데 경치가 상당히 수려하다.〔庵在海島中, 頗有奇勝.〕"라고 하였으므로, 강화도에 보문암이 있었음을 알 수 있다. 또 《농암집》 권6에 〈지난 기미년에 나는 영평 백운산 기슭에 있었다. 하루는 백씨와 함께 소를 타고 보문암을 찾았는데, 마침 흡연이라는 이름의 승려가 승도 10여 명과 함께 정진회를 열고 있었다. 그때 밤새도록 들리던 선송 소리가 마음에 들어 오래도록 잊지 못하였다. 지금 백씨를 따라 강화도에 왔다가 우연히 해상의 보문암 경치가 매우 아름답다는 소리를 듣게 되었다. 그래서 백씨와 함께 배를 타고 찾아와 보니 흡연 대사도 마침 이곳에 있었다. 20년 만에 예기치 못한 곳에서 그를 다시 만난 데다 암자의 이름도 보문암이니, 참으로 기이한 일이다.……〔曾於己未 余在永平白雲山下 一日 與伯氏騎牛訪普門菴 有僧名翕然 方與其徒十數人 爲精進會 徹夜聞禪誦聲 心欣然久而不忘 今者從伯氏于江都 偶聞海中有普門菴 境界勝絶 同舟來訪 則翕師又適在焉 二十年間 邂逅再晤於所不期之地 而菴名又皆普門 良可異也……〕〉라는 작품이 있는 것으로 보아, 영평 백운산(白雲山)에도 같은 이름의 보문암이 있었다는 사실을 알 수 있다. 또한 이 시에서 말하고 있는 흡공(翕公)이 흡연(翕然) 스님이라는 사실도 확인된다. 보문암은 현재의 인천광역시 강화군 삼산면 내음리에 있는 보문사를 가리킨다.

꽃구경 하느라 절에 들르는 날짜 늦었지만	只爲看花過寺遲
수레 타고 도리어 함께 성곽 벗어나	皁蓋還能同出郭
밝은 호수에서 한 번 시 읊조리네	明湖可與一吟詩
삐걱삐걱 노 소리는 산 빛깔 속에 울리고	櫓聲伊軋山光裏
아스라한 바다 풍경 석양에 물드는 때로구나	海色微茫夕照時
고승이 예불 드리는 곳 떠올려 보니	遙想高僧參佛處
맑은 등불 밝힌 바위 감실 고요해 좋으리	石龕淸炷靜相宜

해 저무는 서남쪽 아스라이 먼데	日落西南莽蒼間
배 안에서 무릎 안고 앉아 푸른 산 보내노라	柁樓擁膝送靑山
언덕의 연기 낀 마을 연이어 지나가고	烟村臨岸依依過
노을 속으로 물새들 아득히 돌아오네	水鳥銜霞漠漠還
바다 기운 맑아 외로운 섬 끝까지 이어지고	海氣晴連孤島盡
담담한 호수 빛이 배와 함께 한가롭다	湖光澹與去帆閒
옆 사람이 괴로이 시 읊는 나를 꾸짖더니	傍人嗔我吟詩苦
저물녘에 더욱 아롱진 숲꽃을 웃으며 가리키네	笑指林花晩更斑

보문암에서 지어 흡공에게 주다[140]

題普門菴 贈翕公

바다에서 고승 만나니 벌써 백발인데	看海高僧已白頭
홀로 불경 지니고 하염없이 앉아 있네	獨持經卷坐悠悠
봄 산 오솔길에 꽃은 부질없이 떨어지고	春山一路花空落
고찰에 오는 이 없어도 물은 절로 흐르는구나	古寺無人水自流
달이는 아침 약 향기 우물도 따뜻하고	藥氣朝薰雲井暖
소나무 그늘 낮에 고요하니 바위 감실 그윽하네	松陰晝靜石龕幽
동쪽 벼랑에서 울리는 종과 풍경 소리 들으니	更聞鍾磬東崖發
비로소 부질없는 인생 속세 밖에 노는 줄 알겠네	始覺浮生世外遊

성(聲)은 음(陰)으로도 쓴다.[141]

140 보문암(普門菴)에서……주다 : 강화군 석모도에 보문암이 있고, 그곳에 흡연(翕然)이라는 스님이 머물고 있었다. 390쪽 각주193 참조.

141 성(聲)은 음(陰)으로도 쓴다 : 이 시에 聲 자가 없으므로 오류가 있는 것으로 보이는데, 6구의 松陰이 松聲으로 된 곳도 있다는 의미로 추측된다.

삼가 임금께서 지으신 대보단[142] 시에 화운하다

敬和御製大報壇韻

나라의 성대한 일을 직접 보니	盛事邦家眼覩親
영원토록 후세에 기리는 말 있으리라	有辭方可塞千春
천지와도 같은 깊은 은혜 널리 베푸시고	乾坤同量深恩浹
해와 별처럼 빛나는 대의 펼치시니	星日交輝大義陳
우리나라는 새로워진 예악을 다시 보게 되었건만	左海還瞻新禮樂
중원에서는 누가 옛 의복을 알까[143]	中原誰識舊衣巾
소신이 조종조의 말씀을 세 번 반복하니	小臣三復朝宗語
선왕의 뜻을 지금도 다행히 준수하네	先志于今幸克遵

142 대보단(大報壇) : 임진왜란 때 지원군을 파견해 주었던 명나라 신종(神宗)의 은혜를 추모하기 위해 쌓은 제단으로, 1704년(숙종30) 예조 판서 민진후(閔鎭厚, 1659~1720)의 발의에 따라 창덕궁(昌德宮) 금원(禁苑) 옆에 설치하고, 명나라 태조(太祖)와 신종과 의종(毅宗)을 제사하였다. 그 명칭에 관해서는 송상기(宋相琦)의 《옥오재집(玉吾齋集)》 권7 〈예조 참판과 대제학을 사직하면서 고향으로 돌아가 아버지를 보살필 수 있게 해 달라고 요청하고, 대보단의 명칭을 정해 올리는 소장〔辭禮曹參判及大提學仍乞歸省定入大報壇名疏〕〉에 자세히 보인다.

143 우리나라는……알까 : 임진왜란 당시 명(明)나라가 구원병을 파견하여 조선을 도와준 덕분에 조선은 다시 국운을 이을 수 있었지만, 명나라는 청(淸)나라에게 패망하여 옛 의복의 제도를 아는 이가 없을 것이라는 말이다.

사복[144]의 증별시를 차운하여 부쳐서 보여 주다
次士復贈別韻 寄示

시도를 그대 따라 자세히 토론하니　詩道從君細討論
엄류[145]의 법도 다행히 남았어라　嚴劉繩尺幸猶存
그 시평 만고에 누가 뛰어넘을까　評來萬古誰能絶
말이 깊은 마음에서 나와 말 수 없네　話出深心不肯呑
특별한 방법과 안목으로 생화와 사화 나누니　手眼另將生死判
여우가 끝내 갈림길에서 헤매지 않게 되었네[146]　魔狐終不路歧昏

144 사복(士復) : 이희지(李喜之, 1681~1722)로, 본관은 전주(全州), 자는 사복, 호는 응재(凝齋)이다.

145 엄류(嚴劉) : 원주(原註)에서 말하고 있는 엄우경(嚴羽卿)과 유진옹(劉辰翁, 1232~1297)인데, 엄우경은 엄우(嚴羽)를 가리키는 것으로 보인다. 양신(楊愼)의 《승암집(升菴集)》 권54 〈마대시(馬戴詩)〉에 "엄우경이 말하기를 '마대의 시는 만당의 으뜸이다.' 하였는데 진실로 그러하다.〔嚴羽卿云, 馬戴之詩爲晩唐之冠, 信哉.〕"라는 내용이 있다. 엄우(嚴羽)의 《창랑집(滄浪集)》 권1 〈시평(詩評)〉과 《창랑시화(滄浪詩話)》에 "마대는 만당의 제인들 가운데 상등이다.〔馬戴, 在晩唐諸人之上.〕"라는 기술이 있는 것으로 보아 양신이 인용한 말이 엄우의 평가에 기인한 것임을 알 수 있다. 본래 엄우의 자는 단구(丹丘) 또는 의경(儀卿)이다.《閩中理學淵源考 卷39 嚴儀卿先生羽》 그러나 양신과 이하곤처럼 엄우경이라 호칭한 예도 종종 보인다. 그가 지은 《창랑시화》는 송대(宋代)의 시론 가운데 가장 뛰어난 체계를 정립한 시론서(詩論書)로 평가된다. 유진옹은 송(宋)나라 말기의 문인으로, 자는 회맹(會孟), 호는 수계(須溪)이다. 저서에 《수계집(須溪集)》, 《반마이동평(班馬異同評)》, 《방옹시선후집(放翁詩選後集)》 등이 있다.

146 특별한……되었네 : 이희지가 시평(詩評)을 정확하게 하므로, 이하곤도 분명하게 이해할 수 있게 된다는 의미이다. 수안(手眼)은 별구수안(別具手眼) 또는 별출수안

아득한 강해에서 외로이 누워	悠悠江海還孤臥
고개 돌려 종남산 바라보니 달이 문에 걸렸네	回首終南月在門

근대의 인물 가운데 시평(詩評)을 잘한 사람으로는 엄우경(嚴羽卿)과 유진옹(劉辰翁)보다 뛰어난 이가 없다. 시가(詩家)들의 말에 생기 있는 말이 있고 죽은 말이 있다고 하였는데, 원유(元裕)가 이 말을 한 뒤로 명(明)나라 전목암(錢牧菴)에 이르기까지 이 이론을 기술하였는데, 사복은 목재(牧齋)[147]가 논한 것을 시가의 요지(要旨)로 여겼다.

(別出手眼)과 같은 말로, 독특한 안목과 방법을 가리킨다. 생사(生死)는 원주(原註)에서 말하고 있는 생화(生話)와 사화(死話)를 의미한다. 마호(魔狐)는 미상인데, 여우가 본래 의심이 많은 짐승이기에 사용한 것으로 보인다.

147 목재(牧齋) : 전겸익(錢謙益, 1582~1664)으로, 자는 수지(受之), 호는 목재·몽수(蒙叟)이다. 동림당(東林黨)의 영수(領袖) 가운데 한 사람이다.

바다를 순시하러 가시는 아버지를 따라 소우돈[148]에서 배를 타고 출발하여 배 안에서 짓다

從家大人巡海之役 發船于疏雨墩 舟中有述

오늘 아침 풍경 아름다우니	今朝風色好
하늘이 티끌 하나 없이 깨끗하네	天宇淨無塵
옛 성 옆에서 닻 올리고 출발하자	擧碇古城側
호수 풍광이 일시에 새롭다	湖光一時新
시원스레 만 리의 뜻 품으니	曠然懷萬里
마음은 이미 큰 나루에서 설레네	意已輕洪津
이리저리 파도가 어지러이 일렁이는데	轇轕亂風濤
배를 귀신처럼 몰아가네	操舟捷若神
푸른 산이 자리 오른쪽에 들어오니	靑山入座右
벗을 만난 듯 한바탕 웃노라	一笑如故人
선창 아래 편안히 누워	高臥蓬牕底
종일 풍광을 바라보네	光景閱昏晨
서해의 서쪽 바라보니	俯視西海西
천 이랑 은빛 물결을 만들어 내는데	鎔成千頃銀
파도가 문득 변해	波濤忽變異
꿈틀거리는 적룡의 비늘 같네	蜿蜒赤龍鱗

148 소우돈(疏雨墩) : 강화도에 설치했던 돈대(墩臺) 가운데 하나이다. 인천광역시 강화군 송해면 당산리 주변에 있었다고 한다.

점점이 보이는 몇 척의 배들 너머로	數點飛帆外
지는 해가 수레바퀴처럼 둥글다	落日如車輪
청제가 모두 눈에 들어오고[149]	靑齊了在眼
하늘과 바다가 아스라이 맞닿았네	天海莽相因
이 밖에 다시 무엇이 있을까	此外更何物
그 끝까지 가보고 싶어라	吾欲窮其垠
평소 물결 헤치고 나가려는 뜻 품었건만	平生破浪志
보잘것없는 한 선비가 되었어라[150]	局促一儒巾
지난날 방안에서	向來房闥間
한갓 처자의 잔소리만 들었으니	徒爲妻兒嗔
이처럼 멋진 유람 없었다면	不有此段奇
자칫 육척의 몸 저버릴 뻔했네	恐負六尺身
가슴 속에 사소한 거리낌도 없어	胸中無少蔕
호기를 한 번 펼쳐 보노라	壯氣聊一伸
사공이 취해 노래 부르는데	篙師發醉謳
세속의 작태를 어찌 다시 말하랴	俗態那更陳

149 청제(靑齊)가……들어오고 : 서해에서 중국 대륙이 보이는 것 같다는 말이다. 청제의 청은 중국 고대의 구획을 말한 구주(九州)의 하나로서 지금의 산동성(山東省) 요동 등의 청주(靑州)를 말하고, 제는 전국 시대의 국명으로서 산동성의 익도현(益都縣) 부근을 말한다. 여기서는 중국의 동해안을 가리키는 말로 사용되었다.

150 평소……되었어라 : 평소 품었던 원대한 뜻을 성취하지 못한 채, 옹졸한 선비가 되었다는 한탄이다. 남조 송(南朝宋)의 종각(宗慤)이 소년 시절에 “장풍을 타고 만리의 물결을 부수고 싶다.〔願乘長風破萬里浪〕”라고 포부를 밝힌 고사가 있다. 《宋書 卷76 宗慤列傳》

조각배로 이로부터 가서	扁舟自玆去
너를 따라 강가에서 늙으리라	從汝老江濱

보음도[151]에 정박한 뒤 배에서 내려 기숙하다

泊寶音島 下船寄宿

푸른 벼랑 아래 정박하니	泊舟蒼崖根
어지러이 널린 바위 마치 절구 같구나	亂石如杵臼
조수 깊어 무릎까지 빠졌는데	潮深已沒膝
게다가 갈대마저 길게 우거졌네	況乃蒲葦秀
마을 사람들 땔감 싣는 수레 준비해 와	村人具柴車
내가 넘어지는 신세 면했네	免我顚且仆
석양에 물든 노을 돌아보니	回視閃餘霞
지는 해가 포구에 걸렸네	落日掛浦口
보일락 말락 버드나무 사이로	掩映楡柳間
여덟아홉 어부의 집 비스듬히 늘어섰네	漁屋欹八九
풍속이 매우 순박하여	民俗頗淳古
싱글벙글 정겨운 사람들이네	欣欣男與婦
노인장 서너 분이	老翁三四輩
질항아리에 막걸리 담아 와서	瓦盆携濁酒
뱃길에 고생한 나를 위로하니	慰我舟行苦
마음 씀씀이 대단히 정성스럽네	用意頗勤厚
또 말하기를[152] 바다 가운데 섬에	且說此海島

151 보음도(寶音島) : 현재의 인천광역시 강화군 서도면의 볼음도로 추정된다.

152 또 말하기를 : 여기부터 破屋今半走까지는 이하곤이 섬 주민에게서 들은 말을

살아갈 방도 다시 무엇이 있으랴　生理復何有
오십 가호의 주민들이　居人五十戶
모두가 고기잡이하느라　一一捕魚手
그물질하며 언제나 바다에 있으니　提網長在水
농사지을 겨를 없네　力不暇田畝
먹고 입기도 힘든데　衣食尙云艱
어찌 집안의 부유함을 논할까　寧論家室富
고을 관리는 세금만 독촉하니　縣官徵求急
그냥 넘어가는 날 거의 없네　殆無虛日取
때때로 파도가 거세게 일어　有時風濤惡
물고기 한 마리 잡지 못해　片鱗不入笱
관에서 정한 기일 맞추지 못하면　未及官期會
모진 매질이 뒤따르네　鞭扑已隨後
사나운 아전이 권병 잡아　黠吏操其柄
돈 내라며 고래고래 소리치니　索錢頗怒吼
백 냥은 고기 잡은 세금으로 내고　百錢納官魚
천 냥은 사나운 아전이 차지하네　千錢黠吏袖
일찍이 들으니 부와 현의 관아 가운데　常聞府縣中
남은 고기를 닭과 개가 배불리 먹는다지　餘腥飽鷄狗
고혈조차 뒤에는 남지 않으리니　膏血後無餘
다시 집안을 지킬 수 있겠는가　能復持戶牖
지난날 백 가구 살던 마을인데　昔時百家村

읊은 것이다.

부서진 집들 지금 반은 달아났다 하네 破屋今半走
내가 이 말을 듣고 我時聞此言
한참을 탄식하였네 嗟歎爲之久
백성들 삶이 날마다 힘들어지니 民生日困瘁
어찌 당신들 어부뿐이랴 豈獨爾漁叟
죽은 사람에게도 용포를 징수하고 白骨徵傭布
어린 아이 이름도 군적에 기록되네 黃口隸軍部
가혹한 침탈이 이웃과 일가에게 미치니 侵剝及隣族
재앙이 전란보다도 참혹하네 禍毒憯兵寇
임금께서는 본래 깊은 궁궐에 사시니 聖主本深宮
어떻게 외진 마을의 실정 아실까 何由察窮蔀
무너진 기강을 진작시키지 못해 頹綱莫能振
백관이 모두 예사로 여겨 百隸皆習狃
폐단의 근원 날마다 불어나건만 弊源日以滋
그 구멍 막기 어려워라 難可塞其竇
백성 다스림은 밭 가꾸듯 해야 하니 治民如治田
중요한 것은 잡초를 제거하는 일이지 所貴去莨莠
요순이 지치를 이룬 때에도 唐虞至治際
이러한 뜻을 주고받았을 뿐이네 此意但授受
모르겠다 내가 죽기 전에 不知我生內
다시 이런 세상 보게 될까 再見斯世否
하늘 바라보며 격렬히 노래하노라니 仰天歌激烈
갈라진 벽 사이로 별이 보이네 破壁窺星斗

을유년(1705, 숙종31) 늦봄에 장차 보문암 석옥[153]의 승경을 찾아가다가 안성숙 군에게 들렀는데, 성숙이 한 번 웃고는 버들 그늘 가운데로 맞아들여 가무락조개와 탁주를 내와 대접하니, 그 뜻이 매우 정성스러웠다. 그의 집은 작은 시냇가에 있었고 소나무, 향나무, 느릅나무, 잣나무 수십 그루가 마당과 문을 보일락 말락 하게 가려서, 사람으로 하여금 어느새 속세를 벗어난 듯한 생각이 들게 하였다. 내가 한 수의 시로 그 일을 기록하려 하였으나, 오랫동안 하지 못하였다. 내가 장차 동쪽으로 돌아가려 할 때, 성숙과 이별하며 성숙이 나를 정성껏 대했던 점이 떠올랐다. 지금 멀리 떠나면서 한 마디 말을 주지 않는다면, 어찌 평소 두터운 정의를 나누던 사람의 마음이겠는가. 지난날의 마음을 소급해 서술하여 성숙에게 부쳐주고, 그로 하여금 보관하게 하였다. 아아, 나의 인생이 뒹구는 쑥털과 같아 사방을 떠돌며 진실로 정처가 없으니, 내가 다시 이곳에 오지 못할 줄을 어찌 알겠는가. 애오라지 이 종이에 적은 글로 훗날 박수치며 웃는 재료로 삼는다

乙酉暮春 將訪普門石屋之勝 路過安君成叔 成叔一笑 相候於柳陰之中 出黃蛤濁酒以餽之 意甚勤厚 所居臨小溪 又有松栝楡栢數十株 掩映庭戶 令人翛然有塵外之想 余欲以一詩記其事 久而未果 余將東還 與成叔別 念成叔顧惓惓於我 今當遠離 無一言以爲贈 豈平日相厚之意哉 追述前意 寄成叔 使之藏弆 噫 人生如轉蓬 東西南北 固無定所 安知余之不

153 보문암(普門庵) 석옥(石屋) : 강화도에 있는 암자이다. 390쪽 각주139 참조.

重來此地也 聊以此紙 作他日拊掌之資也

버들 우거진 초가집	茆茨柳深處
몇 해나 여기서 살았던가	幾歲此端居
꽃 옆에 와서 손님 만나고	花外來看客
솔 그늘에 앉아 책 읽었네	松陰坐讀書
시냇가에서 한바탕 웃으니	臨溪還一笑
그윽한 뜻 서로 멀지 않았지	幽意不相疏
취해 누우니 푸른 이끼 고요하고	醉臥蒼苔靜
사립문 안에 흥취 넘치네	荊扉興有餘

감회가 있어서 을유년(1705, 숙종31) 가을
有感 乙酉秋

달도 등불도 어두워지고 벌레 울음 서글픈데	月昏燈暗百蟲悲
베개 베고 공중에 돌돌이라 쓰는 때라네[154]	伏枕書空咄咄時
모진 바람이 풍정례와 무슨 관계 있으랴[155]	獰飆何與豐呈事
윤색하는 시골 서생이 아첨하는 말 올렸네	潤色鄕生媚上辭

154 베개……때라네 : 세태에 대해 탄식하고 있다는 말이다. 진(晉)나라 목제(穆帝) 때 조정에 중용(重用)되던 은호(殷浩, ?~356)는 349년 후조(後趙)의 임금 석호(石虎)가 죽고 중원이 혼란에 빠지자 북벌을 주장하였다. 그러나 강족(羌族) 요양(姚襄)에게 패하여 환온(桓溫)의 탄핵을 받고 삭탈관직되었다. 이에 집에서 종일토록 허공에다 "참으로 괴이한 일이로다.〔咄咄怪事〕"라고 썼다는 고사가 전한다. 《世說新語 黜免》

155 모진……있으랴 : 풍정(豐呈)은 임금이나 왕비, 대비 등에게 음식을 풍성하게 차려서 올리는 풍정례(豐呈禮)를 가리킨다. 이 시의 내용으로 볼 때, 당시 궁궐에서 화려한 연회가 베풀어졌고, 일기가 고르지 않아 모진 바람이 불었던 것으로 보인다. 이하곤은 궁궐에서의 사치 때문에 하늘이 모진 바람을 일으킨 것이라고 반어적으로 말한 것이다. 이하곤이 정확히 어떤 일을 지적한 것인지 확실하지 않지만, 이 시가 지어진 1705년은 숙종이 즉위한 지 30주년이 되는 해로, 이를 축하하기 위한 연회를 마련하고자 하였으나 숙종이 진하(陳賀)만 하라며 반대하다가 끝내 허락한 일이 있었으므로, 이 일을 가리키는 것으로 추측된다. 《肅宗實錄 31年 2月 21日》

아들보다는 딸 낳기 바라노니	不願生男願生女
하루아침에 부귀해져 왕공과 비견되네	一朝富貴賽王公
근자에 들으니 내구의 준마를	近聞內廐飛龍馬
금 안장 얹어 후궁에게 하사했다지	倂與金鞍賜後宮

사복[156]의 한 자 운에 맞춰 짓다

次士復寒字韻

싸늘하게 비바람 몰아쳐 저녁 날씨 차가우니	風雨凄凄作暮寒
탄식은 길고 대화는 짧아 기쁘지 않네	長吁短話不成歡
가을 깊어질수록 더 쇠약해짐을 느끼고	秋深轉覺龍鍾甚
세상 혼란하니 출처가 어려운 줄을 아노라	世亂方知出處難
관리들[157] 어찌 나라 계획 세울까	肉食那能謀國計
벌레 소리도 나의 탄식을 돕는 듯	蟲聲似亦助余歎
책상머리에 〈서대기〉[158] 있지만	床頭自有西臺記
가슴 아픈 일 말했으니 어찌 다시 보랴	語到傷心豈再看

156 사복(士復) : 이희지(李喜之, 1681~1722)로, 본관은 전주(全州), 자는 사복, 호는 응재(凝齋)이다.

157 관리들 : 육식(肉食)은 후한 녹봉을 받는 벼슬아치를 낮춰 부르는 말이다. 《춘추좌씨전》 장공(莊公) 10년 기사에 "고기 먹는 자들이 잘 알아서 할 텐데, 또 무엇 때문에 끼어드는가.〔肉食者謀之, 又何間焉.〕"라고 마을 사람이 조귀(曹劌)에게 묻자, 조귀가 "고기 먹는 높은 분들은 식견이 낮아서 멀리 꾀하지 못하기 때문이라네.〔肉食者鄙, 未能遠謀.〕"라고 했다는 내용이 보인다.

158 서대기(西臺記) : 송(宋)나라 사고(謝翶)가 지은 〈등서대통곡기(登西臺慟哭記)〉를 가리킨다. 사고의 자는 고우(皐羽), 호는 희발자(晞髮子)이다. 그는 본래 뜻이 크고 기개가 높았던 인물이다. 일찍이 원병(元兵)이 임안(臨安)에 쳐들어왔을 때, 그가 승상(丞相) 문천상(文天祥)의 군문(軍門)에 들어가 자의참군(諮議參軍)이 되었다가 떠났는데, 그 후 문천상이 죽었다는 말을 듣고 〈등서대통곡기〉를 지었다. 《晞髮集 卷10 登西臺慟哭記》《宋稗類鈔 卷12 忠義》

계학동에 들러 사문 허요에게 주다 갑신년(1704, 숙종30) 여름

過桂鶴洞 贈許斯文姚 甲申夏

손님 와도 깔개도 없이 흙 침상뿐이지만	客至無藉但土床
나무 그늘 짙은 곳에 낮 바람 시원하다	樹陰深處午風涼
꾀꼬리는 맑은 낮에 울어댈 뿐	黃鸝只自啼淸晝
그윽한 사람의 긴 잠은 아랑곳 않네	不管幽人睡夢長

밤에 앉아 있다가

夜坐

전원으로 돌아갈 꿈 있었는데	有夢歸田去
아무도 글자 물으러 오지 않네	無人問字過
가을이라 낙엽 구르는 소리 자주 나고	秋鳴頻木葉
어두운 하늘에 절반은 별들이 빛나네	天黑半星河
세모에 비바람마저 몰아치는데	暮歲兼風雨
나는야 노래만 읊조리네	吾生但嘯歌
외로운 등불과 흩어진 책뿐이니	孤燈與散秩
긴긴 밤을 어찌 보낼까	長夜度如何

거듭 한 자를 써서 짓다
再疊寒字

팔월에 서리 내려 추위 재촉하는데	八月風霜催薄寒
십 년간 세상사에 기쁨도 슬픔도 겪었네	十年世事閱悲歡
어느덧 백발 되었으니 덧없는 명성 때문이고	弄成白髮浮名是
국화 제외하면 한 번 웃기도 어렵구나	除却黃花一笑難
전원으로 돌아와 즐거우니	但覺歸田差足樂
어찌 술 마주하고 길게 탄식할까	何須對酒共長嘆
마음 달래주는 것은 시편 뿐	寬心獨有詩篇在
문 닫고 《음부경》[159] 보고 싶지 않구나	閉戶陰符不欲看

사복(士復)의 글에 "일찍이 음부를 베껴 상자에 보관해 두었으니, 문 닫고 그대와 함께 보리라.〔曾寫陰符藏篋笥, 定須閉戶與君看.〕"라는 말이 있었다.

삼첩 三疊

쓸쓸한 남산 저물녘 풍경 차가운데	蕭瑟南山晩色寒
서재에 홀로 누웠노라니 서글퍼 즐겁지 않네	書齋獨臥慘無歡
곤궁한 선비가 어찌 안위의 일에 관여하랴	窮儒何與安危事

159 음부경(陰符經) : 황제(黃帝)가 찬술했다고 전해지는 도가류(道家類)의 책이다. 음(陰)은 암(暗), 부(符)는 합(合)이란 뜻으로 천기(天機)가 몰래 사기(事機)에 합치된다는 것인데, 이 책의 진위는 알 수 없다고 한다. 주(周)나라 강태공(姜太公)이 지었다고 전해지는 병서(兵書)이기도 하다.

맑은 세상에도 당론 없애기는 끝내 어렵구나	淸世終除黨議難
내 인생 돌아봐도 즐거운 일 하나 없고	點檢平生無一樂
예와 지금 헤아리며 세 번 탄식하네	商量今古但三嘆
가을 들어 그대도 들러주지 않으니	秋來汝亦過從懶
노란 국화만 저녁 내내 바라보노라	只有黃花永夕看

사첩[160] 四疊

서풍이 씽씽 불어 병든 나귀 추워하는데	西風淅淅病驢寒
술잔 들고 시 논하니 홀로 즐겁구나	把酒論詩獨爾歡
백발 늘어가니 남은 날 얼마인가	白髮相催餘日幾
청산 사려 해도 한 냥도 마련하기 어렵네[161]	青山欲買一錢難
밤에 등불 켜고 쓸쓸히 앉았노라니	夜隣燈影蕭蕭坐
가을벌레 울음소리 절절도 해라	秋入蟲聲切切嘆
기러기 날고 국화 피어 세모의 풍경 완연하니	鴻鴈菊花俱暮歲
이제부터 흥취 일 때마다 자주 만나세	從今有興數相看

160 사첩(四疊) : 저본에는 再疊으로 되어 있으나, 앞에 이미 같은 운자로 지은 세 작품이 있으므로 순서에 의거하여 사첩으로 수정하였다.

161 청산(青山)……어렵네 : 은거할 곳을 마련하려고 해도 그럴 수 없다는 말이다. 《세설신어(世說新語)》 〈배조(排調)〉에 "지도림이 사람을 심공에게 보내 인산을 사려고 하자, 심공이 대답하여 말하기를 '소보와 허유가 산을 사서 은거했다는 말은 들어 보지 못했다.' 하였다.〔支道林因人就深公買印山, 深公答曰, 未聞巢由買山而隱.〕"라는 내용이 보인다. 저본에는 賣로 되어 있으나 의미를 고려하여 買로 수정하였다.

밤에 권여옥 진 의 집에서 묵게 되었는데, 매우 후하게 대접해 주었으므로 시를 남겨 감사의 뜻을 표하다

夜宿權汝玉 鎭 家 相待甚厚 留詩以謝

이날 밤 권여옥과 《잠부론(潛夫論)》,[162] 《원포(元包)》,[163] 《태현경(太玄經)》[164] 등 여러 책에 대해 토론하였기에 여섯 번째 구에서 언급하였다

외진 길 우거진 숲에 눈 내리고　　逕僻長林雪
차가운 시냇가의 몇 가옥에 연기 피어나네　　溪寒數屋烟
그윽한 집 큰 나무에 가렸는데　　幽棲隱喬木
하룻밤 묵으며 시냇물 소리 듣노라　　一宿聽流泉
후의를 계서에서 보겠고[165]　　厚意看鷄黍
은미한 말 소현에 들어가네[166]　　微言入素玄

162 잠부론(潛夫論) : 후한(後漢)의 왕부(王符)가 지은 책으로, 정사(政事)의 득실(得失)을 논하였다.

163 원포(元包) : 북주(北周) 사람 위원숭(衛元嵩)의 저술이다.

164 태현경(太玄經) : 한(漢)나라 양웅(揚雄)의 저술이다.

165 후의(厚意)를 계서(鷄黍)에서 보겠고 : 권진의 후한 대접을 읊은 것이다. 계서는 닭과 기장밥인데, 손님을 후하게 대접함을 의미한다. 《논어》 〈미자(微子)〉에 하조장인(荷蓧丈人)이 공자의 제자 자로(子路)를 만류하여 묵게 하면서 "닭을 잡고 기장밥을 지어 대접하였다.〔殺鷄爲黍而食之〕"라는 내용이 있다. 또 후한(後漢)의 범식(范式)이 장소(張劭)와 헤어질 때, 2년 뒤 9월 15일에 시골집에 찾아가겠다고 약속을 하였으므로, 그날 장소가 닭을 잡고 기장밥을 지어 놓고 기다리자, 과연 범식이 찾아왔다는 고사가 전한다. 《後漢書 卷81 獨行列傳 范式》

166 은미한……들어가네 : 제목의 원주(原註)에서 언급한 바와 같이 이하곤이 권진

앞마을에서 밤 술 사오려니 前村沽夜酒
땔감 판 돈 있구나 自有賣柴錢

과 함께 여러 책에 관해서 토론하였다는 말이다. 소현(素玄)은 장호(張弧)의 《소리(素履)》와 양웅의 《태현경》을 가리킨다. 이 책들은 관랑(關郎)의《통극진경(洞極眞經)》, 위원숭의《원포(元包)》, 장지화(張志和)의《태역(太易)》, 사마광(司馬光)의《잠허(潛虛)》, 양잠(楊潛)의《태현경(太玄經)》, 경방(京房)의《역(易)》, 초공(焦貢)의《역림(易林)》 등과 함께 9종의 의역(擬易)으로 불린다.

밤에 구성[167] 객관에서 묵다 병술년(1706, 숙종32)

夜宿駒城館 丙戌

말 타고 오느라 지쳐서 시도 짓기 어렵고	倦騎難詩興
남은 술에 이미 나그네 마음 일어나네[168]	殘杯已客情
꾀꼬리 울고 꽃 만발해 봄은 점차 무르익고	鶯花春漸老
못가 객관은 밤에 더욱 맑구나	池館夜偏淸
고목은 연기 속에 곧게 뻗었고	古木烟中直
숨은 개구리 풀섶에서 울어대네	幽蛙草際鳴
고향 산천이 저 멀리 시야에 들어오니	故山遙在眼
가만히 앉아 돌아갈 길 헤아려 보노라	默坐數歸程

167 구성(駒城) : 경기도 용인시의 옛 이름이다.

168 남은……일어나네 : 객지의 나그네 신세가 서럽다는 말이다. 두보(杜甫)의 시에 "나귀 타고 삼십 년 동안, 장안의 봄을 나그네 신세로 살아왔으니, 아침이면 부잣집 문을 찾아가고, 저녁이면 살진 말을 뒤따랐는데, 남은 술과 식은 불고기에, 가는 곳마다 남몰래 몹시 서러웠네.〔騎驢三十載, 旅食京華春. 朝扣富兒門, 暮隨肥馬塵. 殘盃與冷炙, 到處潛悲辛.〕"라는 내용이 있다. 《杜少陵集 卷1 奉贈韋左丞丈二十二韻》

낮에 양산에서 쉬다

午憩陽山

닭 울음소리 들리는 한낮 산골에서	聽鷄山日午
버들 그늘 아래 말 멈췄네	歇馬柳陰間
골짜기 들어서자 나무꾼 노래 들려오고	入谷樵歌起
시냇물 따라가자 나물 캐는 여인 돌아오네	循溪菜女還
꾀꼬리 울고 꽃 만발한 마을 밖에	鶯花一村外
이내 깔려 인간 세상과 멀구나	烟靄遠人間
늙은 농부와 마주하여 웃노라니	野老相看笑
잠시 나그네 마음 위로되네	移時慰旅顔

양산으로 가는 길에 물가의 시골집을 보니, 그윽한 분위기가 마음에 들었다 병술년(1706, 숙종32)

陽山途中 見臨水村舍 幽意可人 丙戌

시골집 외진 곳에 있어	村扉隨處僻
그윽한 분위기 저절로 풍기네	幽意自然生
높은 버들 사이 초가에 해 저물고	高柳茅茨晩
성긴 울타리 밑으로 들물 밝구나	疏籬野水明
꽃 곁에 소 한 마리 누웠고	花邊一牛臥
안개 속에 몇 사람이 밭을 가네	烟際數人耕
돌아가는 길에 석양 아름다울 텐데	歸路斜陽好
누가 길 가는 내 모습 그려낼까	誰能畫我行

저물녘에 고원촌을 지나다가 본 것을 적다
晩過高原村 書觸目

시내 남쪽에서 밭 간 뒤에 가래 메고 돌아오니	耕罷溪南荷鍤歸
사립문 열린 집에 살구꽃 흩날리네	柴門不掩杏花飛
저물녘에 이웃 노인과 한바탕 웃으며	日暮隣翁同一笑
사주[169] 새로 걸러 쇠덕석에 앉아 마시네	新芻社酒坐牛衣

169 사주(社酒) : 입춘(立春)이 지나고 나서 다섯 번째 무일(戊日)을 춘사(春社)라 하고, 입추(立秋)가 지나고 나서 다섯째 무일을 추사(秋社)라 하는데, 옛날 민속에 의하면 이날 토지신에게 제사하여 풍년을 기원하였다. 사주는 곧 그 제사에 쓰고 남은 술을 가리킨다.

길에서 개령으로 가는 박성한[170] 형을 전송하며 삼가 아버지의 운자에 맞춰 짓다
途中送朴兄 聖漢 之開寧 奉次家大人韻

봄날 여행길 따라 용안에 들러	春隨客路過龍安
며칠간 관아에 한가로이 읊조리며 앉았었지	幾日鈴齋坐嘯閒
중년에 점차 회포가 좋지 않음 알았는데	中歲漸知懷抱惡
도중에 도리어 힘든 이별 하는구나	半途還作別離難
의관은 사람들이 신라의 제도에 물들고	衣冠俗染新羅國
기후는 하늘이 주흘산으로 나누었네[171]	氣候天分主屹山
그대 가문의 청렴한 지조 잘 아노니	慣識君家氷蘗操
이제 가면 지친 백성들 생기 찾겠지[172]	要看此去更蘇殘

170 박성한(朴聖漢) : 1656~1713. 본관은 고령(高靈), 자는 사백(思伯)이다. 1706년(숙종32)에 개령 현감(開寧縣監)에 임명되었다. 1710년 공조 정랑(工曹正郎)을 거쳐 사도시 첨정(司導寺僉正)으로 승진하고, 옥천 군수(沃川郡守)로 나갔는데, 1713년 임지에서 운명하였다.《梧川集 卷11 朴沃川墓碣銘 幷序》

171 의관(衣冠)은……나누었네 : 박성한이 가는 개령의 풍속과 기후를 읊은 것이다. 개령은 현재의 경상북도 김천시 지역의 옛 이름이다. 따라서 신라(新羅)의 풍속이 그 지역에 남아 있을 것이라고 말한 것이다. 주흘산(主屹山)은 경상북도 문경시에 있는 산 이름인데, 이 산을 중심으로 남쪽과 북쪽의 기후가 다르다고 말한 것이다.

172 그대……찾겠지 : 박성한의 가문이 청렴한 지조를 중시하므로, 박성한이 개령 현감으로 부임하면 선정(善政)을 베풀어 백성들을 평안하게 할 것이라는 말이다. 빙벽(氷檗)은 얼음처럼 깨끗하고 황벽나무처럼 단단하다는 뜻으로, 청고(淸苦)한 생활을 하며 절조를 지키는 것을 의미한다.

한거잡영 2수

閒居雜咏 二首

집 에운 시냇물 북쪽에서 흘러오고	繞舍川從北
문 열면 숲은 동쪽 향해 있네	開門樹向東
종소리가 산기슭 절에서 들려오고	鍾聲崖寺得
산 풍경을 마을 사람들과 함께 볼 수 있지	山色里人同
보리는 어느새 밭두둑마다 푸르게 자랐고	麥已連畦綠
꽃들은 대부분 땅에 붉게 떨어졌네	花多委地紅
고요한 방안에 베개 높이 베고 누워	寥寥高枕內
저무는 봄을 평온히 보내노라	穩復送春終

2

푸른 시냇가의 초가집에	茅舍淸溪曲
복사꽃 피고 땅거미 지는 때	桃花薄暮時
어떤 일에도 관심 없지만	關心無一事
보이는 것마다 시로 읊을 수 있네	到眼可新詩
서쪽 언덕 구름과 솔에 해가 저물고	西塢雲松晚
동암에서 경쇠와 종소리 느릿느릿 울리네	東菴磬鍾遲
그윽한 집에 좋은 일 많으니	幽棲多好意
외부 사람이 알까 두렵구나	恐有外人知

최여대[173] 석태 와 이별하며 주다

贈別崔汝大 錫泰

봄 다하도록 우두커니 홀로 문 닫고 지냈는데 春盡悠悠獨閉關
그대 오니 계곡에 사는 내게 위로되었네 君來亦足慰溪山
버들 연못에서 저물녘에 물고기 바라보고 柳塘斜日觀魚立
연기 낀 절에서 종 울릴 때 함께 말 타고 돌아왔지 烟寺疏鍾竝馬還
술잔 놓지 말고 흥취 다 즐기세나 莫放杯尊須盡興
속세에서는 한가로움 도모하기 어렵지 難從塵世更謀閑
돌아갈 때 곤륜자[174]를 본다면 歸時如見昆侖子
숲과 봉우리도 부끄러워한다 전해 주오[175] 爲道林巒亦愧顔

곤륜(昆侖)은 곧 최효백(崔孝伯)[176] 형의 별호(別號)이다. 최석태는 최효백의 종숙(從叔)이다.

173 최여대(崔汝大) : 최석태(崔錫泰, 1675~1747)로, 본관은 전주(全州), 자는 여대이다. 《素谷遺稿 卷7 參奉崔公墓碣銘》

174 곤륜자(昆侖子) : 저본(底本)에는 崑崙子인데, 아래의 원주에 昆侖으로 되어 있고, 이덕수(李德壽)가 지은 최창대(崔昌大)의 묘지명에도 昆侖으로 되어 있으므로 수정하였다.

175 숲과……주오 : 최창대가 관직에 몸담고 있는 것을 지적한 것이다. 공치규(孔稚珪)의 〈북산이문(北山移文)〉에 "나무숲은 끝없이 부끄러워하고, 시냇물은 한없이 수치스러워한다.〔林慙無盡, 澗愧不歇.〕"라고 한 것을 변용하였다. 《古文眞寶 後集 卷2》

176 최효백(崔孝伯) : 최창대(1669~1720)로, 본관은 전주, 자는 효백, 호는 곤륜(昆侖)이다. 《西堂私載 卷10 弘文館副提學崔公墓誌銘 幷序》

양산[177]으로 가는 길에

陽山途中

나귀 타고 두타산 지나노라니 푸른 기운 뜨고	驢背陀山縹氣浮
방초 우거진 여정 갈수록 아득하네	客程芳草去悠悠
햇살 비추는 잔잔한 시내에 오리 잠자고	平川日脚眠鳧鴨
연기 낀 먼 들판에 말과 소 흩어져 있네	遠野烟光散馬牛
시골 물레방아 절구질하니 냇물 콸콸 흐르고	村碓自舂泉潑潑
농부들 화답하는 노래 속에 보리 무성히 자라네	農歌互答麥油油
거친 서풍 불어와 먼지가 얼굴 때리니	黃埃撲面西風惡
올해도 벌써 가뭄이 걱정일세	已有今年旱魃憂

발(潑)은 율(汩)로도 쓴다.

177 양산(陽山) : 현재의 경기도 용인시와 안성시 사이에 있었으며, 이하곤의 어머니와 아들 이봉석(李鳳錫)의 무덤이 있는 곳이다. 369쪽 각주95 참조.

감회가 있어서

有感

십 년이나 양산의 얕은 땅에 모셨으니[178]	十載陽山淺土邊
황량한 언덕 볼 때마다 눈물 줄줄 흐르네	每瞻荒壟涕漕然
신통한 승려 안목 있어 명당 찾아 주니	神僧眼闊尋龍的
옥녀의 단아한 모습 그 형국이 분명하다	玉女形端結局專
이승과 저승에서 모두 편해 한 기운으로 같으니	彼此俱安同一氣
자손들 남은 경사가 영원히 이어지리	雲仍餘慶自千年
알겠다 거듭 무덤 덮는 날에	懸知重掩幽堂日
통곡할 뿐 음성과 모습 구원에 아득하여라	痛哭音容杳九泉

178 십 년이나……모셨으니 : 이하곤의 어머니 산소가 양산(陽山)에 있었으므로, 이렇게 읊은 것으로 보인다. 이하곤의 어머니는 그가 19세이던 1695년에 별세하였다. 369쪽 각주95 참조.

가뭄

旱日

양산(陽山)[179]에서 돌아오는 길에 가뭄은 심하고 열기도 뜨거워 시를 지었다.

천지를 뒤덮은 뜨거운 해 떠 있으니	籠天蓋地火輪張
몇 조각 옅은 구름으로는 시원하지 않네	數片輕雲不作涼
누가 천제께 하소연해 가뭄 귀신 벨까	訴帝誰能誅旱魃
나는 용을 채찍질해서 마른 벼 적셔 주고 싶네	鞭龍吾欲潤焦秧
안장 누르는 산들은 천 겹으로 푸르고	壓鞍崿岞千重翠
얼굴에 쌓이는 먼지는 한 치나 누렇네	堆面塵埃一寸黃
서쪽 두둑에 물동이 안은 이에게 묻노니	爲問西疇抱甕者
가을날 길가에 쓰러지는 신세 면할 수 있겠는가	秋來能免僵途傍

179 양산(陽山) : 이하곤의 어머니와 죽은 아들의 묘소가 있는 곳이다. 369쪽 각주95 참조.

밤에 죽은 딸 봉혜[180]를 꿈꾸었는데, 육여게[181]를 외고 있었다. 꿈에서 깨어 비통한 심정을 견딜 수 없어 시로 기록한다

夜夢亡女鳳惠 誦六如偈 覺來不勝悲痛 以詩記之

꿈에서 본 얼굴 깨고 나서 의심스러우니	夢中顔面覺來疑
정원에 솔바람 가득 불어오고 달 지는 때였지	滿院松風落月時
분명히 《금강경》의 게를 외고 있었으니	分明誦與金剛偈
뼈에 사무친 아비 슬픔을 달래는 듯	似慰阿翁到骨悲

180 이봉혜(李鳳惠) : 1700～1705. 이하곤의 딸로, 어머니는 은진 송씨(恩津宋氏)이다. 처음에는 풍속에 따라 장례를 치르지 않았지만, 1706년(숙종32)에 이하곤의 어머니 묘소 곁에 안장하였다. 《頭陀草 冊12 亡女鳳惠壙誌》

181 육여게(六如偈) : 육여의 게송이라는 말인데, 시의 내용을 볼 때 《금강반야바라밀경(金剛般若波羅密經)》을 말한다. 이 책의 마지막 부분 〈응화비진분(應化非眞分)〉에 "이 세상의 모든 현상은 꿈과 같고 허깨비와 같고 물거품과 같고 그림자와 같고, 또한 아침 이슬이나 번갯불과 같으니, 응당 이렇게 살펴보아야 할 것이다.〔一切有爲法, 如夢幻泡影, 如露亦如電, 應作如是觀.〕"라고 한 데서 육여라는 말이 유래하였다.

한 번 웃다

一笑

한 번 웃으며 산 바라보는 일 늦지 않았고	一笑看山自不遲
동쪽 숲의 종과 경쇠 소리도 마음에 드는구나	東林鍾磬更相宜
내가 아득히 전원으로 돌아온 날이며	吾生莽莽歸田日
세상일 관심 끊고 빗소리 듣는 때라네	世事悠悠聽雨時
문 닫고 지내노니 백발만 자라는데	閉戶只應生白髮
시냇가에서 문득 새 시 짓고 싶어라	臨流忽欲賦新詩
그윽한 흥 있어 사립문 가에 지팡이 짚고 섰는데	柴門杖策緣幽興
어스름 녘 매미 소리 몇 그루 나무에 서글퍼라	薄暮鳴蟬數樹悲

또 시 자를 얻었다

又得時字

구학에 있어야 할 몸	骨體唯堪置丘壑
마음이 본래 시속과 맞지 않지	肚皮元不合時宜
솔 그늘에서 바둑 끝낸 뒤 구름 바라보고	松陰棊罷看雲處
버들가지에 매미 울 때 물가에 이르네	柳杪蟬鳴到水時
시내 소리가 웃음소리와 어우러짐을 이상타 말라	莫怪澗聲和語笑
이미 산 빛깔이 수염과 눈썹에 올랐어라	已將山色上鬚眉
앞 시내에서 떠나는 이웃 승려 전송하고	前溪相送隣僧去
달이 두건 비출 때 대나무 울타리 안에 누웠노라	月照烏巾臥竹籬

한강을 건너며

渡漢江

마땅히 위에 있어야 한다.

우레 치던 밤 판교에서 보내고	殷雷板橋夜
가랑비 내릴 때 한강 나루에서 배에 올랐네	微雨漢津船
외로운 배 있는 포구 보일락 말락 하고	明滅孤帆浦
우거진 숲 위의 하늘 아득하네	蒼茫數樹天
강산이 한바탕 웃게 해 주니	江山供一笑
꽃 피고 버들 늘어지는 새해 되었구나	花柳入新年
가까이 가도 피하지 않으니	相近不相避
백사장 갈매기도 어여쁘다	沙鷗亦可憐

비가 내린 뒤에 금당[182]에 가다

雨後步至金塘

뭉게구름 뭉게뭉게 파도처럼 솟아나고 崩雲澎湃湧如濤
풍백의 포효도 대단히 거칠구나[183] 風伯咆哮亦太饕
시내 빛깔 풀빛에 이어져 도리어 멀게 느껴지고 溪色連蕪還似遠
솔바람 소리 비에 섞여 더욱 높아라 松聲和雨更能高
청개구리는 소리 없이 거친 도랑에 숨고 青蛙漠漠沈荒埭
백로는 한가롭게 저녁 언덕에 내리누나 白鷺悠悠下晚皐
해 질 녘 서쪽 못에서 물결 바라보노라니 日暮西陂觀漲去
시원스레 찬 기운이 머리털 속으로 파고드네 瀟瀟涼氣入顚毛

182 금당(金塘) : 이하곤의 《두타초(頭陀草)》 책4 〈초평이십오영(草坪二十五詠)〉에 등장하는 것으로 보아, 현재의 충청북도 진천군 초평면 용정리에 있었던 연못으로 보인다.

183 풍백(風伯)의……거칠구나 : 바람이 거세게 분다는 말이다. 풍백은 바람을 관장하는 신이다.

어버이를 뵈러 예천으로 가는 윤자성[184] 현교 을 전송하다

送尹子誠 顯教 省親之醴川

흥취 식어 가을 이래 시 짓지 않고	倦興秋來不賦詩
소나무 그늘에서 날마다 조용히 바둑 구경하네	松陰日日靜看棊
약속도 없이 쑥 덮인 오솔길 찾아와	肯過蓬徑曾非約
높은 누대에서 함께 묵으니 멋진 일이네	對宿高樓更一奇
북쪽으로 가려니 읊는 채찍 백악산에 울리고[185]	北去吟鞭揮白岳
남쪽으로 놀아 채복이 황지에 비치리[186]	南游彩服映黃池
단풍 물들고 흰 돌 깔린 선암[187] 길	丹楓素石仙巖路
한 번 웃으며 훗날 그대와 함께 가길 기약하네	一笑他時與爾期

황지(黃池)는 태백산(太白山)에 있다. 내가 바야흐로 북쪽으로 돌아가려 하였으므로 다섯 번째 구에서 언급하였다.

184 윤자성(尹子誠) : 윤현교(尹顯教, 1685~1713)로, 본관은 파평(坡平), 자는 자성이다. 《老村集 卷5 成均生員尹君墓誌銘》

185 북쪽으로……울리고 : 아래의 원주(原註)를 감안할 때, 이하곤이 한양으로 가려는 상황을 말한 것이다. 백악(白岳)은 서울의 북악산을 가리킨다.

186 남쪽으로……비치리 : 어버이를 뵈러 예천으로 가는 윤현교의 효성을 읊은 것이다. 채복(彩服)은 색동옷으로, 노래자(老萊子)가 70의 나이에도 부모님을 기쁘게 해 드리기 위해 색동옷을 입고 재롱을 떨었다는 고사가 전한다. 《初學記 卷17 引 孝子傳》

187 선암(仙巖) : 유사한 지명이 여러 곳 있으나, 여기서는 윤현교가 예천으로 가는 것을 전송하는 상황이므로 단양팔경(丹陽八景) 가운데 제1경인 하선암(下仙巖), 제2경인 중선암(中仙巖), 제3경인 상선암(上仙巖)을 가리키는 것으로 보인다.

산으로 돌아오다

還山

세상 살아가며 반가운 이 만나기 어려워[188] 處世難青眼
산으로 돌아오니 머리가 세려 하네 還山欲白頭
구름 빛에 두건과 신발 윤나고 雲光巾舃潤
비 기운에 벽라 덩굴 그윽하다 雨氣薜蘿幽
먼 나무는 모두 석양 머금었고 遠木俱含晚
찬 국화는 가을 잊지 않았구나 寒花不負秋
새로운 시를 낙엽에 쓰노니 新詩題落葉
맑은 시내에 띄워 보내기 좋다네 好與寄淸流

188 세상……어려워 : 마음에 드는 사람을 만나기가 어렵다는 말이다. 청안(青眼)은 삼국 시대 위(魏)나라 완적(阮籍)이 속된 사람을 만나면 백안(白眼), 즉 흰 눈자위를 드러내어 경멸하는 뜻을 보이고, 의기투합하는 사람을 만나면 청안, 즉 검은 눈동자로 대하여 반가운 뜻을 드러냈다는 고사에서 유래한 말이다.《世說新語 簡傲》

사담[189]에서

沙潭

한바탕 웃으며 가을 산길 가노라니	一笑秋山路
차가운 사담에 고목이 맑아라	寒潭古木淸
자주 푸른 바위에서 쉬고	屢逢蒼石歇
때때로 피어나는 흰 구름 바라보네	時看白雲生
덩굴진 오솔길에 그윽한 샘물 떨어지고	蘿逕幽泉落
소나무 그늘에 들국화 선명하네	松陰細菊明
동쪽 기슭은 저녁에 더욱 좋으니	東崖晩更好
물 건너에서 종소리 들려온다	隔水有鍾聲

189 사담(沙潭) : 현재의 충청북도 괴산군 청천면 사담리 일대로, 이하곤 집안의 별업(別業)이 있던 곳이다.

저물녘에 만벽담에서 돌아오다

暮自萬碧潭歸

동쪽 시냇가 길 익숙히 알아	慣識東溪路
쓸쓸한 산에서 홀로 돌아오네	山寒獨自歸
만벽담 빛이 나그네 성품 맑게 하고	潭光澄客性
소나무 그림자가 사람의 옷에 드리우네	松影落人衣
절의 풍경 소리 단풍 숲에서 울리고	僧磬飄紅樹
나무꾼의 노래는 푸른 산 멀리에서 들리네	樵歌隔翠微
말없이 손 흔들며 가노니	無言揮手去
촌 늙은이들 저마다 아쉬워하네	村老各依依

공림사[190]에서

空林寺

절 허물어져 찾아오는 이 없고	寺破無人到
쇠잔한 승려는 음식 빌어 돌아오네	僧殘乞食還
자욱한 비에 벽화 퇴락하고	雨昏頹壁畫
구름 일어 방산을 반쯤 가렸네	雲起半房山
먼지 앉은 불상은 감실 한쪽에 기울어 있고	塵佛欹龕側
이끼 낀 비석은 풀숲에 쓰러졌네	苔碑臥草間
저물녘에 누런 잎사귀 떨어지니	晩來黃葉落
가을 분위기 풍기는 마당 한가롭네	秋意一庭閑

190 공림사(空林寺) : 충청북도 괴산군 청천면 사담리 낙영산(落影山)에 자리한 절이다. 현재는 공림사(公林寺)로 표기한다.

극락전에 가다

步至極樂殿

적막하다 승려는 어디로 갔는가	寂寞僧何去
빈 행랑에 골짜기 물소리 들려오네	空廊響石淙
가랑비 내리는 밤	每懷微雨夜
잠 못 들고 숲의 종소리 듣던 일 매번 떠올랐네	不寐聽林鍾
물병과 바리때는 가을 낙엽에 묻히고	甁鉢塡秋葉
가사는 노송에 걸렸네	袈裟掛老松
석양에 말없이 서서	夕陽無語立
집 남쪽 봉우리 바라보며 세 번 탄식하네	三歎屋南峰

인 상인의 방에서 일찍 일어나다

仁上人房早起

깊숙한 절 푸른 이끼에 비 그쳤는데	深院蒼苔雨遏初
때때로 누런 잎사귀가 감실의 책에 떨어지네	時看黃葉落龕書
흰 구름만 문에 가득하고 사람은 없어	白雲滿戶無人在
다만 솔바람이 스스로 쓸어가네	只有松風自掃除

저물녘에 서쪽 시냇가로 가다

晩步西澗

시냇가는 극락전(極樂殿) 서쪽에 있는데, 그윽하고 고요하여 좋았다.

구름 덮인 고목이 연못에 그늘 드리우고	參雲老木蔭淸池
그윽한 종과 범패 소리 골짜기에서 나오네	鍾唄悠悠出洞遲
긴 행랑에서 그림 같은 온갖 풍경을 바라보며	看盡長廊千疊畫
붉은 잎 떨어진 시내에 앉아 시를 짓는다	一溪紅葉坐題詩

비가 내리는 가운데 영 스님의 방에 들르다

雨中 過瑛師房

비 내리는 외로운 벼랑 빼어나고	雨色孤崖秀
솔바람 소리에 사찰 청량하네	松聲一院涼
산 차가워져 절로 가을 느낌이고	山寒自秋意
승려 늙어 사람들 잊었네	僧老與人忘
베옷 입고 구름 낀 산을 저녁에 왔는데	裋褐雲峰晩
승상에서 보낸 세월 길구나	繩床歲月長
말없이 편안히 앉아 있노라니	不言成宴坐
바람에 날리는 낙엽 회랑에 가득하네	風葉滿迴廊

길을 가면서

經行

적막한 길을 지나가는데	寂寞經行地
쓸쓸히 흰 국화 피었구나	蕭條白菊天
빈 연못에서 가을날 그림자를 보고	空潭秋見影
괴이한 바위는 밤에 참선하는 듯	怪石夜參禪
익은 과일은 바람에 떨어지고	菓熟兼風落
높은 삼나무에 둥근 달 걸렸어라	杉高得月圓
승려 한가하여 다른 생각 없이	僧閑無外慮
고목처럼 앉아 이미 세월 잊었구나	枯坐已忘年

백련암에서 묵다

宿白蓮菴

아담한 백련암에	白蓮菴子小
깊은 밤 등불 하나 걸렸네	深夜一燈懸
창에는 삼나무에 걸린 달빛 어리고	窓映杉梢月
잠자리에 바위틈 샘물소리 차갑게 들려오네	衾寒石竇泉
때로 외로운 풍경 소리 울리는데	有時孤磬發
홀로 노승과 마주해 자노라	獨對老僧眠
동쪽 절에 불경 소리 그치니	東院經聲歇
솔바람도 함께 고요하구나	松風與寂然

시냇가를 걸으며
溪行

종일 시냇가 걷다가 푸른 바위 둥근 곳에	盡日溪行蒼石圓
솔바람 쐬며 나도 모르게 잠이 들었네	松風隨意自成眠
동쪽 벼랑길 서리 내린 숲에 날 저무는데	東崖一路霜林晩
구름 가에서 승려 만나 폭포 물어보네	雲際逢僧問瀑泉

석문동에 들어가다
入石門洞

오솔길 따라 대숲 헤치고 들어가니　細逕穿竹入
먼 곳의 샘물 소리 이따금 들려오네　遠泉時一聞
밝은 벼랑에 낙엽 쌓이고　崖明添晚葉
늙은 나무에 가을 구름 떨어지네　樹老落秋雲
첩첩 산은 찬 날씨에 붉게 물들고　疊嶺寒燒色
깊은 시내에서 낮에 사슴이 무리짓네　深溪午鹿群
쓸쓸히 떠나온 지 오래되어　寥寥去已久
온종일 속세의 기운 사라졌네　永日絶塵氛

감회
感懷

맑은 시냇가에 날 저물 제 홀로 서글퍼라	淸溪斜日獨含悲
석실산 앞에서 떠오르는 사람 있구나	石室山前有所思
황천에서 십 년 동안 소식 끊어지니	泉下十年消息斷
바람 맞으며 영평의 시 높이 읊노라[191]	臨風高誦永平詩

위는 군산(君山)에 대해 지은 것이다.

2

쓸쓸히 사담[192]으로 혼자서 돌아오니	蕭瑟沙潭獨自歸
찬 구름과 많은 나무만 서로 의지했네	寒雲亂木只相依
백마강의 거사[193]는 지금 어떠할까	扶江居士今何似

191 황천(黃泉)에서……읊노라 : 고인(故人)이 된 김숭겸(金崇謙, 1682~1700)을 떠올리며 그의 시를 읊는다는 말이다. 김숭겸의 본관은 안동(安東), 자는 군산(君山), 호는 관복암(觀復菴)이다. 농암(農巖) 김창협(金昌協)의 아들로, 벼슬에 뜻을 두지 않고 영평(永平)에서 학문에 몰두하다가 19세로 요절하였다. 영평은 경기도 포천시 영중면·영북면·창수면·일동면·이동면 일대에 있었던 영평현(永平縣)을 가리키는 것으로 보인다.

192 사담(沙潭) : 현재의 충청북도 괴산군 청천면 사담리 일대로, 이하곤 집안의 별업(別業)이 있던 곳이다.

193 백마강(白馬江)의 거사(居士) : 원주(原註)에 있는 사복(士復)을 가리키는데, 사복은 이희지(李喜之, 1681~1722)로, 본관은 전주(全州), 자는 사복, 호는 응재(凝齋)이다. 부강(扶江)은 백마강을 가리키는데, 이희지의 생애를 고증할 수는 없지만

가을물 갈대꽃에 낚시 꿈꾸고 있겠지　　　秋水蘆花夢釣磯

위는 사복(士復)에 대해 지은 것이다.

그의 문집 《응재집(凝齋集)》 권1에 〈부강잡영(扶江雜詠)〉 등이 있는 것으로 보아, 그가 충청남도 부여에서 거주했던 것으로 보인다.

처사 조석운의 유거에 짓다 2수
題趙處士 碩運 幽居 二首

손님 와도 사람들 모르고 客到人不知
시골 닭만 오시를 알리네 村鷄已午時
국화는 섬돌에 피어 있고 菊花依石砌
콩잎은 초가집 옆에 무성하네 豆葉隔茅茨
대나무 심어 놓아 마음이 함께 고요해지고 種竹心同靜
구름 바라보니 기분이 절로 느긋해지네 看雲意自遲
그윽한 집에 좋은 일 많으니 幽棲多好事
하나하나 새 시에 적어 보네 一一入新詩

초가집에서 한바탕 웃고는 茅齋容一笑
국화 그늘에서 마주했네 相看菊花陰
스스로 덩굴 우거진 곳으로 들어왔으니 自入烟蘿僻
이미 속세 사람의 마음 아니네 已非塵世心
저녁에 편히 누워 솔바람 소리 듣고 松聲高枕晚
깊숙이 닫은 문에 가을 경치 무르익네 秋色閉門深
은거하는 뜻을 쓰려고 欲寫幽居意
시 짓고 다시 짧게 읊조리네 詩成更短吟

죽은 딸[194]의 무덤을 찾아와 서글픈 마음에

省亡女墳愴懷

그늘진 외로운 무덤 초목 가에 있는데　　晻翳孤墳草樹邊
석양에 지팡이 짚고 서서 홀로 눈물 흘리노라　　斜陽拄杖獨潸然
이 쓸쓸함 가을 슬퍼하는 마음 아니니　　蕭條不是悲秋意
취한 듯 바보인 듯 어느덧 일 년 지났네　　如醉如癡已一年

194 죽은 딸 : 이하곤의 딸 이봉혜(李鳳惠, 1700~1705)로, 어머니는 은진 송씨(恩津宋氏)이다. 여섯 살의 나이로 요절하였고, 1706년(숙종32)에 이하곤의 어머니 묘소 곁에 안장하였다.《頭陀草 冊12 亡女鳳惠壙誌》

가을밤에 영원암에서 묵으며 감회가 있어서

秋夜宿靈源菴 有感

영원암은 양산(陽山)[195]의 묘소 아래에 있다.

아련히 온갖 감회 일어 새벽까지 있노라니	悠悠百感到鷄鳴
조각달이 서쪽 창을 비추고 날은 밝지 않네	微月西窓不肯明
인간 세상의 끝없는 아픔이	只是人間無限慟
십 년 넘게 이 길에 있어라[196]	十年來向此中行

195 양산(陽山) : 이하곤의 어머니 묘소가 있는 곳이다. 369쪽 각주95 참조.

196 십 년……있어라 : 이하곤의 어머니 임천 조씨(林川趙氏)가 세상을 떠난 지 10년이 지났다는 말이다. 이하곤의 어머니는 그가 19세이던 1695년에 별세하였다.

중양절에 죽산산성[197]에 오르다

重陽登竹山山城

성 안에 송 장군(宋將軍)[198]의 사당이 있다.

객지에서 중양절 만나니 마음 매우 서글퍼	客裏重陽意最憐
높은 곳에서 풍경 바라보려네	欲從高處眺風烟
쓸쓸한 성은 백 척 높이 평야에 자리했고	寒城百尺跨平野
늙은 기러기 한 무리 먼 하늘을 비껴 나네	老鴈一群橫遠天
아득한 고금의 일 취해 노래하노니	今古茫茫醉歌裏
산천이 우울하게 술통 앞에 펼쳐졌네	山川鬱鬱酒尊前
저물녘 황량한 사당 옆에 지팡이 짚고 섰더니	晩來拄杖荒祠側
노란 국화만 어여쁘게 피었구나	獨有黃花作意妍

197 죽산산성(竹山山城) : 경기도 안성시 죽산면 매산리 비봉산정에 있는 고려 시대의 성곽이다.

198 송 장군(宋將軍) : 송문주(宋文胄)로, 1236년(고종23) 몽고군의 제3차 침입 당시에 죽주 방호별감(竹州防護別監)으로 있으면서 성 안에 피난해 있던 백성들과 합세하여 몽고군과 싸워 이겼다. 이 공으로 좌우위장군(左右衛將軍)이 되었다.

이날 백운사에 들러서

是日過白雲寺

길 가며 졸졸 흐르는 시냇물 소리 듣는데 行聽流水細潺潺
옛 절의 종소리 우거진 숲 사이에서 울리네 古寺鍾鳴亂樹間
국화 바라보니 가을 저물어 가고 黃菊相看秋意晩
푸른 벼랑에서 한바탕 웃으니 노승 한가롭네 蒼崖一笑老僧閑
누대 높아 구름이 우뚝한 난간에 걸렸고 樓高雲宿嶙峋檻
들판 드넓어 하늘이 근교의 산 위에 떠 있네 野闊天浮莽蒼山
해 저물어 쓸쓸한 기러기 급히 날아가니 日暮蕭蕭鴻鴈急
산마다 낙엽 질 때 옷 털고 돌아가네 千峰落木振衣還

규 상인의 방에서 묵다

宿奎上人房

홀로 차가운 산으로 갔더니	獨向寒山去
푸른 벼랑에 절이 매달렸네	蒼崖寺自懸
올 때 개울물 따라 왔는데	行時隨澗水
자는 곳에 민가의 연기 없구나	宿處絶人烟
누대는 외로운 구름 위로 솟았고	樓得孤雲背
종소리가 늙은 잣나무 끝으로 퍼지네	鍾飄老栢巓
해 질 녘에 한바탕 웃는데	晩來成一笑
누런 잎이 승려 앞에 떨어지네	黃葉落僧前

일찍 일어나다

早起

그윽한 집에서 늘 일찍 일어나는데	幽居常早起
차가운 기색이 동쪽 산에 가득하네	寒色滿東岑
서리가 메밀밭에 새하얗게 내리고	霜氣蕎田白
민가의 연기가 초가집에 자욱하네	人烟草屋深
산림에서 살아가며	山林存性命
노래로 세월 보내노니	歌嘯閱光陰
쓸쓸히 가을 슬퍼하며	牢落悲秋意
물가에서 다시 한 번 읊조리네	臨流復一吟

비가 내리는 가운데 감회가 있어서

雨中有感

고목 아래 사립문 낮에도 닫아 두고	老樹荊扉晝不開
차가운 산 낙엽 지니 절로 슬퍼지네	寒山搖落自生哀
씽씽 바람 부는 숲에 찾아오는 이 없건만	風林颯颯無人過
쓸쓸히 내리는 가을비에 기러기 날아오네	秋雨蕭蕭有鴈來
한 해 저물어 가는데 흰 국화만 마주한 채	窮歲相看唯白菊
덧없는 인생 한바탕 웃으며 술잔 기울이노라	浮生一笑只深杯
멀리 있는 아우들 더욱 안타까우니	還憐弟妹殊方隔
저물녘 외로운 구름을 고개 돌려 바라보네	日暮孤雲首獨回

길을 가다가 승려를 만나 다른 사람의 운에 맞춰 짓다

途中逢僧 次人韻

안장에 앉아 몽롱히 졸 뿐 그 밖에 무엇을 하랴	憑鞍昏睡外何爲
눈앞에 펼쳐진 산천에도 시 짓지 않았네	滿眼溪山不賦詩
우연히 만나 한바탕 웃고는	忽漫相逢成一笑
가을빛처럼 담박한 수염과 눈썹 보노라	看渠秋色澹鬚眉

저물녘에 강가를 걸으며

江上晚行

먹구름 시커멓고 바람도 세차며	頑雲潑墨風怒號
하늘과 강이 흐릿하게 먼 언덕에 닿았네	天水模糊接遠皐
문득 강북 언덕에서 어부의 노래 들리는데	忽聽漁歌江北岸
찬 도롱이에 눈 쌓여 양쪽 어깨 높구나	寒簑擔雪兩肩高

곤륜의 눈을 읊은 시[199]에 맞춰 짓다 4수

次昆侖咏雪韻 四首

펄펄 내리는 눈발 바람 따라 사람에게 달라붙고	密勢受風渾着人
맑게 빛나는 달빛에 티끌 하나 없어라	淸輝晃月不容塵
환상의 세계 영롱한 구슬 같고	幻成世界玲瓏玉
아로새긴 봄 동산을 교묘히 완성했네[200]	巧就園林剪刻春
누가 쌓인 소금처럼 흰 바탕 만들었나	誰遣堆鹽欺素質
날리는 버들솜의 전신인가 의심하네	故疑飛絮屬前身
베 이불이 쇠처럼 차가워도 아랑곳없이	布衾未害寒如鐵
대나무 꺾이는 소리 들으며 새벽까지 앉았노라	折竹聲中坐度晨

재첩 再疊

신선세계 만드는 데 어찌 사람을 귀찮게 하랴	瓊都幻出豈煩人
천제께서 옥가루를 잔뜩 뿌리셨네	贏得天公費玉塵
비록 대지를 뒤덮은 듯하지만	縱似埋藏包却地
끝내 봄을 빚어내겠지	終能醞釀放生春

199 곤륜(昆侖)의……시 : 곤륜은 최창대(崔昌大, 1669~1720)로, 본관은 전주(全州), 자는 효백(孝伯), 호는 곤륜이다. 저서에 《곤륜집(昆侖集)》이 있다. 이하곤이 차운한 시는 《곤륜집》 권4의 〈대설득신자(大雪得晨字)〉와 〈첩전운시재대(疊前韻示載大)〉이다.

200 환상의……완성했네 : 눈이 내려 온 세상이 하얗게 변한 것을 옥으로 만든 세상에 비유하고, 눈꽃이 핀 동산을 봄꽃이 핀 것에 비유한 것이다.

찬 매화는 그 빛깔 퇴색하지 않는데　梅寒不受侵淩色
노송의 처진 가지 괜스레 가엽구나　松老空憐偃蹇身
어부의 도롱이라는 시어[201] 가장 멋지니　最有漁簑詩語好
작은 창가에서 조용히 읊조리며 밤 지새우네　小窓微諷了昏晨

삼첩 三疊

허공 가르며 너울너울 춤추는 신선이　橫空飄舞羽衣人
흰 가루 같은 깃발 앞세우고 가는구나　導以旛旄若素塵
집집마다 누대가 온통 달빛에 잠기고　萬戶樓臺渾浸月
숲마다 꽃 피고 버들솜 날려 봄 돌아온 듯　千林花絮已迴春
종일토록 광명한 세상에 머무니　住居終日光明界
윤회하는 번뇌에서 벗어난 듯하네　解脫多生熱惱身
매화 아래로 사람 불러 회포 말하고 싶지만　喚取梅花說懷抱
새벽에 거적문[202] 찾아오는 사람 없구나　更無人訪席門晨

사첩 四疊

등륙[203]이 멋진 솜씨를 사람들에게 뽐내려고　滕六騁奇誇世人

201 어부의 도롱이라는 시어 : 앞의 〈강상만행(江上晩行)〉에 어부와 도롱이라는 시어가 나오는데, 그 시를 가리키는지 정확하지 않다.

202 거적문 : 석문(席門)은 거적을 매달아 놓은 문으로 청빈한 집이나 은자(隱者)의 거처를 뜻하는데, 여기서는 이하곤의 집을 의미한다. 《사기(史記)》 권56 〈진승상세가(陳丞相世家)〉에 "다 떨어진 거적으로 문을 만들었으나, 문밖에 장자의 수레가 많이도 찾아왔다.〔以弊席爲門, 然門外多有長者車轍.〕"라고 하였다.

203 등륙(滕六) : 전설상에 등장하는 눈을 관장하는 신이다.

먼저 풍백을 보내 깨끗하게 하였구나 先驅風伯使淸塵
가루처럼 허공에서 떨어져 대지를 덮고 墮空如屑渾埋地
물을 잘라 꽃 만들어 봄과 다투려 하네 剪水成花欲鬪春
밝은 달은 빛 잃어 부끄러울 테지만 明月定應羞奪色
찬 매화는 기꺼이 분신을 만들었네 寒梅堪與作分身
창에 그림자 비낀 대나무 가련하다 獨憐幽竹橫窓影
닭 울기도 전에 새벽 알리네 不待鷄鳴也已晨

붙임 곤륜(昆侖)의 원운(元韻)

만나는 이마다 신선 같고 相逢盡似玉京人
세상 어디에도 티끌 한 점 없구나 世界都無一點塵
진의 보상 없어도 성은 모두 옥 같고[204] 未酬秦償城盡璧
추율 울리지 않아도 나무마다 봄일레라[205] 毋煩鄒律樹皆春
자황으로도 밝은 바탕 흠집 내지 못하니 雌黃莫遣虧昭質
열뇌가 어찌 청정한 몸 범하랴[206] 熱惱何曾犯淨身

204 진(秦)의……같고 : 눈으로 덮인 성의 아름다운 설경을 비유한 말이다. 진나라 소왕(昭王)이 조(趙)나라에 화씨벽(和氏璧)과 15개의 성을 맞바꾸자고 제안하자, 인상여(藺相如)가 화씨벽을 가지고 진나라에 갔으나 소왕이 성을 내줄 의사가 없는 것을 확인하고 다시 조나라로 돌려보낸 완벽(完璧)의 고사가 전한다. 《史記 卷81 廉頗藺相如列傳》

205 추율(鄒律)……봄일레라 : 나무에 눈꽃이 피어 마치 봄과 같다는 말이다. 추율은 추연(鄒衍)의 율관(律管)이란 의미이다. 연(燕)나라 사람 추연이 추워서 오곡이 자라지 못하는 북방의 땅에 율관을 불어 따뜻하게 하자, 곡식이 잘 자라게 되었다는 고사가 전한다. 《列子 湯問》

206 열뇌(熱惱)가……범하랴 : 눈 덮인 깨끗한 세상을 비유한 말이다. 열뇌는 사람의

순의 부지런함 사모하여 일찍 일어나니[207]　慕舜孶孶須早起
미련한 닭이 새벽에 울지 않아도 상관없네　昏鷄不害錯司晨

획획 주렴에 날아들어 사람이 온 듯한데　颯颯侵簾如有人
아침 창가에서 바라보니 티끌 하나 없구나　朝窓不見隙中塵
옥 누대와 비단 숲이 가없이 펼쳐진 새벽이고　瓊臺綺樹無邊曉
살구꽃 쏟아지고 배꽃 날려 온 세상 봄이어라[208]　雨杏風梨一色春
좋은 옥만 군자의 큰 덕에 비유되랴[209]　可但良璆堪比德
새로운 물 아니어도 몸을 깨끗하게 하네　毋煩新水乃澡身
이상하게도 맑은 기운에 마음까지 시원해지는데　怪來清氣通心冷
조각달 빛 어우러지고 학이 새벽 알리네　缺月連輝鶴警晨

속을 태우는 고뇌(苦惱)를 말한다. 《법화경(法華經)》에 "우리들은 세 가지 고통 때문에 생사의 가운데 열뇌를 받아서 마음이 미혹되어 알지 못한다.〔我等以三苦故, 於生死之中, 受諸熱惱, 迷惑無知.〕"라고 하였다.

207 순(舜)의……일어나니 : 눈이 내려서 환하기 때문에 날이 밝지 않았는데도 아침이 된 것으로 알고 일찍 일어나게 된다는 말이다. 《맹자》〈진심 상(盡心上)〉에 "닭이 울면 일어나서 부지런히 선을 행하는 자는 순 임금의 무리요, 닭이 울면 일어나서 부지런히 이익을 추구하는 자는 도척의 무리이다.〔鷄鳴而起, 孶孶爲善者, 舜之徒也. 鷄鳴而起, 孶孶爲利者, 蹠之徒也.〕"라고 하였다.

208 옥……봄이어라 : 눈 덮인 누대와 숲을 경대(瓊臺)와 기수(綺樹)로 표현하고, 날리는 눈발을 살구꽃과 배꽃으로 비유하여 설경을 묘사한 것이다.

209 좋은……비유되랴 : 눈도 옥처럼 군자의 덕에 비유될 수 있다는 말이다. 《예기》〈빙의(聘義)〉에 "옛날에 군자가 덕을 옥에 비유했다. 따뜻하고 윤기나고 매끈함은 인이요, 무늬가 세밀하면서도 엄숙하게 보임은 지요, 모나면서도 상한 데가 없음은 의요,……사람들이 귀하게 여기지 않음이 없는 것은 도이다.〔夫昔者, 君子比德於玉焉, 溫潤而澤, 仁也, 縝密以栗, 知也, 廉而不劌, 義也,……天下莫不貴者, 道也.〕"라고 하였다.

텅 빈 방이라 쉬 환해지는구나[210] 室有空虛易生白
하늘에 바람 없는데 티끌 날리랴 天無鬱勃可還塵
엉긴 빛은 일천 가호의 밤을 넉넉히 깨우고 凝輝剩破千門夜
쌓인 기운은 일만 나무에 몰래 봄기운 돌게 하네 積氣潛膏萬木春
고달픈 잣나무는 추위 견디며 절개 드러내고 苦栢耐寒方著節
성긴 매화는 곱게 어우러져 몸을 잘 숨겼네 疏梅同艷好藏身
뜰의 설경 완상하며 옛일 떠올라 一庭娛玩心千古
서글피 남병산 바라보며 새벽 기다리네[211] 悵望南屛對討晨

210 텅 빈……환해지는구나 : 쌓인 눈빛으로 방안이 밝아지는 모습을 읊은 것이다. 《장자(莊子)》 〈인간세(人間世)〉에 "저 뚫린 벽을 보면 빈방 안에 흰빛이 있고, 거기에는 길한 징조가 깃들어 있다.〔瞻彼闋者, 虛室生白, 吉祥止止.〕"라고 하였는데, 이 말을 인용한 것이다.

211 서글피……기다리네 : 남병(南屛)은 남병산(南屛山)을 가리킨다. 최창대의 문집에서 남병이라는 시어가 두 번 사용되었는데, 이 시와 《곤륜집(昆侖集)》 권4 〈서계 박세당 공을 모시고 달밤에 성명에 대해 강론하다〔陪西溪朴公世堂月夜講性命〕〉에 보인다. 그 시에 "눈 내린 밤 남병산에서 도가 외롭지 않았으니, 산림의 그런 풍치 백 년에 다시없네. 누가 용면의 솜씨 빌려, 서계에서 달 마주한 그림을 그려 줄까.〔雪夜南屛道不孤, 山林風韻百年無. 誰能爲倩龍眠手, 寫作西溪對月圖.〕"라고 하였다. 이 내용은 명(明)나라 방효유(方孝孺)의 고사와 매우 밀접하다. 방효유는 태사(太史) 송경렴(宋景濂)에게 배웠다. 일찍이 송경렴을 따라 남병산에서 묵었는데, 새벽에 일어나 설경을 마주하고 술을 마시며 큰 소리로 노래하니, 그 의기(意氣)가 강개(慷慨)하였다. 몇 년 뒤에 송경렴은 운명하고 향인(鄕人) 왕생(王生)이라는 사람이 〈남병대설도(南屛對雪圖)〉를 그린 다음 방효유에게 시를 청하므로, 방효유가 〈제남병대설도(題南屛對雪圖)〉라는 시를 지어, 당시 남병산에서 묵을 때의 설경과 송경렴을 그리는 내용을 읊었다. 그 시 가운데 "공연히 나산과 석실의 글만 남아, 밤마다 무지갯빛이 하늘을 쏘네.〔空有羅山石室書, 夜夜虹光射霄漢.〕"라고 하였는데, 나산과 석실은 송경렴의 정사(精舍)였다. 이런 내용으로 볼 때, 여기서 남병은 방효유와 송경렴이 묵었던 남병산을 가리키

거울처럼 멋진 세상 만들어 내니　幻界眞成明鏡相
이 가운데 그 어디에 티끌 앉았으랴　此中何處着塵埃
신선의 학 춤을 멈춘 현포 저녁이요　仙鶴舞殘玄圃夕
공중의 꽃이 가득 날리는 급원의 봄날이네[212]　空花飄滿給園春
아롱진 모습 일정하지 않아도 상관없는데　班形未害無恒象
녹아버려 오히려 몸을 더럽히지 않네　就滅猶爲不垢身
산에 들어가 벽을 바라보는 뜻 비로소 알겠으니　始識入山觀壁意
그 깨끗함에 의지해 아침과 저녁 아는구나　憑渠太素悟曛晨

붙임 최백기(崔伯幾) 수철(守哲)의 차운시[213]

바람 따라 휙휙 사람에게 날리고　隨風颯颯故侵人
집을 덮어 깨끗하게 티끌 쓸어가네　繞室蕭蕭欲掃塵

는 것이 분명하다. 또 그들이 사제지간이었으므로, 최창대 역시 눈 내리는 새벽에 농암 김창협을 생각하며 이렇게 읊은 것이다.《西湖遊覽志餘 卷7 賢達高風》《遜志齋集 卷24》

212 신선의……봄날이네 : 눈 내린 멋진 풍경을 비유적으로 읊은 것이다. 현포(玄圃)는 곤륜산(崑崙山) 정상에 있다는 신선이 사는 곳으로, 다섯 금대(金臺)와 열두 옥루(玉樓)가 있다고 한다. 급원(給園)은 기수급고독원(祇樹給孤獨園)의 준말로, 사원의 별칭이다. 인도 사위성(舍衛城)의 수달 장자(須達長者)가 석가(釋迦)의 설법을 듣고 매우 경모하여 정사(精舍)를 세워 주려고 기타태자(祇陀太子)의 원림(園林)을 구매하려고 하였다. 태자가 장난삼아 "황금을 이 땅에 가득 깔면 팔겠다." 하니, 이에 수달 장자가 집에 있는 황금을 코끼리에 싣고 와서 그 땅에 가득 깔자, 태자가 감동하여 그 땅을 팔았다고 한다.

213 최수철(崔守哲)의 차운시 : 최수철(1683~1712)의 본관은 전주(全州), 자는 백기(伯幾), 호는 청령자(淸泠子)이다. 최창대(崔昌大)의 조카이며 문인이다. 최수철의 작품은《청령자유고(淸泠子遺稿)》에〈차숙부영설운(次叔父詠雪韻)〉이라는 제목으로 수록되어 있다.

해 졌는데도 집집마다 대낮 같고　日落千門猶白晝
나무마다 꽃 피어 완연한 봄 같아라　花開萬樹却深春
하늘 멀리 돌아가는 까마귀 색만 분간될 뿐　纔分空外歸鴉色
소나무 사이에 늙은 학 모습은 보이지 않네　稍失松間老鶴身
부자[214]라고 어찌 외상 술값 없으랴　堆玉豈無沽酒債
손님과 함께 새벽까지 취함을 마다하지 않노라　不妨携客醉連晨

한기 도는 빈 집에 홀로 누웠는데　虛閣寒生獨臥人
옥가루 같은 무언가가 주렴 뚫고 들어오네　穿簾何物似瓊塵
한밤중에 닭이 울어 새벽까지 이어지고　中宵鷄唱連聲曉
섣달 가지도 않았는데 꽃 피어 한창 봄날이네　未臘花開滿意春
우거진 대숲은 바람 없어도 작은 소리 나고　密竹無風微有響
성긴 소나무는 달빛에도 모습 분명하지 않네　疏松得月不分身
만약 이 눈송이로 구슬 보석 만든다면　若爲把作珠璣寶
술을 잔뜩 사다가 새벽까지 마실 수 있으리　沽取千鍾醉到晨

깊숙한 집에 마구 날려 사람 왔나 했더니　亂侵深院忽疑人
교묘히 주렴 파고들어 먼지 같구나　巧入疏簾却似塵
어찌 매화가 하룻밤 사이에 피랴　豈有梅花開一夜
또 봄날 날리는 버들솜도 아니어라　又非柳絮散三春
누대에는 푸른 산의 경치 모조리 사라졌고　樓臺盡失靑山色

214 부자(富者) : 저본(底本)에는 堆土로 되어 있는데, 《청령자유고(淸泠子遺稿)》 〈차숙부영설운(次叔父詠雪韻)〉에 堆玉으로 되어 있으므로, 이에 근거하여 수정하였다.

새들은 모두 백로처럼 변했어라　　鳥雀渾成白鷺身
시옹의 정경 담박하기도 하구나　　坐覺詩翁情境淡
고요한 새벽에 홀로 누워 시름겹게 읊조리네　　愁吟獨臥寂寥晨

푸른 산이 신선으로 변해　　青山變作羽衣人
야윈 모습으로 늘어서니 속세 아니구나　　羅立癯容不世塵
합벽과 연주가 밤을 비추고[215]　　合璧連珠俱照夜
나는 꽃과 춤추는 나비가 봄을 다투는 듯　　飛花弄蝶欲爭春
학은 어지러이 춤춰야 모습 분간되고　　鶴催亂舞纔分影
매화는 은근한 향기만 날뿐 보이지 않네　　梅送微香不辨身
대나무 스치고 창에 들어와 그윽한 잠 깨우니　　打竹侵窓撼幽睡
이불 쓰고 외로이 앉아 새벽까지 있노라　　擁衾孤坐到淸晨

붙임 막내아우 재창(載昌)[216]의 차운시
창을 적시는 작은 소리에 누가 왔나 싶어　　沾窓微響忽疑人
일어나 하늘 바라보니 옥가루 날리네　　起看長空撒玉塵
얼음 꽃 만들어 나무마다 가득 피웠고　　厭作氷花開滿樹
버들 솜 이루어 깊은 봄 같구나　　還成柳絮倣深春
바람이 성긴 대나무 흔드니 짙푸른 잎 기울고　　風翻疏竹傾深翠

215 합벽(合璧)과……비추고 : 눈이 쌓여 환하게 밝은 세상을 비유한 것이다. 《한서(漢書)》 권21 〈율력지(律曆志)〉에 "해와 달은 두 옥벽을 합친 듯하고, 다섯 별들은 구슬을 꿰어 놓은 듯하다.〔日月如合璧, 五星如連珠.〕"라고 하였다.

216 재창(載昌) : 이하곤의 막내아우 이명곤(李明坤)의 자이다.

달이 외로운 소나무 비추니 모습 반쯤 드러나네　月映孤松露半身
맑은 경치가 사람 괴롭혀 잠 못 든 채　淸景惱人眠不得
희미한 등불 아래 새벽까지 앉았노라　故將短燭坐天晨

연달아 주렴으로 들어와 사람에게 붙고　脈脈入簾渾着人
너울너울 나부끼니 먼지 날리는 듯　飄飄亂舞散如塵
엉긴 빛은 어두운 밤을 충분히 밝힐 만하고　凝華剩破鴻濛夜
아리따운 모습은 잠시 봄을 만들어 내네　巧態能成造次春
흰 달 빛나도 삼라만상 사라졌고　白月連輝空諸相
푸른 산은 그대로 있지만 예전 모습 아니구나　靑山自在失前身
금박 휘장 속이라도 추위 심할 테니　銷金帳裏寒應甚
양고주에 의지해 이 새벽 보내리라[217]　賴有羔兒度此晨

217 금박……보내리라 : 따뜻한 방안도 한기가 맴돌아 술에 의지해 밤을 보낸다는 말이다. 소금장(銷金帳)은 금박 휘장을 친 따뜻한 자리를 말하고, 고아(羔兒)는 양고주(羊羔酒)로 산서(山西) 지방에서 생산되는 미주(美酒)를 가리킨다. 송(宋)나라 학사(學士) 도곡(陶穀)이 태위(太尉)인 당진(黨進)의 집에서 가기(歌妓)를 데려온 뒤에, 정도(定陶)를 지나다가 쌓인 눈을 떠서 차를 끓이며 "당 태위의 집에서는 이런 풍류를 맛보지 못했을 것이다.〔黨太尉家應不識此〕"라고 자랑하자, 그 가기가 "그분은 멋이 없는 분이니, 어떻게 이런 정경이 있었겠습니까. 단지 금박 휘장을 친 따뜻한 자리에서 제가 들려 드리는 노랫소리를 음미하며 양고라는 유명한 술을 마실 따름이었습니다.〔彼粗人也, 安有此景. 但能銷金煖帳下, 淺斟低唱, 飮羊羔美酒耳.〕"라고 대답하니, 도곡이 그 말을 듣고 부끄러움을 느꼈다는 고사가 전한다.《綠窗新話 卷2 引 湘江近事》

붙임 군서(君敍) 최수범(守範)[218]의 차운시

평생 원씨는 남에게 구하지 않았는데	平生袁氏不干人
또 등사가 세속의 먼지까지 쓸어 주었네[219]	更被藤師掃俗塵
곤륜산의 옥 부서졌지만 어찌 까치를 보랴[220]	玉碎崑山那見鵲
수원에 꽃 피었지만 봄은 아니구나[221]	花開隋苑不關春
은근한 향 맡아야 찬 매화 찾을 수 있고	微香始辨寒梅色
맑은 울음소리 들어야 늙은 학 보이네	清唳纔分老鶴身
백전하는 취성당에 호령 엄격하니	白戰星堂嚴號令

218 최수범(崔守範) : 1690~? 본관은 전주(全州), 자는 군서(君敍)이다. 이하곤의 누이의 남편이다.《嘉梧藁略 冊16 戶曹判書李公墓碣銘》

219 평생……주었네 : 원안(袁安)은 청렴(淸廉)한 사람인데, 거기다가 눈이 내려 세상의 더러운 먼지도 없앴다는 말로, 여기서는 눈이 내린 것을 원안의 고사를 인용하여 말한 것이다. 원씨(袁氏)는 후한(後漢)의 명상(名相) 원안을 가리킨다. 큰 눈이 한 길 넘게 내려 낙양 영(洛陽令)이 순찰을 나가 보니, 민가(民家)에서 모두 눈을 치우고 나와서 식량을 구걸하고 있는데, 원안의 집 문 앞에는 사람의 자취가 없었다. 얼어 죽었을 것으로 생각하고 눈을 치우고 방에 들어가 보니 원안이 뻣뻣하게 누워 있었다. 왜 밖으로 나오지 않았느냐고 물으니, 원안이 답하기를 "큰 눈이 내려 사람들이 모두 주리고 있는데, 남들에게 먹을 것을 요구하는 것은 옳지 않다.〔大雪人皆餓, 不宜干人.〕"라고 하였다는 고사가 전한다.《後漢書 卷75 袁安列傳》

220 곤륜산(崑崙山)의……보랴 : 한(漢)나라 환관(桓寬)의 《염철론(鹽鐵論)》 권8 〈숭례(崇禮)〉에 "남월에서는 공작의 깃털로 문호를 장식하고, 곤륜산 주변에서는 까치한테 박옥을 던지기도 한다.〔南越, 以孔雀珥門戶, 崑山之旁, 以玉璞抵烏鵲.〕"라고 하였다. 여기서는 눈을 옥가루에 비유하여 눈이 많이 쌓였지만, 실제 옥가루는 아니기 때문에 까치들이 먹으러 오지 않는다고 한 것이다.

221 수원(隋苑)에……아니구나 : 나무에 눈꽃이 피었지만, 봄에 피는 실제 꽃은 아니라는 말이다. 수원은 수 양제(隋煬帝)가 만든 금원(禁苑)으로, 호사(豪奢)하기로 유명하다.

음미하며 어찌 은밀한 방의 새벽 부러워하랴[222]　　淺斟何羨曲房晨

222 백전(白戰)하는……부러워하랴 : 설경을 읊으면서 한가롭게 있으니, 아무것도 부러울 것이 없다는 말이다. 백전은 맨손으로 하는 싸움이라는 뜻인데, 특정한 어휘를 사용하지 않고 시를 짓는 것을 의미한다. 송(宋)나라 구양수(歐陽脩)가 영주 태수(潁州太守) 시절에 빈객들과 모여 술을 마시다가 눈에 대한 시를 지으면서 눈과 관련된 옥(玉), 월(月), 이(梨), 매(梅), 서(絮), 학(鶴), 아(鵝), 은(銀), 무(舞), 백(白) 등의 어휘를 사용하지 못하게 한 일이 있는데, 그 후에 소식(蘇軾)이 빈객들과 함께 이를 회상하며 지은 시에 "당시의 규칙을 그대들은 받아들이라. 백전에는 작은 무기도 허락하지 않네.〔當時號令君聽取, 白戰不許持寸鐵.〕"라고 하였다. 《蘇東坡詩集 卷34 聚星堂雪》 천짐(淺斟)은 천짐저창(淺斟低唱)과 같은 말로, 차나 술을 따르면서 나지막이 읊조린다는 뜻인데, 한가로운 가운데 흥을 달래는 모습을 형용하는 말이다.

30일 밤에 눈이 내리다
三十日夜雪

밤은 경주[223] 쫓아 길기만 한데	夜逐更籌永
하늘은 세월 재촉하여 빨리 흘러가네	天催歲月騰
빈 뜰에 바람이 대나무를 부러뜨리고	庭空風折竹
창문 틈으로 눈보라가 등잔에 불어오네	牕缺雪吹燈
조용한 마부와 추위에 짝이 되고	靜僕寒相偶
어둠 속 닭은 얼어서 울지 않네	昏鷄凍不譍
매화는 원래 희고 깨끗하니	梅花元皎潔
속세 밖에서 벗할 만하구나	塵外自堪朋

223 경주(更籌) : 주로 밤의 시각을 재는 데 쓰이는 시계의 일종이다.

삼가 아버지께서 송애 서 상공[224] 종태 에게 보낸 시에 차운하다

敬次家大人寄松崖徐相公 宗泰 韻

애초 벼슬할 마음 없었으니	簪紱非初志
강호에서 지냄도 임금의 은혜라네	江湖亦聖恩
청산에서 안석에 기대 지내며	青山堪隱几
백조와 함께 말을 잊었네	白鳥共忘言
지팡이 끌며 신 신고 나가니 나무에 봄기운 도는데	杖屨春生樹
문과 뜰에는 눈 덮인 마을이네	門庭雪掩村
쓸쓸한 소나무 대나무 곁에서	松篁蕭瑟外
애오라지 다시 고향 동산 그리노라	聊復憶吾園

몸은 이미 발 내딛기 어려운 처지인데	身已難投足
임금에게 오히려 은혜 갚지 못했네	君猶未報恩
천시는 겨우 회복되었지만	天時纔有復
세상사는 말하고 싶지 않아라	世事欲無言
차가운 모래 언덕에 눈 쌓이고	雪漲寒沙岸
노목 우거진 마을에 등불 깊구나	燈深老樹村

224 서 상공(徐相公) : 서종태(徐宗泰, 1652~1719)로, 본관은 달성(達城), 자는 노망(魯望), 호는 만정(晩靜)·서곡(瑞谷)·송애(松厓)이다. 《西堂私載 卷9 議政府領議政徐公墓誌銘》

봄이 오면 휘파람을 불던 곳에 春來舒嘯地
강을 등진 동산 만들리라 擬築背江園

삼주[225]를 지나며 감회가 있어서 정해년(1707, 숙종33)

過三洲 有感 丁亥

맑은 시도 야윈 몸도 티끌 되었는데[226]	淸詩臞骨兩成塵
쓸쓸한 삼주에는 봄이 돌아왔네	寂寂三洲獨自春
서원의 노목은 구름에 닿을 듯 높이 솟았는데	院中老木參雲立
당시 두건 젖혀 쓴 사람 보이지 않네	不見當時岸幘人
먼지 뿌옇게 앉고 유당 어두운데	塵埃漠漠暗帷堂
병풍의 형비장[227] 보며 눈물 떨구네	淚落屛風衡泌章
지난 십 년 돌아보니 꿈만 같아	回首十年如一夢
봄 강가에서 말없이 석양 바라보며 섰노라	春江無語立斜陽

225 삼주(三洲) : 경기도 남양주시 지금동에 위치한 석실서원(石室書院) 앞쪽에 있는 세 개의 모래톱을 가리킨다.

226 맑은……되었는데 : 삼주에 거주하다가 고인(故人)이 된 김숭겸(金崇謙)을 회상한 것이다.

227 형비장(衡泌章) : 은거하는 이가 스스로의 은거 생활을 즐기고 부귀영화를 바라지 않는 것을 읊은 시이다. 《시경》 〈형문(衡門)〉에 "누추한 집 아래에서 쉬고 노닐 수 있으며, 졸졸 흐르는 냇물에서 굶주림을 잊고 즐길 수 있도다.〔衡門之下, 可以棲遲, 泌之洋洋, 可以樂飢.〕"라고 하였다.

지은이 **이하곤(李夏坤)**

1677(숙종3)~1724(경종4). 조선 후기의 문인으로, 본관은 경주(慶州), 자는 재대(載大), 호는 담헌(澹軒)·소금산초(小金山樵)이다. 회와(晦窩) 이인엽(李寅燁)의 맏아들로, 농암(農巖) 김창협(金昌協)에게 수학하였다. 1708년 생원시와 진사시에 장원으로 합격하여 세자익위사 세마(世子翊衛司洗馬)와 세자익위사 부솔(世子翊衛司副率)에 임명되었으나 나가지 않고, 고향인 진천에 내려가 학문과 서화에 힘썼으며 장서(藏書)가 1만권을 헤아렸다. 전국 방방곡곡을 두루 여행하였으며, 이병연(李秉淵), 윤순(尹淳), 정선(鄭敾), 윤두서(尹斗緖) 등과 교유하였다. 저서로 《두타초(頭陀草)》가 있다.

옮긴이

정만호(鄭晩浩)

1971년 충남 부여에서 태어났다. 충남대학교와 단국대학교에서 한문학을 전공하였으며, 현재 충남대학교 한자문화연구소 책임연구원으로 재직 중이다. 번역서로 《취암선생시집》과 공역으로 《기려수필》, 《승암시화》, 《지호집》, 《오재집》, 《옥오재집》, 《좌계부담》, 《해동사부》, 《동주집》 등이 있다.

오승준(吳承峻)

1979년 충북 청주에서 태어났다. 충남대학교에서 박사과정을 수료하였다. 학산 조종업, 아당 이성우 선생에게서 한문을 배웠다. 현재 한자문화연구소 선임연구원으로 재직 중이다. 공역으로 《옥오재집》, 《동주집》이 있다.

이재숙(李在淑)

1975년 대전에서 태어났다. 충남대학교 한문학과를 졸업하고 동 대학원에서 석사학위, 고려대학교에서 박사학위를 취득하였다. 학산 조종업, 아당 이성우 선생에게서 한문을 배웠다. 현재 충남대학교 한자문화연구소 연구원으로 재직 중이다. 공역서로 《기려수필》, 《승암시화》, 《좌계부담》, 《해동사부》가 있다.

권역별거점연구소협동번역사업
충남대학교 한자문화연구소 연구진

연구책임자 **이향배**(충남대학교 한문학과 교수)
공동연구원 **박우훈**(충남대학교 한문학과 교수)
자문위원 **이성우**(한국고전번역원 자문위원)
책임연구원 **강원모**
정만호
선임연구원 **김문갑**
오승준
연구원 **이규춘**
이재숙

두타초 1

이하곤 지음 | 정만호 · 오승준 · 이재숙 옮김
2018년 12월 28일 초판 1쇄 발행
편집 · 발행 문진 | 등록 2002. 5. 6. 제2006-000011호
주소 (34168) 대전광역시 유성구 대학로 31 한진리조트오피스텔 2004호
전화 042-933-6510 | 팩스 042-367-5510
인쇄 현대그래픽스 | 제본 은정제책사

값 30,000원
ISBN 979-11-87638-23-0 94810
979-11-87638-22-3 (세트)

이 도서의 국립중앙도서관 출판예정도서목록(CIP)은 서지정보유통지원시스템 홈페이지(http://seoji.nl.go.kr)와 국가자료공동목록시스템(http://www.nl.go.kr/kolisnet)에서 이용하실 수 있습니다.(CIP제어번호: CIP2018040319)